ROWOHLT
BERLIN

Lothar Frenz

Riesenkraken und Tigerwölfe

Auf der Spur mysteriöser Tiere

Mit einem Vorwort von
Jane Goodall

Rowohlt · Berlin

1. Auflage März 2000

Lektorat Julia Kühn
Umschlaggestaltung Büro Hamburg, Susanne Reizlein
Fotos: Nico Weymann / Nader Ebrahami / Glen Loates
Layout Joachim Düster
Satz aus der Foundry Wilson PostScript
QuarkXPress 4.0
Gesamtherstellung Clausen & Bosse, Leck
Printed in Germany
ISBN 3 87134 390 0

Die Schreibweise entspricht den Regeln
der neuen Rechtschreibung.

Für Ella, Jost, Jasper und Jakob

Inhalt

Vorwort

Der Gedanke an Wesen, die unerkannt von der Wissenschaft verborgen in Wäldern, Bergen, Sümpfen oder den Tiefen der Meere leben, hat mich seit meiner Kindheit fasziniert. Wie sehnte ich mich damals danach, bei einer Expedition in die Wildnis selber einmal ein Tier zu finden, das bis dahin nur der einheimischen Bevölkerung bekannt war. Seither wurden in den vergangenen 50 Jahren viele «neue» Tiere «entdeckt», gefangen und beschrieben und auf diese Weise «Wirklichkeit». Was einst Legende war, ist nun wissenschaftliche Tatsache.

Viele glauben, dass es in unserer modernen Welt keine Entdeckungen mehr geben kann – außer bei den Myriaden von Insekten und anderen Kleinstlebewesen. In den Wäldern des Gombe-Nationalparks, in dem mein Team und ich während der vergangenen 40 Jahre Schimpansen beobachtet haben, bin ich ohne Zweifel unzähligen Käfern, Fliegen und anderen Insekten begegnet, die der Wissenschaft noch nicht bekannt waren. Ich erinnere mich an eine außergewöhnlich schöne, winzige Fliege, die sich auf meiner Hand niederließ, als ich still unter einem großen Baum saß. Einen Moment lang war ich versucht, sie zu fangen und an einen Insektenforscher zu schicken – denn wenn die Fliege für die Wissenschaft neu wäre, könnte sie ja vielleicht nach mir benannt werden? Aber sie gehörte dort in den Wald. Ich sah ihr nach, wie sie davonflog, und wünschte ihr viel Freude in ihrem kurzen Leben. Heutzutage aber zerstören wir natürliche Lebensräume so rücksichtslos und so schnell, dass Hunderte von wirbellosen Tierarten ausgerottet sind, bevor sie identifiziert oder überhaupt von irgendjemandem gesehen werden.

Was aber ist mit größeren Lebewesen? Dieses Buch beschreibt die faszinierenden Tiere, die in den vergangenen

Jahren «gefunden» wurden. Dabei scheint es unmöglich, dass heute – im «Informationszeitalter» – noch große Entdeckungen gemacht werden. Oder etwa doch nicht? Was ist mit dem Yeti aus dem Himalaya, dem Sasquatch Nordamerikas, dem Chinesischen Wildmenschen und anderen Hominiden, wie sie in einigen Regionen der ehemaligen Sowjetunion gesichtet wurden? Berichte über diese Wesen üben eine unglaubliche Faszination auf mich aus. Ich kenne drei Menschen, die selber Erlebnisse mit solchen Geschöpfen hatten. In «The Lost Camels of Tartary» beschreibt John Hare die Aufregung seines chinesischen Fahrers, der gerade gesehen haben wollte, wie ein Wildmensch die Straße überquerte. Er war so erregt, dass John diesen Moment auf Video aufzeichnete, obwohl er gar nicht verstand, was der Fahrer eigentlich sagte. Das geschah mitten in der Lop-Nur-Wüste, wo John wilden Kamelen auf der Spur war. Da John sich zuvor überhaupt nicht für Wildmenschen interessiert hatte, gab es für den Fahrer auch keine Veranlassung, eine solche Begegnung zu erfinden. Robert Pyle, der Autor von «Where Bigfoot Walks», erzählte mir, dass er nachts seltsame Schreie hörte, während er Hinweisen auf eine Bigfoot-Sichtung nachging. Dabei wurde sein Auto mit Steinen beworfen – er selber traute sich nicht auszusteigen. Und Spotted Eagle, ein 13 Jahre alter Indianer aus Oregon begegnete einem Sasquatch, als er allein im Wald war. Einen Moment lang starrten sie einander an, dann rannte der Junge davon. Als ich ihn fragte, ob es ein Bär gewesen sein könnte, lachte er – wie konnte ich nur eine so dumme Frage stellen! Tatsächlich steht für viele meiner indianischen Freunde, die in bewaldeten, gebirgigen Gegenden Nordamerikas aufgewachsen sind, die Existenz des Sasquatch außer Frage, nur sei er heute viel seltener geworden.

Da ich eine unheilbare Romantikerin bin, hänge ich an dem Glauben, dass diese Hominiden in abgelegenen Gegenden überlebt haben könnten. Nur zu gern lese ich all die

Bücher und Berichte, die darüber erscheinen und die mir meine Freunde schicken. Und damit bin ich nicht allein. Wir wollen nicht in einer Welt leben, in der es keine Geheimnisse mehr gibt und nichts Unbekanntes, das uns herausfordert. Sicher ist das einer der Gründe, warum wir Menschen so von der Erforschung des Weltalls fasziniert sind – und uns danach sehnen, vom Leben auf anderen Planeten zu erfahren. Nicht wenige sind sogar überzeugt, dass wir regelmäßig Besuch von Außerirdischen erhalten.

Ich aber glaube, dass wir noch längst nicht alle Geheimnisse auf dem Planeten Erde gelüftet haben und dass die kommenden Jahre hier deshalb für manche Überraschung gut sein werden. Noch immer gibt es schwer zugängliche Regionen, in denen die unterschiedlichsten Tiere vor der Wissenschaft verborgen friedlich ihr Leben leben können. Und solange es Berichte über seltsame, unbekannte Wesen in der Wildnis gibt, wird es auch wagemutige Menschen geben, die sich auf das Abenteuer ihrer Entdeckung einlassen.

Dieses Buch beschreibt glanzvolle Entdeckungen ebenso wie kleine und unspektakuläre Funde. Durch seine faktische Darstellungsweise gelingt es Lothar Frenz, Respekt für die Kryptozoologie zu schaffen, ein Gebiet menschlichen Strebens, das allzu oft missverstanden wurde. Dieses Buch wird eine neue Generation von Zoologen anregen, sich offenes Denken zu bewahren, und wird sie ermutigen, sich über die Grenzen der «virtuellen» Realität ihrer Computerbildschirme hinaus in die wirkliche Welt zu begeben und diese zu erforschen. Und das ist genau die Art von Ermutigung, die wir bei unserem Schritt ins neue Jahrhundert, ins neue Jahrtausend so dringend benötigen.

Januar 2000 Jane Goodall

1. Und sie leben doch!

> «Aber das ist es nun mal, was wir tun: Wir träumen weiter gegen den Strom, und unsere Träume entschlüpfen uns fast so lebendig, wie wir sie heraufbeschwören können.»
>
> *John Irving: Das Hotel New Hampshire*

Wegen seiner abstrusen Theorien hatte alle Welt den Wissenschaftler ausgelacht, suchte er doch hartnäckig «ein nicht wegzudenkendes Bindeglied zwischen den Dinosauriern und den Säugetieren». Seine wissenschaftlichen Kontrahenten verunglimpften ihn und verbreiteten, ein solches Tier sei der «überreizten Phantasie des bedauernswerten Professors entsprungen». Schließlich gingen die Anfeindungen so weit, dass der Wissenschaftler entnervt auswanderte und mit seinen Assistenten auf eine abgelegene Insel zog, um endlich ungestört forschen zu können. Dort fand Professor Habakuk Tibatong das Tier, von dem er selber geglaubt hatte, es sei seit Jahrmillionen ausgestorben: das Urmel.

Ähnlich erging es einem anderen Gelehrten: Professor Challenger berichtete vor der britischen Königlich-Zoologischen Gesellschaft, dass er bei einer Expedition auf isolierten südamerikanischen Tafelbergen Pterodactylen entdeckt habe – überlebende Flugsaurier. Doch keiner der hohen Herren mochte ihm glauben, denn das schien einfach zu unmöglich. Da ließ Challenger eine große Kiste herbeibringen, öffnete sie – und eine der urzeitlichen Flugechsen erhob sich mit drei Meter Flügelspannweite in die Luft, flog durch den Saal und entwich durch ein offenes Fenster.

Der Baby-Dinosaurier Urmel aus Max Kruses Kinderbuch «Urmel aus dem Eis», bekannter noch als Star der «Augsburger Puppenkiste», und die wieder entdeckten, ausgestorben geglaubten Kreaturen des Erdmittelalters in Sir Arthur Conan Doyles Abenteuerroman «Die verlorene Welt» haben

Science oder Fiction:
Haben Flugsaurier überlebt?

nicht ohne Grund schon Generationen von Lesern gefesselt und verzaubert: Sie sind fiktive Botschafter aus einer Welt, in der noch Wunder geschehen, in der Unmögliches wahr wird, weil jemand fest daran glaubt. Aber gibt es solche Wunder wirklich nur in der Phantasie?

Die Welt scheint heute enträtselt. Jeder Quadratmeter der Erde wird per Satellit beobachtet, U-Boote tauchen bis in die tiefsten Abgründe des Ozeans, die Weltmeere werden mit Echolot und Sonar vermessen. Die verbliebenen Geheimnisse sind «irgendwo da draußen», im Weltall, wohin wir noch nicht können. Die Zeit großer Überraschungen im Reich der Tiere scheint lange schon vorbei. Wo soll noch zoologisches Neuland betreten werden?

Bereits 1819 erklärte der berühmte französische Naturforscher Georges Cuvier: «Es besteht wenig Hoffnung, dass wir künftig noch neue große Säugetierarten entdecken werden.» Aber da hatte sich der Begründer der modernen Paläontologie und vergleichenden Anatomie getäuscht: Allein zu Cuviers Lebzeiten wurden so große, aufregende Tiere wie Breitmaulnashorn und Schabrackentapir, Seidenaffe und Koala, Schnabeltier und Ameisenigel entdeckt. Später folgten Okapi und Riesenwaldschwein, Berggorilla und Kongopfau, Komodo-Waran und der seit 65 Millionen Jahren ausgestorben geglaubte Quastenflosser – ein Fisch aus der Zeit der Dinosaurier. Die Zeit des Wunderns und Staunens ist noch lange nicht vorbei. Die allermeisten Entdeckungen stehen sogar noch bevor – auch wenn sie kleinerer Art sind:

Bis heute wurden etwa 1,75 Millionen Tier- und Pflanzenarten wissenschaftlich beschrieben, gut die Hälfte davon sind Insekten. Manche Wissenschaftler gehen aber davon aus, dass es von diesen sechsbeinigen Krabbeltieren 15 oder gar 30 Millionen Arten geben könnte, die noch nicht bekannt sind.

Es ist noch immer Bewegung in der Artenkunde. Ständig spüren Forscher neue Spezies auf – nicht nur Insekten, sondern wirklich große, spektakuläre Tiere. So fand man allein in den vergangenen Jahren mehrere Affen und Wale, den Großmaulhai und einen weiteren Quastenflosser. Vietnam hat sich zu einem regelrechten «hot spot» neuer Arten entwickelt: Mehrere zuvor völlig unbekannte Huftiere wurden dort erst jüngst aufgespürt, weitere Überraschungen sind nicht auszuschließen.

Die meisten dieser «neuen» Spezies sind Beleg dafür, dass immer wieder auch Großtiere lange verborgen bleiben, obwohl sie der einheimischen Bevölkerung bestens vertraut sind. Nur welcher «ernsthafte» Wissenschaftler will schon Eingeborenenmärchen glauben? Oder Geschichten von riesigen Drachen, wie sie die Fischer und Perlentaucher der östlichen Sunda-Inseln zu Beginn des 20. Jahrhunderts immer wieder erzählten? Dort lebten auf einigen kleinen Inseln, so berichteten sie, Ungetüme, die sie «boeaja darat» – Landkrokodil – nannten. Und die seien hinter Schweinen, Hirschen und Menschen her. Unglaubliche Gruselstorys hörte auch John Speke, der Entdecker der Nilquellen, im Jahr 1860 von Ruandas König Rumanika: Der Monarch sprach von riesigen Affenmonstern, die in den Virunga-Bergen hausten, dort die Frauen der Einheimischen raubten und in wollüstiger Erregung zu Tode quetschten.

Hinter diesen Berichten steckte jeweils eine neue Tierart: Das erste «Landkrokodil» gelangte 1912 in die Hände der Wissenschaft – und wurde als «Komodo-Waran» beschrieben. Der Belgier Oscar von Beringe erbrachte 1901 den Beweis für die Existenz der «Affenmonster», indem er einige Exemplare schoss. Heute haben die «Frauen raubenden Ungetüme» einen anderen Beinamen – «sanfte Riesen» nämlich, die Berggorillas. Immer wieder entpuppten sich in der Geschichte der Zoologie Grauen erregende Ungeheuer und gefährliche Bestien als unvollständig bekannte Spezies, die durch Fehlinterpretationen, mangelndes Wissen und absichtliche Übertreibungen zu furchtbaren, mysteriösen Kreaturen aufgebauscht wurden.

Diese Funde geben all jenen Hoffnung, die von Tierarten träumen, die es nach herrschender zoologischer Meinung nicht oder nicht mehr gibt. Zufluchtsorte für solche Spezies gäbe es genug, so meinen sie, denn was unter dem Blätterdach der tropischen Regenwälder oder in den Tiefen der Ozeane wirklich vor sich gehe, bleibe selbst modernster Spionagetechnik auch heute noch weitgehend verborgen.

Der belgische Zoologe Bernard Heuvelmans hat systematisch Indizien für über hundert solcher fabelhaften und phantastisch anmutenden, auf jeden Fall aber unbekannten oder zumindest umstrittenen Tierarten aufgelistet: Hinweise für Affenmenschen aus allen Regionen der Welt – vom Orang-Pendek auf Sumatra, dem Yeti aus dem Himalaya, den Almas aus dem Kaukasus bis zum nordamerikanischen Bigfoot; für ausgerottete Tiere aus geschichtlichen Zeiten wie die Steller'sche Seekuh, die Moas oder den Beutelwolf; für Spezies aus der Prähistorie – überlebende Saurier, Mammuts oder Riesenfaultiere; für noch gänzlich unbekannte Arten wie den australischen Bunyip oder den «Nandi-Bär» Kenias.

Heuvelmans wurde so zum «Vater der Kryptozoologie» – der Lehre von den verborgenen Tieren. Kryptozoologen nehmen Legenden und Berichte über mysteriöse Geschöpfe ernst, sammeln Spuren, Knochen, Felle, Kothaufen, Zähne und ähnliche Überreste, in der Hoffnung, eines Tages die Existenz dieser «Wesen, die es fast nicht gibt,» beweisen zu können. Gerade Erzählungen von Eingeborenen und Augenzeugenberichte liefern ihrer Ansicht nach wertvolle Hinweise auf bislang verborgene Geschöpfe.

So beschäftigen sich Kryptozoologen auch mit «Nessie», jenem wasserlebenden Ungetüm aus dem schottischen Hochland. Manche sehen in der Kreatur vom Loch Ness überlebende Plesiosaurier aus Urzeiten. Nur wie sollte eine ganze Population – ein einziger Wassersaurier wird wohl kaum Jahrmillionen überstanden haben können – in einem See von kaum 40 Kilometer Länge leben und genügend Nahrung finden? Es scheint so, als hätten eigentümliche Wellenformationen auf dem See seit Jahrhunderten Betrachtern des Loch Ness immer wieder solche ungeheuerlichen Wesen vorgegaukelt – so lautet zumindest eine andere Erklärung für das Phänomen «Nessie».

Schon immer haben Menschen Unheimliches und Unbekanntes gesehen, und schon immer versuchten sie, diese Erscheinungen mit Hilfe ihrer Erfahrung und ihren Mythen zu deuten – Erklärungsversuche, in denen sich auch der Geist der jeweiligen Zeit widerspiegelt. Sah man früher Drachen, Lind- oder Tatzelwürmer, so sieht man heute – ganz klar – überlebende Dinosaurier. Hausten in vergangenen Jahrhunderten Faune, Waldschrate, Kobolde oder Wolfsjungen in den Wäldern und abgelegenen Bergregionen, vermutet man dort heute eher Urmenschen. Und wo die Menschen bei mysteriösen Lichterscheinungen einst Engel oder Heilige erblickten, sieht der moderne *Homo sapiens* «grüne Männchen», Außerirdische oder UFOs.

Hinter dem geheimnisumwitterten Yeti jedoch steht nach Ansicht des Bergsteigers und Abenteurers Reinhold Messner wohl wirklich ein Tier: der «Tibet-Bär», der den Einheimischen zur Vorlage für eine Sagengestalt wurde, zu einer Legende, die in den Kulten der Himalaya-Völker eine besondere Rolle spielt. Aber erst in den Köpfen des «Westens» wurde der Yeti endgültig zum Mythos – zum «abscheulichen Schneemenschen», der während mehrerer Expeditionen vergeblich gesucht wurde.

Immer wieder lassen sich also selbst aufgeklärte Entdeckungsreisende einen «Bären» aufbinden und glauben bereitwillig Geschichten, die Einheimische erzählen. Verständlich, denn wie würden diese Reisenden wohl reagieren, wenn sie erstmals ins bayerische Bergland kämen und ihnen die dortigen «Eingeborenen» von einem seltsamen Wesen berichteten – einer Art Hase mit Hauern und Hirschgeweih? Voller Ernsthaftigkeit würden Jäger bei den allabendlichen Dorfzusammenkünften von ihren Begegnungen in den Wäldern erzählen – und sogar ausgestopfte Präparate der Kreatur vorlegen, die allerdings so aussehen, als habe man Teile von Hasen, Rehen und Wildschweinen zusammengeschustert.

Der gelehrte Entdeckungsreisende kennt Ähnliches aus der Geschichte der Zoologie: Im achtzehnten Jahrhundert bekamen Wissenschaftler erstmals einen merkwürdigen Balg vorgelegt – ein Tier mit dem seidenweichen Fell eines Otters, dem abgeplatteten Schwanz eines Bibers und dem Schnabel einer Ente. Die seriösen Forscher hielten das Ganze für einen faulen Zauber ostasiatischer Schneiderkünstler, die häufig genug «Monster» schufen, indem sie zusammenflickten, was nicht zusammengehörte. Und doch gibt es jenes Tier wirklich: das Schnabeltier, eines der kuriosesten Säugetiere überhaupt, das überdies auch noch Eier legt. Wer diese Ge-

Der «Drache», den es wirklich gibt: der Komodo-Waran

schichte kennt, der wird es zumindest für möglich halten, dass auch der Wolpertinger, der Hase mit Geweih, existieren könnte, dass mehr dahinter steckt als ein juxiges Fabeltier aus dem Land der Bajuwaren.

Was soll man also glauben und was nicht? Sind Berichte über fabelhafte Spezies immer Humbug? Sind Kryptozoologen Menschen, die nicht der Wirklichkeit ins Auge sehen wollen, sondern lieber Phantastereien nachhängen? Gehören nur Traumtänzer, «Verrückte» oder UFO-Gläubige der International Society of Cryptozoology (ISC) an, die sich 1982 gegründet hat? So einfach ist das nicht.

Die Kryptozoologie passt nicht ins System der Naturwissenschaften. Ihre Quellen sind oft alte Überlieferungen; viele Deutungen und Interpretationen beruhen mehr auf Intuition denn auf Beweisen. Gerade in Deutschland ist man dem illustren Kreis der Kryptozoologen gegenüber skeptischer als in anderen Ländern: Von den etwa 800 Mitgliedern der ISC kommen gerade 20 aus Deutschland. In den angelsächsischen Ländern dagegen haben selbst namhafte Wissenschaftler und Naturkenner weniger Berührungsängste: Die weltbekannte Schimpansenforscherin Jane Goodall ist Mitglied bei den Kryptozoologen. Wissenschaftler der Smithsonian Institution in Washington D.C., einer der angesehensten Forschungseinrichtungen der Welt, bekennen sich ebenfalls zur ISC – etwa Clyde Roper, der mit einem Tauchboot dem geheimnisvollen Riesenkraken in der Tiefsee nachspürte, einem gigantischen Mollusken, der 20 Meter und mehr groß werden soll und in über 1000 Meter Tiefe lebt. Marjorie Courtenay-Latimer, die den ersten Quastenflosser gefunden hat, ist Ehrenmitglied. Und bis zu seiner Pensionierung gehörte Phillip Tobias, einer der bedeutendsten Paläoanthropologen der Welt, sogar zum Direktorium der Gesellschaft. Die Kryptozoologie, so sagte Tobias einmal, stelle wissenschaftlich und intellektuell interessante Fragen, und diese zu ignorieren sei nicht erlaubt. Deshalb unter-

Kann es solche Tiere geben? Wissenschaftler des 18. Jahrhunderts bezweifelten die Existenz des Schnabeltieres.

stütze er die Society – wenn auch einige konservativere Kollegen vielleicht deswegen die Nase rümpfen.

Denn schließlich gehört zur Wissenschaft nicht nur die Fähigkeit, ein Denkmodell von einem bekannten Phänomen auf ein unbekanntes zu übertragen, sondern auch die Bereitschaft, sich mit offenem Geist gründlich verwirren zu lassen, wenn die Welt nun einmal nicht ins eigene System, in die gewohnten Erklärungsmuster passen will. Letztlich ist es die Verwirrung, die Überraschung, die wirklichen Erkenntnisfortschritt bringt.

«Und sie bewegt sich doch!», rief Galileo Galilei aus, als er sich mit den Hütern des damaligen Weltbildes anlegte – und erklärte, dass die Erde sich um die Sonne dreht und nicht umgekehrt. «Und sie leben doch!», so scheinen manche Kryptozoologen beinahe rumpelstilzchenhaft zu rufen, wenn sie sich auf ihre Weise mit der herrschenden Lehrmeinung auseinander setzen und versuchen, Deutungen für Phänomene zu finden, die kein Naturwissenschaftler bislang zu erklären vermag; wenn sie aus winzigen Indizien einen Fall konstruieren und «Dinge hinter den Dingen» sehen – manchmal vielleicht bis zur Starrsinnigkeit und der Verleugnung der Realität. Die Übergänge sind da fließend, die Kryptozoologie ist ein Bereich der Grauzonen – und das macht sie so spannend.

«Das ist typisch für unsere Disziplin», sagt Richard Greenwell, der in Tucson im amerikanischen Bundesstaat Arizona die Geschäfte der ISC führt. «*The mystery continues* – viele Geschichten finden kein Ende.» Aber wirklich überraschen könne das niemanden. «Denn wenn kryptische Tiere nicht so äußerst scheu und schwer aufzuspüren wären, wenn sie nicht in so entlegenen, unerforschten Regionen lebten, dann wären sie wohl schon längst entdeckt.» Und gegen diese Sichtweise kann kaum einer etwas sagen.

Es gibt also auch weiterhin Rätsel auf dieser Welt – und wundersame Entdeckungen. Wissenschaftler, die sich keineswegs als Kryptozoologen begreifen, finden neue spektakuläre Arten, andere suchen vergeblich nach verborgenen, geheimnisvollen Tieren. Die Kryptozoologie ist reich an Geschichten von Menschen, die sich nicht mit dem scheinbar Unmöglichen abfinden wollen, die nicht akzeptieren wollen, dass der Phantasie ihrer Kinderträume Grenzen gesetzt sind. Und sie ist reich an wirklichen Abenteuern, erlebt von Realisten und Romantikern, von Zufallsentdeckern und hartnäckig Suchenden, die glücklich finden oder hoffnungsvoll scheitern. «At least I tried», so sagte Richard Greenwell: «Dann habe ich es zumindest versucht.»

Zugleich enthüllt die Erforschung neuer Tierarten auch Neues über die Urzeit der Erde, das Werden und Wandern der Kontinente, die Entstehung der Arten, ihr Aussterben und die Notwendigkeit von Naturschutz, Wissen über den Reichtum der Natur und das heute so oft gehörte Schlagwort von der «Biodiversität».

Oder anders ausgedrückt: Wer sich auf die Spuren mysteriöser, unbekannter Tiere begibt, erlebt Wissenschaft und moderne Märchen in einem und befriedigt den unwiderstehlichen Drang des Menschen nach Geschichten.

The mystery continues.

2. Ein Monster wird Realität

Die Saugnäpfe des riesigen Kraken kleben an den Fenstern des U-Bootes Nautilus. Acht Meter lang ist der Körper des Tintenfisches, die Fangarme messen mehr als das Doppelte. Bedrohlich öffnet und schließt sich das Maul des Monsters – ein horniger Schnabel, ganz ähnlich dem eines Papageis, nur viel größer. Plötzlich sind noch mehr der riesigen Tiere da; die klammernden Kraken werden zur Gefahr fürs Boot. Es gibt nur eine Lösung: Die Nautilus muss auftauchen, an der Meeresoberfläche die Luke öffnen und die angreifenden Kraken abwehren. Doch kaum ist der eiserne Deckel geöffnet, wird er von einem Tintenfisch mit einem Fangarm abgerissen, ein weiterer Greifer schlängelt sich sogleich ins Boot. Mit einer Axt trennt Kapitän Nemo den Arm vom Rumpf des quabbeligen Ungetüms, einen nach dem anderen, bis das riesige Tier fast alle Greifer verloren hat – doch mit dem letzten greift der Krake einen Matrosen: Hilflos zappelnd wird der arme Kerl weggezogen und verschwindet in einer Wolke dunkler Tinte.

Diese grauenhafte Begegnung, ein Albtraum im Meer, ist frei erfunden und eine der packendsten Szenen aus Jules Vernes phantastischem Roman «20000 Meilen unter den Meeren», der im Jahr 1870 erschien, als es noch gar keine U-Boote gab. Was aber im neunzehnten Jahrhundert noch Science-Fiction war, sollte gegen Ende des zwanzigsten Jahrhunderts zumindest teilweise Wirklichkeit werden: Mit einem kleinen U-Boot suchte im Frühjahr 1999 eine Expedition unter der Leitung Clyde Ropers von der Washingtoner Smithsonian Institution – einer der angesehensten Forschungseinrichtungen der Welt – vor der Küste Neuseelands nach dem legendären Riesenkraken. Roper erforscht seit Anfang der sechziger Jahre Kraken, Tintenfische, Kalmare und Sepien, die als Cephalopoden – Kopffüßer – zu-

Riesenkrake packt Matrose: eine Horrorvision aus Jules Vernes Roman «20 000 Meilen unter den Meeren».

sammengefasst werden. Und der gewaltige Tintenfisch aus dem Roman Jules Vernes ist die große Leidenschaft des besessenen Forschers.

Bereits seit vielen Jahrhunderten existieren Berichte über gewaltige, vielarmige Monster in den Ozeanen: Schon der römische Schriftsteller Plinius der Ältere, der im Jahre 79 nach Christus beim Ausbruch des Vesuvs ums Leben kam, berichtet in seinem 37-bändigen naturkundlichen Werk «Naturalis Historia» von einem großen «Polypen» mit zehn Meter langen Armen. Im spanischen Carteia, dem heutigen Rocadillo, habe das Tier die Fischteiche am Meer geplündert. Die Wachen töteten das Ungetüm. Sein Kadaver soll 700 Pfund gewogen und einen äußerst unangenehmen Geruch verströmt haben.

Ein ähnliches «Biest» – «Krake, Kraxen oder Krabben» genannt – das «größte und erstaunlichste aus der Welt der

Tiere», beschrieb Bischof Pontoppidan, der Verfasser einer 1755 erschienenen norwegischen Naturgeschichte. Dieses «unbestreitbar längste Seemonster der Welt» habe eine Länge von anderthalb englischen Meilen – mehr als zweieinhalb Kilometer.

Ein Ungeheuer mit vielen Fangarmen, so eine weitere Seefahrergeschichte, soll vor der Küste Angolas ein Segelschiff angegriffen haben, das gerade Ladung aufgenommen hatte und dabei war, Anker zu lichten. Ganz plötzlich erschien das tintenfischartige Wesen an der Meeresoberfläche und schlang seine langen Greifer bis in die Masten hinauf. Das Gewicht des Tieres zog das Schiff zur Seite und brachte es fast zum Kentern. Die Seeleute riefen ihren Schutzpatron, den heiligen Thomas, um Hilfe. Mit Äxten und Entermessern drangen sie schließlich auf das Ungetüm ein und befreiten so das Schiff aus der gefährlichen Umarmung. Als Dank spendeten sie ein Votivgemälde, das dieses Ereignis abbildet und in der Sankt-Thomas-Kapelle in Saint Malo aufgehängt wurde.

Walfänger, die vor Neufundland unterwegs waren, berichteten immer wieder, dass harpunierte Pottwale im Todeskampf lange, armartige Gebilde hervorwürgten – Körperteile eines monströsen, unbekannten Tieres, wahrscheinlich eines riesigen Tintenfisches, den kaum jemand einmal zu Gesicht bekam. Die Walfänger glaubten, dass diese Wesen viel größer als der größte Wal waren, viel größer auch als das größte der Schiffe, mit denen sie unterwegs waren. Und wer behauptete, einmal eines der Ungeheuer gesehen zu haben, beschrieb seinen Körper als große, gestaltlose und gallertige Masse, aus der überall lange Arme oder Fühler ragten.

Waren solche Geschichten, die sich über Jahrhunderte hielten und aus vielen Regionen der Weltmeere berichtet wurden, wirklich nur Seemannsgarn, nur Hirngespinste abergläubischer Walfänger? Oder steckte hinter dem mysteriösen Fabelwesen mit den unermesslichen Ausmaßen nicht doch ein wirkliches Tier? Und wenn ja – welche der beschriebenen Merkmale stimmten, welche wurden übertrieben? Wie groß werden die Ungetüme wirklich? Langsam begann auch die Wissenschaft, sich ernsthaft für das «Fabelwesen» zu interessieren. Sollte das Monster Realität sein?

Erstmals wurde 1853 ein Körperteil des gewaltigen Tintenfisches der Wissenschaft zugänglich, als vor Jütland ein Kadaver eines solchen gigantischen Kopffüßers – so werden Tintenfische auch genannt, weil ihre Fangarme am Kopf entspringen – angeschwemmt worden war. Immer wieder strandeten Riesenkraken an vielen Stränden der Welt, doch meist schnitten Fischer die massigen Körper in Stücke und verwendeten das Fleisch der Tiere als Köder beim Fischfang. So auch in diesem Fall, doch der harte und an einen Papageienschnabel erinnernde Kiefer gelangte in die Hände des dänischen Naturforschers Japetus Steenstrup. Aufgrund der Augenzeugenberichte und dieses Überbleibsels beschrieb er 1857 die Gattung *Architeuthis* – den «Ersten unter den Tintenfischen», so die Übersetzung des wissenschaftlichen Namens. (Heute zählt man – nach einiger Verwirrung bezüglich der Artenzahl – zu dieser Gattung nur eine einzige Spezies: *Architeuthis dux*.)

Geradezu portionsweise wurden Körperteile des Kraken wissenschaftlich beschrieben: Im November 1861 lieferte das französische Kriegsschiff Alecton vor der kanarischen Insel Teneriffa nach einer Begegnung der besonderen Art das nächste Stück. Auf der Meeresoberfläche trieb ein monströses Tier mit leuchtend rotem Körper – fast sechs Meter lang, dazu noch die viel längeren Tentakel. Die Augen glimmerten grünlich. Das Tier versuchte auszuweichen, als sich das Schiff näherte, doch tauchte das Ungetüm nicht ab. Die Seeleute beschossen das Wesen mit Harpunen, es blutete stark, Schaum trieb auf dem Wasser, und ein strenger Geruch stieg auf. Als es an Bord gezogen werden sollte, schnitt das Seil durch seinen Körper, trennte Kopf und Arme des

Im November 1861 rangen die Seeleute des französischen Kriegsschiffes Alecton vor Teneriffa mit einem Riesenkraken.

Tintenfisches ab, die ins Meer fielen und versanken. Nur der Schwanz konnte an Bord gehievt werden und wurde nach Teneriffa gebracht, wo man einen Bericht über das Tier verfasste. Offenbar bekam Jules Verne diese Abhandlung zu lesen, denn er schildert das Ereignis in seinem Roman.

Das erschreckende Erlebnis dreier Heringsfischer vor Neufundland lieferte das nächste Beweisstück für die Existenz monströs großer Kraken: Im Oktober 1873 ruderten Daniel Squires, Theophilus Piccot und dessen Sohn Tom zu einem Wrackteil, das drei Meilen vor der Küste im Meer trieb. Als sie das Holz mit einem Enterhaken ans Boot ziehen wollten, schlug zu ihrem Entsetzen das vermeintliche Wrack plötzlich einen großen, harten Kiefer in die Bordwand und umschlang das ganze Ruderboot mit seinen riesigen Tentakeln. Dann verschwand das gewaltige Monster unter der Wasseroberfläche und drohte Boot und Besatzung mit sich zu ziehen. Vor Furcht erstarrten die Männer. Geistesgegenwärtig griff der zwölfjährige Tom Piccot zu einem kleinen Beil, hackte einen Tentakel ab – und rettete so alle vor dem Untergang. Der riesige Krake stieß eine Wolke dunkler Tinte aus und verschwand in der Tiefe.

Über sechs Meter lang war der Tentakel, den Tom Piccot abgehackt hatte, und über und über mit münzgroßen Saugnäpfen besetzt. Noch am selben Tag überreichten die Fischer das lange Organ dem Pfarrer und Amateurnaturforscher Reverend Moses Harvey, der später schrieb: «Ich war nun im Besitz einer der seltensten Kuriositäten des gesamten Tierreichs – eines echten Tentakels eines bis dahin unbekannten mythischen Teufelsfisches, über dessen Existenz Naturforscher seit Jahrhunderten stritten. Ich wusste, dass in meiner Hand der Schlüssel zu einem der größten Mysterien lag, dass ein neues Kapitel zur Naturgeschichte hinzugefügt werden musste.»

Nur einen Monat später ging gar nicht weit entfernt vier Fischern ein weiterer *Architeuthis* ins Netz. Mit Messern töteten sie das große Tier, seine Tentakel waren acht Meter lang, der gesamte Krake maß über zehn Meter. Doch leider ging der Körper bis auf den Kopf und die Fangarme verloren. Sie wurden ebenfalls Reverend Harvey überreicht, der sie zeichnete und fotografieren ließ. Harvey reichte beides – den ersten Arm, den Piccot abgehackt hatte, und diese Zeichnungen – an Addison Emery Verrill weiter, einen Zoologie-Professor an der Yale University und ausgewiesenen Experten auf dem Gebiet der Weichtiere, der Schnecken, Muscheln und Tintenfische also.

Verrill war gefesselt von diesen Funden und schrieb sie dem kaum bekannten Riesenkraken *Architeuthis* zu. Nun endlich gab es Beweise genug, dass solch gigantische Meerestiere mehr sind als Seemannsgarn, mehr als bloße Ausgeburten der Angst und Phantasie. Während der nächsten Jahre hatte Verrill Gelegenheit, sich ausführlich mit den riesigen Mollusken zu beschäftigen, denn in den siebziger Jahren des neunzehnten Jahrhunderts strandeten Dutzende an der Küste Neufundlands. Dazu kamen weitere fünfzig oder sechzig, die wohl in dieser Zeit von Fischern aufgesammelt und meist als Köder für Kabeljau oder als Hundefutter verwendet wurden. Insgesamt untersuchte Verrill 23 dieser Tiere und veröffentlichte bis 1882 29 wissenschaftliche Artikel über *Architeuthis*. Der Riesenkrake war hiermit endgültig von der Wissenschaft ins Reich der existierenden Lebewesen aufgenommen.

Weshalb aber so viele Riesenkraken dort zu dieser Zeit auftauchten, ob klimatische oder ozeanographische Änderungen eine Rolle spielten, blieb bis heute unklar. Auch in den sechziger Jahren des zwanzigsten Jahrhunderts kam es zu auffällig häufigen Strandungen von Riesenkraken in dieser Region. Der Biologe Frederick Aldrich von der Memorial University in Saint Johns auf Neufundland, der sich in dieser Zeit viel mit *Architeuthis* beschäftigte, erklärt dies mit regelmäßig wiederkehrenden Schwankungen des Labradorstromes, die seiner Ansicht nach alle neunzig Jahre auftreten. Dann bringen kalte Strömungen die Kraken nahe an die Küste heran. Für die Jahre nach 2050 prophezeite Aldrich daher erneut ein Massenauftreten von Riesenkraken vor Neufundland.

Im Jahr 1880 strandete der größte *Architeuthis*, der jemals gefangen wurde, vor Neuseelands Küste: Von der Spitze seines Mantels – jener Hülle, die Kopf und Körper umgibt – bis zum Ende der Tentakel maß er 18 Meter und wog etwa eine Tonne. Mit 40 Zentimeter Durchmesser waren seine Augen größer als ein ganzer Menschenkopf – zweifellos besaß er damit die größten Augen im gesamten Tierreich. Seine Nervenbahnen waren so dick, dass man sie zunächst für Blutgefäße hielt. Spektakuläre Längenangaben sind allerdings durchaus mit Vorsicht zu genießen, gibt Clyde Roper zu bedenken, der selbst schon viele *Architeuthis*-Kadaver untersuchen konnte: «Natürlich will jeder den größten, den längsten Riesenkraken gefunden haben. Die Tentakel sind aber dehnbar wie Bungeeseile; je stärker man an ihnen zieht, desto länger wird das Tier.» Dennoch geht er davon aus, dass in den Tiefen der Ozeane noch weitaus größere Riesenkraken leben können, mit einer Länge von vielleicht 25 Meter. Manche Wissenschaftler halten es sogar für möglich, dass 50 Meter lange Tiere existieren, auch wenn es dafür kaum Anhaltspunkte gibt.

Im Deutschen hat sich für *Architeuthis* der Name «Riesenkrake» eingebürgert – korrekt wäre «Riesenkalmar». Denn der gigantische Tintenfisch gehört biologisch gesehen zu den Kalmaren, jenen Kopffüßern mit einem länglich gestreckten, zugespitzten Körper, acht langen Fangarmen und zwei noch viel längeren Tentakeln mit keulenförmigen Enden. Die eigentlichen «Kraken» – die Oktopoden etwa – besitzen dagegen nur acht Arme und einen rundlich oder sackartig aufgeblähten Körper. Im Inneren wird das größte Weichtier der Welt von einem Gerüst aus Chitin gestützt, das die Funktion eines Skeletts übernimmt – dem Gladius oder Schwert, einem Rest der äußeren Schale anderer Mollusken, der Muscheln und Schnecken etwa. Dieses Schwert kann beim Riesenkalmar bis zu 1,20 Meter lang werden. (Vogel-

Relikt eines Albtraums: 1873 hackte der junge Tom Piccot diesen über sechs Meter langen Tentakel eines *Architeuthis* ab, der ein Fischerboot umschlungen hielt.

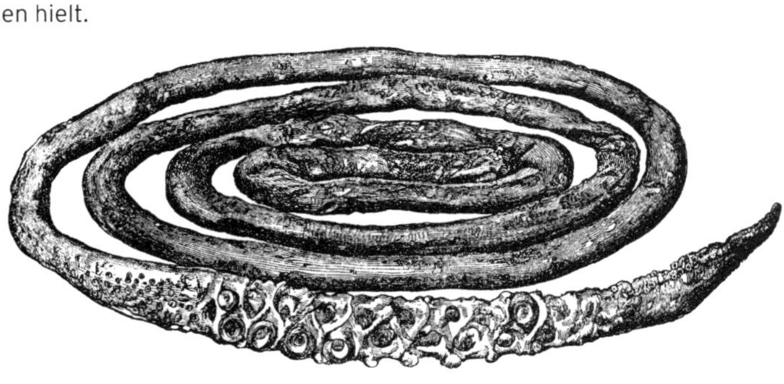

liebhaber kennen ähnliche Stützgerüste anderer Tintenfischspezies in kleinerer und kalkhaltiger Ausführung als «Sepiaschale» im Wellensittichkäfig.)

Fast alles, was bislang über den Riesenkalmar bekannt ist, stammt von den etwa 200 Exemplaren, die an Stränden rund um die Erde angeschwemmt oder von Fischern in Netzen gefangen wurden – vor allem an den Küsten Neufundlands, Norwegens und Neuseelands. Das Wissen über *Architeuthis* beschränkt sich daher fast nur auf den Körperbau des Tieres. Wie der gigantische Tintenfisch lebt, was und wie er frisst, wie er jagt und wie er sich bewegt – das alles hat noch nie ein Mensch beobachten können. So hatten die angeschwemmten Exemplare etwa eine rötlich braune Farbe. Manche Berichte von Seeleuten aber beschreiben einen schnellen Farbwechsel, wie er auch bei anderen Tintenfischspezies auftritt. Innerhalb von Sekunden ziehen sich bei diesen Arten Farbstoffe in bestimmten Zellen der Haut zusammen oder dehnen sich aus und bilden so Muster, die als Tarnkleid dienen oder auch Stimmungen wie Erregung oder Paarungsbereitschaft widerspiegeln können. Nichts ist bekannt darüber, wann *Architeuthis* seine Pigmentierung ändert und weshalb; oder welche Farbe er im Dunkel der Tiefsee hat und ob er sie auch dort wechselt.

Wie viele Kopffüßer besitzt auch der Riesenkalmar einen Tintenbeutel, der mit schwarzbrauner Flüssigkeit gefüllt ist, doch im Vergleich zu seiner gewaltigen Körpergröße ist der Beutel eher klein geraten. Wozu benötigt *Architeuthis* die Tintenflüssigkeit? Andere Kopffüßer verwirren mit dem Ausstoßen von Tinte ihre Feinde und flüchten hinter der Wolke. In der Tiefe der Ozeane jedoch hat der Riese keine Feinde außer dem Pottwal. Und der große Meeressäuger orientiert sich im lichtlosen Dunkel nicht mit den Augen, sondern einem speziellen Echolotsystem, das nicht durch eine Wolke dunkler Tinte gestört werden kann. Wozu also der Tintenbeutel? Auf viele solcher Fragen gibt es noch keine Antworten, allerhöchstens erklärende Vermutungen, die spekulativ bleiben, selbst wenn sie auf anatomischen Details beruhen.

Auch darüber, wie die Paarung der Riesen in der lichtlosen Unterwasserwelt verläuft, gibt es allenfalls Anhaltspunkte: So sind bei *Architeuthis* die Männchen das schwache – sprich kleinere – Geschlecht. Männliche Tiere, die inklusive Fangarme sechs Meter lang werden, gelten schon als groß. Im Februar 1999 wurde vor Neuseeland ein nur etwa 30 Kilogramm schwerer männlicher Riesenkalmar gefangen, der dennoch angefüllt mit Spermatophoren – länglich weißen Spermienbehältern – und damit voll geschlechtsreif war. Bei der Paarung übertragen die Männchen diese Spermienpakete auf die weiblichen Kalmare – wahrscheinlich bei einem recht ungewöhnlichen, dem Menschen ruppig erscheinenden Liebesspiel. Im Dunkel der Tiefsee kommt es möglicherweise nur selten zu Begegnungen potentieller Geschlechtspartner – und die müssen dann sogleich genutzt werden. Daher befruchten die männlichen Tiere die Weibchen gewissermaßen «auf Vorrat» – ihre Samenbehälter werden im weiblichen Körper aufbewahrt, bis die Eier herangereift sind.

Wahrscheinlich gehen die Männchen dabei nicht gerade sanft mit den Weibchen um. Darauf deuten zumindest Untersuchungen hin, die australische Wissenschaftler 1997 an einem 15 Meter langen, vor Tasmanien gefangenen weiblichen Riesenkalmar machten. In der Haut eines Fangarmes fanden sie mehrere Spermienpakete, die unter vernarbten Verletzungen lagen. Andere Tintenfischspezies lagern monatelang Sperma in besonderen Hauttaschen ein. Hier jedoch hatte offenbar ein männliches Tier die Haut des Weibchens mit dem Kiefer oder den mit «Zähnen» versehenen Saugnäpfen angeritzt und dann mit dem Penis, der bis zu einem Meter lang werden kann, die Samenbehälter regelrecht in die Fangarme injiziert. Das aufgefundene Weibchen aber war noch gar nicht geschlechtsreif: Wie es später zur Befruchtung kommt, wie die Spermien den Weg in den Eierstock finden, ist bislang völlig unklar.

Ein noch größeres Rätsel ist, wo die «kleinen» Riesenkalmare leben: Denn viel seltener als ausgewachsene Tiere werden Jungtiere gefangen. Selbst Clyde Roper konnte bislang nur zwei solcher «Mini-Riesen» untersuchen. Sie maßen gerade einmal vier bis sechs Zentimeter und wurden in den Mägen von Lanzettfischen entdeckt. Ein noch kleinerer *Architeuthis* mit gerade zehn Millimeter Mantellänge wurde 1981 von einem australischen Forschungsboot aus dem Meer gefischt.

Der Meeresbiologe Steve O'Shea vom National Institute of Water and Atmospheric Research (NIWA) im neuseeländischen Wellington deutet das wenige, was vom Lebenszyklus des Riesenkalmars bekannt ist, so: Die ausgewachsenen Tiere kommen wohl nur zum Ablaichen aus der Tiefsee in höhere Regionen des Meeres. Viele Tintenfischarten sind darauf spezialisiert, in einem kurzen Leben möglichst viele Nachkommen zu produzieren; nach dem Ablaichen sterben sie bald. Das könnte auch bei den Riesenkalmaren so sein. O'Shea hält es für möglich, dass selbst der gigantische *Architeuthis* kaum älter als drei Jahre wird. Das würde auch erklären, weshalb die Mägen angeschwemmter Tiere leer sind: Auf ihrem letzten Weg brauchen sie keine Nahrung mehr.

Die Jungtiere dagegen leben wahrscheinlich in den oberen Regionen des Meeres, zumindest wurde dort der Zehn-Millimeter-Winzling gefangen. Hier können sie dann zur Beute von Albatrossen werden. Bei der Untersuchung des Mageninhalts dieser größten flugfähigen Vögel der Welt wurden zumindest zahlreiche Kiefer entdeckt, die von jungen Riesenkalmaren stammen. Nur an der Wasseroberfläche können die Albatrosse die jungen Tintenfische tauchend erbeutet haben. Einer weiteren Vermutung O'Sheas zufolge wachsen die Jungtiere äußerst schnell heran. «Flucht durch schnelles Wachstum – eine besondere Strategie, um nicht von anderen gefressen zu werden», so stimmt auch Clyde Roper seinem Kollegen zu, gibt aber zu bedenken: «Das klingt einleuchtend und logisch, ist aber noch nicht bewiesen.»

Die älteren, heranwachsenden Kalmare tauchen demnach bald in die Tiefsee ab. Wahrscheinlich besitzen die Riesen ein besonderes Auftriebssystem, das sie recht energiesparend im Wasser hält: Das Gewebe der Tintenfische enthält nämlich eine besonders hohe Konzentration an Ammoniumionen, die eine geringere Dichte haben als das Meerwasser, das den Körper umgibt. So kann der Kalmar gleichsam schwebend durchs Wasser gleiten und muss nicht viel Energie aufwenden, um ein Absinken zu verhindern. Das erklärt wahrscheinlich auch, weshalb tote oder sterbende Tiere an die Oberfläche des Meeres treiben. Auf den hohen Ammoniumgehalt ist auch der strenge, manchmal als moschusartig beschriebene Geruch der angeschwemmten Tiere zurückzuführen. Gleichzeitig geben die Ammoniumionen dem Fleisch einen besonderen, dem Menschen unangenehmen Geschmack: Clyde Roper, der bei einer Doktorfeier einmal ein Stück in der Pfanne gebrutzeltes Riesenkalmarfleisch kostete, beschrieb es als ungenießbar und bitter. Den Hauptfeinden der Giganten, den großen Pottwalen, scheint der strenge Geschmack indes nichts auszumachen.

Um *Architeuthis* lebend und bei seinen natürlichen Verhaltensweisen zu beobachten, bleibt wohl kaum ein anderer Weg, als mit Hilfsmitteln in der Tiefe nach ihm zu suchen oder gar selbst hinabzutauchen. Schon mehrfach wollten Wissenschaftler den großen Kalmar in seinem Lebensraum aufspüren: 1989 tauchte Frederick Aldrich vor Neufundland mit einem U-Boot in 300 Meter Tiefe. Thunfischköder zogen zwar alle möglichen bodenlebenden Fische an, nicht jedoch den Riesenkalmar. Nach zehnstündigem Warten gab Aldrich auf.

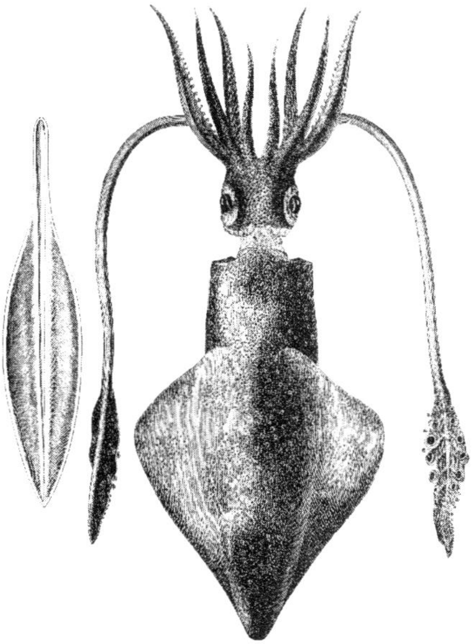

Mit zwei langen Tentakeln packen Kalmare ihre Beute und ziehen sie zur Mundöffnung. Dort wird sie von acht Fangarmen festgehalten. Das Schwert (links) stützt den Körper des Weichtieres wie ein Skelett.

Auch Clyde Roper hat schon einige Male versucht, *Architeuthis* zu beobachten oder zumindest bewegte Bilder von seinem Leben zu bekommen: «Wenn wir den Riesen nur ein paar Minuten in der Tiefe beobachten und filmen könnten, dann wüssten wir so viel mehr über ihn.» Besondere Hoffnung hegte er bei dem Versuch, Pottwale als Gehilfen bei der Jagd nach dem gigantischen Kalmar einzusetzen. Denn Tintenfische gehören zur bevorzugten Beute der gewaltigsten Raubtiere der Erde: Bis zu 18 000 der harten Kiefer verschiedener Kopffüßerarten wurden schon im Magen eines einzigen Pottwals gefunden, darunter auch zahlreiche, die von *Architeuthis* stammten. Die Meeressäuger liefern sich in bis zu 1000 Meter Tiefe Kämpfe auf Leben und Tod mit den großen Tintenfischen. Die Haut vieler Pottwale gleicht oft einer Karte vergangener Auseinandersetzungen: Kreisrunde Narben zeugen vom Widerstand der Riesenkalmare. Denn die acht Fangarme sind mit doppelten Saugnapfreihen, die keulenförmigen Enden der beiden Tentakel mit vier Saugnapfreihen bestückt. Verstärkt werden diese Sauger durch scharfe «Zähne», die tiefe Wunden reißen können.

Wie wäre es also, Pottwale als «Spürhunde» zu nutzen, die zu den Kalmaren führen? Vielleicht könnte man sie sogar als «Kameramänner» anstellen? Schon zuvor waren mit der so genannten Crittercam, einer speziellen Miniaturkamera, die an Seebären oder Meeresschildkröten befestigt wurde, atemraubende Bilder gelungen: Der Zuschauer schwamm gleichsam mit den Robben durchs Meer, begleitete die Schildkröten bei ihren Tauchgängen im Ozean. Die Welt unter Wasser aus der Sicht der Tiere konnte mit Hilfe dieser Technik für den Menschen erfahrbar gemacht werden. Vor den Azoren wurden Pottwalen solche Hightech-Kameras aufgesetzt – eine knifflige und nicht ungefährliche Aktion. Denn mit einem Schlauchboot muss man sich den Meeresriesen nähern – und die Kamera mit einem Saugnapf aufsetzen. Auf diese Weise entstanden einmalige, beeindruckende Aufnahmen aus dem Sozialleben der Wale in mehreren hundert Meter Tiefe, doch leider geriet auch dabei kein Riesenkalmar vor die Kamera. «Es ist eine wunderbare Methode», schwärmt Roper, «aber auch eine sehr schwierige. Die Kamera müsste, um einen Kampf zwischen Wal und Kalmar zu filmen, am besten seitlich angesetzt werden und nicht auf dem Rücken. Das ist aber so gut wie unmöglich.»

1997 jagte Roper vor der Küste Neuseelands, am Kaikoura Canyon, einem über 1700 Meter tiefen Ozeangraben, schon einmal nach dem Riesen. Mit Tauchroboter und Videokamera ging er hier auf «Jagd». Dabei wurde die Kamera Zeuge eines dramatischen Kampfes in 600 Meter Tiefe: Ein Kalmar griff einen Hai an, schlang seine zehn Greifer um den Fisch und schob die Tentakel in die Kiemenspalten hinein. Beinahe wäre der Hai erstickt – doch er konnte sich losreißen und entkam. Nie zuvor waren Bilder wie diese gefilmt worden, doch der spannende Zweikampf fand nicht unter Giganten statt: Kalmar und Hai waren kaum einen

Meter lang. Der Tintenfisch war bloß ein kleiner Verwandter des gesuchten Riesen. Dennoch machte dieses einzigartige Filmdokument vorstellbar, wie der gigantische Kalmar leben, wie er jagen könnte. *Architeuthis* aber blieb der Kamera verborgen.

Roper ließ sich dadurch nicht entmutigen. Er war sich sicher, dass er am richtigen Ort und dem Riesenkalmar dicht auf den Fersen war, denn immer wieder zogen Fischer vor der Südküste Neuseelands, am Kaikoura Canyon oder zumindest in der Nähe, die gewaltigen Tiere aus dem Meer – immer aus einer Tiefe von 300 bis 600 Metern. Deshalb plante er für Anfang 1999 einen neuen Anlauf – dieses Mal mit dem Deep Rover, dem «Tiefenwanderer»: einem rundum verglasten U-Boot, einer «Blase» aus zwölf Zentimeter dickem Acryl, das den Insassen vor Wasserdruck und den saugnapfbewehrten Armen des Kalmars schützen soll. Horrorstorys wie aus Jules Vernes Roman über gewaltige Kraken, die sich an Fenster pressen, schreckten Roper dabei nicht: «Das sind Legenden, Schauermärchen. Die Wirklichkeit hinter dem Monster Riesenkrake – dem Sinnbild für das Unbekannte und Mysteriöse der Tiefsee – ist wesentlich aufregender und spannender.» Allein vom Beginn des Jahres 1999 bis Ende März wurden vor Neuseelands Küste sechs der Tiere gefangen. Der Ort, die Jahreszeit, die Tiefe – alles stimmte, alles war so, wie Roper es vorhergesagt hatte. Er war zuversichtlich.

Doch zunächst vereitelten technische Probleme und stürmische See die Tauchgänge am Kaikoura Canyon. Die Unterwassermikrophone meldeten immer wieder die typischen Klicklaute der Pottwale in der Tiefe. Die größten Feinde des Riesen gingen hier auf Jagd – genau dort, wo Roper auch *Architeuthis* vermutete. Einige der Wale zeigten die typischen kreisrunden Narben, die von den Kämpfen zwischen Giganten stammen. Es war eindeutig: Hier in der Tiefe lebt der lange gesuchte Riesenkalmar.

Am 17. März 1999 endlich war es so weit: Erstmals glitt der Deep Rover in die Tiefe hinab. Während aller Tauchgänge verband ein langes Kabel das U-Boot mit dem Mutterschiff. So konnten die Wissenschaftler an Bord live die Bilder der fünf Kameras betrachten, die in und auf der Acrylglasblase montiert waren. Und was sie zu sehen bekamen, ließ ihren Atem stocken: Silberne Speere blitzten auf, 60 bis 80 Zentimeter lange, zierliche Fische – Hokis. Seit die neuseeländischen Wissenschaftler mit Fischern zusammenarbeiten, die mit Schleppnetzen in Meerestiefen von 300 bis 1000 Meter Tiefe fischen und immer wieder auch Riesenkalmare an die Oberfläche holen, ist bekannt, dass die Giganten vor allem Tiefseefische jagen. Auch Hokis gehören zu ihrer Beute. 20 Minuten lang tauchte das Boot durch den Schwarm glitzernder Fische, Hokis über Hokis. Doch kein Riesenkalmar ließ sich blicken. Verschreckte ihn das Licht des Bootes? Wegen eines heranziehenden Sturmes musste die Tauchfahrt beendet werden.

Insgesamt unternahm der Deep Rover bei dieser Expedition acht Tauchgänge, den letzten am 26. März 1999. Noch immer war *Architeuthis* nicht gesichtet worden – und dieser Tag war wohl die letzte Chance für Roper, den Riesen noch in diesem Jahrtausend lebend zu beobachten. Wieder waren Pottwale ganz in der Nähe, auch die Beutefische des Kraken lebten in der Tiefe.

Wie es wohl aussehen würde, wenn *Architeuthis* auf Jagd geht? Dann schnellen die beiden Tentakel des Riesen bei einem Angriff auf Hokis oder andere Fische vor, glaubt Roper. Wie Zangen greifen sie nach ihrer Beute und ziehen sie zum Kiefer, wo sie dann in schlundgerechte Stücke zerlegt wird. Denn beim Schlucken dürfen die Brocken nicht zu groß sein; sonst könnten sie nämlich das Gehirn des riesigen Weichtieres verletzen, das um die Speiseröhre herum liegt.

Tiefer und tiefer glitt das Tauchboot hinab, bis auf 670

1877 strandete dieser Riesenkalmar vor Neufundland – einer der ersten, der vollständig in die Hände von Wissenschaftlern gelangte. Heute ziehen Fischer die Tiere regelmäßig aus der Tiefsee empor.

Meter unter dem Meeresspiegel – ein neuer Rekord für neuseeländische Gewässer. Seltsame, zuvor noch nie beobachtete Tiere, völlig unbekannte Spezies bekamen die Wissenschaftler an Deck zu Gesicht: Laternenfische, Seesterne und Seegurken, gallertige Unterwasserwesen – Staatsquallen etwa oder eine transparente Meduse, die sich nur durch die Bewegungen ihres weißen Glockenschirmsaumes zu erkennen gab, der sich sachte im Strom des Rückstoßes wiegte.

Doch die Zeit lief ab, auch der letzte Vorstoß auf der Suche nach dem Giganten war erfolglos; das U-Boot musste zurück an die Oberfläche – die Batterien waren erschöpft. «Wir haben gesehen, was nie zuvor ein Mensch gesehen hat», sagt Roper. «Deshalb bin ich auch weniger enttäuscht, als ich es befürchtet hatte.»

Die Tiefsee behält ihr Mysterium: Der legendäre Riesenkrake trotzt auch dieses Mal allen Bemühungen, ihn in seiner natürlichen Umwelt zu beobachten, *Architeuthis* bleibt weiterhin im Dunkel verborgen – ein Symbol für das Unergründliche der Tiefe. Vorerst noch.

3. Das Geheimnis des Zyklopen

Riesig, einäugig und Menschen fressend, war der Zyklop Polyphem eine der monströsen Kreaturen der antiken Sagenwelt. Vom griechischen Dichter Homer wurde der Gigant in der Odyssee verewigt: Das Ungetüm sperrte den listigen Odysseus, der nach der Zerstörung Trojas über die Meere irrte, zusammen mit zwölf Gefährten in seine Höhle ein. Nach und nach verspeiste Polyphem dort die Männer, einen nach dem anderen. Als er schon sechs von ihnen gefressen hatte, gelang es Odysseus und den verbliebenen Kriegern endlich, einen glühenden Pfahl in das Auge des Zyklopen zu rammen, das mitten auf dessen Stirn saß. Vor Schmerz und Wut bebend, öffnete der Riese den Höhleneingang – und die Männer konnten entkommen.

Die Legende aus der Odyssee hat wahrscheinlich einen wahren Kern: Hinter dem einäugigen Zyklopen steckt ein Lebewesen, das wirklich existierte. Schon immer brauchten Menschen Erklärungen für Ungewöhnliches, Unheimliches, Unbekanntes: Auf einigen Mittelmeerinseln fanden sich manchmal Schädel, die knapp unter der Stirn ein merkwürdiges, erstaunlich großes Loch besitzen. Was konnte das sein? Heute lassen sich die Gebeine eindeutig zuordnen: Sie gehörten winzigen Elefanten, zwergwüchsigen Inselformen, deren Relikte auf Sizilien, Kreta, Malta, Tilos und Zypern entdeckt wurden. Diese Minirüssler waren mit einer Körperhöhe von vielleicht 90 Zentimetern kaum größer als ein Shetland-Pony und nur ein Hundertstel so schwer wie die afrikanischen Verwandten. Die Winzlinge hatten sich entwickelt, als der Meeresspiegel anstieg, ganze Landstriche vom Festland abtrennte und zu Inseln machte. Den dort lebenden Elefanten stand nur ein beschränktes Futterangebot zur Verfügung. Um hier zu bestehen, mussten sie kleiner werden; auch von Hirschen und Flusspferden existierten

Für das «eine Auge» des Zyklopen Polyphem aus der Odyssee gibt es wohl eine zoologische Erklärung.

Zwergformen auf den Mittelmeerinseln. Die letzten Zwergrüssler im Mittelmeerraum dürften vor etwa 4000 Jahren ausgestorben sein: vielleicht nach einer Klimaveränderung, einer langen Trockenperiode, wahrscheinlicher aber, weil sie von Menschen zu stark bejagt worden waren. Darauf lassen zumindest Spuren auf der Insel Tilos im östlichen Mittelmeer schließen, wo neben Steingeräten und Tonscherben aus der Bronzezeit auch Gebeine zwergwüchsiger Elefanten gefunden wurden.

Zwergelefanten kannten die frühen Griechen aber nicht mehr – und irgendwie mussten sie sich solche ungeheuerlichen Schädel mit einem großen Loch unterhalb der Stirn ja erklären. Wie sollten sie auch wissen, dass hier – wie bei Elefanten typisch – ein gewaltiges Nasenloch sitzt, an dem auch der Rüssel entspringt? So füllten die damaligen Menschen das Loch mit etwas, das sie kannten: einem großen Auge. Und schon war die Sage vom einäugigen Zyklopen entstanden.

Auch eine weitere alte Legende erscheint mit dem Wissen um die Existenz von Zwergelefanten in anderem Licht: In den orientalischen Geschichten von Sindbad, dem Seefahrer, fliegt der gewaltige Vogel Roc, ein riesiger Greifvogel, mit ganzen Elefanten in den Fängen durch die Luft, um mit den erbeuteten Rüsseltieren die Jungvögel im Nest zu füttern.

Könnte es nicht sein, dass frühe Seefahrer erlebten, wie Adler Babyelefanten, nicht größer als ein Lamm, schnappten und wegtrugen? Im arabischen Raum aber, wo man nur die großen Elefanten kannte, wuchs ein solcher Vogel in den Erzählungen zu gigantischen Ausmaßen heran. Denn nur mit einem solchen Riesengreif konnte man sich die immer wieder glaubhaft vorgetragenen Geschichten überhaupt vorstellen.

In der Prähistorie waren elefantenartige Tiere fast weltweit in großer Vielfalt verbreitet – auf allen Kontinenten außer Australien und der Antarktis. Es gab zottelige Mammuts und gewaltige Mastodonten, Dinotherien, deren Stoßzähne sich nach unten bogen, und Stegodonten, mit großen Buckeln auf der Stirn, riesenhafte Rüsseltiere und zwergenhafte Dickhäuter, nicht nur im Mittelmeerraum. Aus der großen Sippschaft haben nur zwei Arten bis in die Gegenwart überlebt: Der Asiatische Elefant *Elephas maximus* – der mit den kleinen Ohren – ist in mehreren Unterarten in Südostasien beheimatet; vom großohrigen Afrikanischen Elefanten *Loxodonta africana* leben zwei Unterarten, eine in Steppengebieten, die andere in den Regenwäldern im Inneren des Schwarzen Kontinents. Doch immer wieder gibt es Berichte, dass weitere, unbekannte Formen aus der Gruppe der Rüsseltiere existieren könnten.

Im zentralafrikanischen Dschungel sollen kleinwüchsige Elefanten leben, nicht so winzig wie die vorgeschichtlichen Inselarten, doch deutlich kleiner als die bekannten Formen: Einheimische erzählen schon lange von einem Rüsseltier mit einer Schulterhöhe von kaum mehr als 1,80 Meter, mit rötlicher Haut, haariger als die übrigen Elefanten. Trotz seiner geringeren Größe sei dieses Rüsseltier weitaus aggressiver; es lebe vor allem in den dichteren, sumpfigeren Teilen des Regenwaldes, in die die großen Elefanten nicht vordringen. «Wakawaka» – Wasser- oder Sumpfelefant –, mit diesem Namen unterscheiden daher die Einheimischen in manchen Regionen der Volksrepublik Kongo den Zwerg- vom herkömmlichen Waldelefanten; «messala» heißt das Tier in Kamerun, «mussaga» in Gabun.

Erstmals konnte die Wissenschaft 1905 einen Zwergelefanten untersuchen: Der Tierhändler Carl Hagenbeck brachte einen vielleicht sechs Jahre alten, nur 1,50 Meter großen, männlichen Elefanten nach Hamburg, der im Januar 1906 vom Zoologen Theodor Noack begutachtet und als eigene Unterart des Afrikanischen Elefanten beschrieben wurde – *Loxodonta africana pumilio.* Wenig später wurde das Tier nach New York verkauft, wo es im Bronx-Zoo auf den Namen «Congo» getauft wurde und im Herbst 1915 – knapp zwei Meter groß – an einer Infektion starb.

Die meisten Zoologen aber glaubten, dass es sich bei den Elefantenzwergen bloß um Kümmerformen handelte, um einzelne Exemplare, die in ihrem Wachstum zurückgeblieben waren. Und sie glaubten zu wissen, warum gerade Großwildjäger so darauf bestanden, dass in Afrika eine zwergwüchsige Elefantenform lebt: Erlegte ein Jäger nämlich Jungtiere der «normalen» Art mit kleinen Stoßzähnen, so konnte er leicht gegen Jagdgesetze verstoßen, die Jungtiere besonders schützen. Wenn aber in Afrika eine kleinere Elefantenart bekannt wäre, könnten Elfenbeinjäger immer darauf verweisen, das kostbare «weiße Gold» habe einem Tier dieser Zwergenart gehört, das voll ausgewachsen gewesen sei. Alle Nachrichten über Zwergelefanten wurden daher mit Misstrauen aufgenommen.

Erst 1989 machte eine Untersuchung der Zoologen Martin Eisentraut und Wolfgang Böhme vom Bonner Museum Alexander Koenig wieder auf den «unbekanntesten Großsäuger Afrikas» aufmerksam. Die beiden Wissenschaftler hatten alles zur Verfügung stehende Material zusammengetragen und untersucht. Grundlage waren die Arbeiten von Ulrich Roeder, einem begeisterten Amateurzoologen und früheren Tierhändler, der sich im Ruhestand voller Eifer dem Zwergelefantenproblem gewidmet hatte: Von 1969 bis 1985 führten ihn 16 Reisen nach Kamerun; eine siebzehnte hatte Roeder für 1987 geplant, doch starb er kurz nach seinem 90. Geburtstag. Auf seinen Exkursionen in den Sumpfwäldern Kameruns hatte er zahlreiche Spuren des kleinen Rüsseltieres vermessen können, die alle nur einen Durchmesser von 26 bis 29 Zentimetern besaßen, die Fährten erwachsener Waldelefanten dagegen messen 45 bis 50 Zentimeter. 1974 konnte er sogar einen Zwergelefantenbullen untersuchen, der von Jägern erlegt worden war – ein Tier mit gedrungenem, kurzem Körper, vielleicht 16 bis 18 Jahre alt und voll ausgewachsen, wie es an den Zähnen deutlich

Seit der Antike schon ist der Afrikanische Elefant bekannt. Ob auf dem Kontinent auch Zwergelefanten leben, ist umstritten.

abzulesen war. Und doch wog der Elefant nur 1400 Kilogramm. Ausgewachsene Waldelefantenbullen dagegen bringen es leicht auf das doppelte Gewicht. Roeder war daher überzeugt, dass der Zwergelefant nicht nur eine Unterart, sondern eine eigenständige Spezies darstellt.

Auch andere haben immer wieder Trittsiegel von Zwergelefanten in den Wäldern Gabuns und des Kongo gesehen, Spuren ganzer Herden, die nur von kleinen Füßen in den Urwaldboden getrampelt waren, deren Sohle nicht breiter als die junger Waldelefanten war. Nie traten innerhalb einer solchen Gruppe jedoch Fährten normal großer Elefanten auf.

Fotos, die der frühere deutsche Botschafter in der Republik Kongo, Harald Nestroy, geschossen hatte, belegen, dass Herden von Wald- und Zwergelefanten nebeneinander im gleichen Lebensraum vorkommen. Nestroy war im Mai 1982 im Norden des Kongo unterwegs, in einem menschenleeren Gebiet, in dem noch nicht mal Pygmäen leben, nicht weit von der Grenze zur Zentralafrikanischen Republik. Auf einer stark versumpften Lichtung im dichten Regenwald gelangen ihm kurz nacheinander aus einer Entfernung von etwa zehn Metern Aufnahmen beider Elefantenformen.

Die Fotos der Zwergelefanten zeigen eine Gruppe von sechs Tieren, darunter ein Jungtier, das nach Nestroys Angaben kaum 50 Zentimeter hoch gewesen sein soll – schäferhundgroß. «Normale» Elefantenbabys dagegen kommen mit einer Größe von 80 bis 90 Zentimetern zur Welt, sind also schon bei der Geburt so groß wie ein Pony. Leider war es Nestroy nicht gelungen, beide Elefantenformen gleichzeitig auf Film zu bannen. Als Größenmaßstab kann jedoch ein weißer Reiher dienen, der auf einem der Fotos direkt hinter einer Zwergelefantenkuh im Sumpf steht. Wahrscheinlich handelt es sich um einen Silberreiher, die größte weiße Reiherart Afrikas mit langem Hals: Dann müsste die Elefantenkuh gerade 1,50 bis 1,60 Meter groß gewesen sein. Sollte der weiße Vogel einer kleineren Reiherart angehören, dann schrumpft auch die daraus zu berechnende Größe der Elefantenkuh. Noch kleiner konnten sich Eisentraut und Böhme die zwergwüchsigen Tiere aber nicht mehr vorstellen.

Der französische Zoologe L.-P. Knoepfler teilte den Wissenschaftlern eine weitere Beobachtung mit: In einer Pygmäensiedlung Gabuns untersuchte er zwei erlegte, zwergwüchsige Elefanten: ein Männchen von etwa 1,80 Meter Schulterhöhe und ein weibliches Tier, gerade 1,60 Meter groß – und hochschwanger, wie sich beim Zerlegen der Elefantenkuh zeigte; die Pygmäen holten einen geburtsreifen Fötus aus ihrem Leib.

Nach all diesen Hinweisen und Beobachtungen betrachten die Bonner Zoologen den Zwergelefanten als eigene Art – *Loxodonta pumilio* – und widerlegen alle anderen Erklärungsversuche:

– Die «Zwerge» können keine individuellen Abweichlinge von der Norm sein, denn sie treten in Herden auf. Auch sind sie keine «Kümmerformen», die aufgrund schlechter Lebensraumbedingungen entstanden sein könnten, etwa, weil es zu wenig Nahrung gibt, um die Tiere zur vollen Größe wachsen zu lassen. Denn am gleichen Ort leben Waldelefanten, die normal großes Elefantenmaß erreichen.
– Wären Zwergelefanten eine eigene Unterart von *Loxodonta africana*, könnten sie nicht mit Waldelefanten zugleich in einem Lebensraum wohnen, denn dann würden sich die beiden Formen untereinander kreuzen und vermischen, die Unterschiede verschwinden. Das ist aber nicht der Fall. Nach Nestroys Beobachtungen leben beide Dickhäuterformen in getrennten Herden.
– Manche Wissenschaftler glaubten, Zwergelefanten seien Jungtiere des Waldelefanten, die eigene Herden bilden würden. Die erlegte schwangere Elefantenkuh und das schäferhundgroße Baby sprechen gegen diese Hypothese.

«Welches Beleges bedarf es eigentlich noch, um die hartnäckigen Zweifler davon zu überzeugen, dass das Problem des Zwergelefanten, seiner Evolution, seiner Biologie und seines Schutzes nicht durch Ignorieren des Objektes selbst zu lösen ist?» So schließen Eisentraut und Böhme ihre Abhandlung über das Miniaturrüsseltier aus den afrikanischen Regenwäldern. Seither ist es still geworden um den «unbekanntesten Großsäuger Afrikas»; diese Befunde wurden weitgehend ignoriert. Warum eigentlich? Weil nicht sein kann, was nicht sein darf?

Noch im neunzehnten Jahrhundert drangen regelmäßig Gerüchte aus Sibirien in die westliche Welt, die für die «offizielle» Wissenschaft viel leichter zu erklären waren: Die Fabeln der dort lebenden Stämme berichteten von «einer Art Ratten», so groß wie Elefanten, die in der Erde leben und sterben, sobald sie nur an die Luft oder ans Tageslicht geraten. Sie benannten es nach den Wörtern «Mas» für Erde und «Mutt» für Maulwurf – und so lautet auch heute weltweit der Name für den gewaltigen «Erdmaulwurf», eines der populärsten «Urviecher» überhaupt, das «Mammut».

Nur auf diese Weise konnten sich die Naturvölker das Auftauchen der riesigen Kadaver erklären, die immer wieder vom Dauerfrostboden der sibirischen Tundren frei gegeben wurden. Schließlich sahen diese «Eisleichen» so aus, als seien sie gerade erst gestorben, doch nirgends fanden die Menschen lebendige Mammuts. Also mussten sie wohl – ganz logisch – ein unterirdisches Dasein führen. Die Jakuten, Tungusen und andere Völker bauten die rätselhaften Wesen aus dem Eis in ihre von Naturgeistern belebte Vorstellungswelt ein, die Urzeitelefanten wurden zu mystischen Wunderwesen, Schamanen nahmen sie in ihre Kulte auf und bauten Hütten aus Mammutstoßzähnen.

Immer wieder tauchen wollige Kadaver der ausgestorbenen Rüsseltiere in Sibirien auf und zeigen lebensecht, wie die Eiszeitrüssler aussahen. Erstmals gelang es 1901, nicht nur einzelne Stoßzähne, Gerippe oder teilerhaltene Körper zu bergen, sondern den ganzen Kadaver eines Urzeit-Zotteltieres, das heute als «Beresovka-Mammut» bekannt ist. Das Tier war wohl in eine Gletscherspalte gestürzt und hatte sich das Becken gebrochen. In seinem Magen fanden sich noch 25 Pfund Futterreste – vor allem Gräser, die auch heute noch in Sibirien wachsen. Große Popularität erlangten auch «Dima», ein 1977 entdecktes Mammutbaby, das vor etwa 40 000 Jahren in ein Schlammloch gefallen war, und die kleine, etwa 10 000 Jahre alte «Masha», die 1988 von Flussschiffern gefunden wurde.

Die meisten Wollmammuts starben vor etwa 10 000 Jahren aus – nur auf einer etwa 2000 Quadratkilometer großen Insel im russischen Eismeer lebten sie länger: Auf Wrangel Island, nördlich des Polarkreises, lebten noch vor 4000 Jah-

Gesucht wird – ein Urzeitrüssler: Für Hinweise auf Mammutkadaver wurden in Sibirien per Fahndungsplakat Belohnungen ausgesetzt.

ren Mammuts – zu einer Zeit, als der ägyptische Pharao Sesostris I. Nubien eroberte und in Theben seine Grabstätten errichten ließ. Seither sind die wolligen Zottel von der Erde verschwunden – und doch gibt es Menschen, die hoffen, dass dereinst wieder Mammuts die sibirischen Tundren bevölkern könnten.

Der japanische Veterinärmediziner Kazufumi Goto von der Kagoshima University will nämlich mit Hilfe moderner Fortpflanzungsmedizin das Mammut wieder auferstehen lassen. Goto hatte zuvor bewiesen, dass aus Eizellen von Rindern, die mit bereits abgestorbenen Spermien toter Bullen befruchtet worden waren, lebensfähige Kälber heranwachsen können. Nun will Goto Ähnliches mit Asiatischen Elefanten versuchen, von denen er annimmt, dass sie mit den Urzeitriesen näher verwandt sind als die afrikanischen Vettern. Dabei möchte er Eizellen indischer Elefantenkühe mit dem Sperma eines Mammuts befruchten – und hofft, dass daraus lebensfähiger Nachwuchs entsteht, ein Hybride also, eine Mischung beider Arten. In nachfolgenden Schritten würden solche Mischlinge immer wieder mit Mammutspermien befruchtet, sodass von Generation zu Generation zunehmend mammutähnlichere Tiere entstehen würden.

Eine weitere Möglichkeit, Mammuts wieder auferstehen zu lassen, wäre die Klonierung, wie sie 1998 erstmals mit dem Schaf «Dolly» gelang. Dabei würde ein intakter Mammut-Zellkern in die entkernte Eizelle einer indischen Elefantenkuh eingeschleust und diese einer «Leihmutter» eingepflanzt. Der Vorteil: Sollte dieser Weg gelingen, würde kein «Mischwesen», sondern direkt ein echtes Mammut geboren – eine geklonte, fast perfekte Kopie, genetisch identisch mit dem ursprünglichen Tier, das viele Jahrtausende zuvor gestorben war.

Nur muss hierzu erst mal ein gut erhaltenes Mammut gefunden werden: Bislang sind nur sechs solcher «Eisleichen» entdeckt worden – und nur bei einem hatten die Geschlechtsorgane die lange Zeit im Eis überdauert. Goto ist jedoch überzeugt davon, dass weitaus mehr intakte Mammuts in Sibirien gefunden werden, als offiziell bekannt wird. Schon zweimal, 1996 und 1997, war er auf «Mammutjagd» am Fluss Kolyma im nordöstlichen Sibirien – unterstützt von einem Hightech-Gerät, mit dem die britische Polizei Leichen aufstöbert, die von Mördern verbuddelt wurden. Dieses Bodenradargerät soll im Permafrostboden Sibiriens besonders gut tauglich sein – und Goto hoffte, in fünf bis 20 Meter Tiefe auf verborgene Mammuts zu stoßen, die ansonsten im Dauereis versteckt bleiben würden. Den gefrorenen Boden um einen solchen Kadaver herum will Goto mit Feuer und heißen Wasserstrahlen auftauen, mögliche Spermien der Leiche entnehmen und schnell einfrieren. Bislang suchte er vergeblich.

Dafür fanden zwei Angehörige der Dolganen, der Ureinwohner der sibirischen Halbinsel Taimyr, im Oktober 1997 zwei große Stoßzähne in der Tundra. Aus dem Eis schauten Haarbüschel heraus, es roch nach verwesendem Fleisch. In der sibirischen Stadt Chatanga hörte der Touristikunternehmer und Nordpolabenteurer Bernard Buigues davon, doch musste er zunächst überredet werden, sich die Fundstelle anzuschauen. Als er dann aber vor Ort im Eis scharrte und aus dem rötlichen Zottelfell eine blaue Blume klaubte, die so frisch schien, als würde sie nicht schon – wie spätere Untersuchungen zeigten – seit 20 380 Jahren hier im Eis liegen, da war es um ihn geschehen: Fortan hatte ihn das Mammutfieber gepackt, und er setzte alles daran, das intakte Tier, das er hier vermutete, auszugraben. Buigues verkaufte die Filmrechte an den amerikanischen Fernsehsender «Discovery Channel», er sprach davon, aus dem Erbgut des gefrorenen Tieres Mammuts zu klonen, und legte in monatelanger Arbeit unter Zuhilfenahme von Presslufthämmern, Föns und dem beschriebenen Bodenradargerät einen etwa drei mal drei mal 2,50 Meter großen Eisblock frei. Am 17. Oktober 1999 wurde der teuerste Eisklotz der Welt – etwa zwei Millionen Dollar hatte das Unternehmen bis dahin gekostet – per Hubschrauber nach Chatanga transportiert, wo er unter kontrollierten Bedingungen auftauen soll. Um der anwesenden Weltpresse das Bild eines fliegenden Mammuts zu suggerieren, rammte Buigues zuvor die eigentlich schon abtransportierten Stoßzähne wieder ins Eis hinein. Wie viel Mammut aber wirklich im Eis steckt, muss sich noch zeigen.

Und ob sich aus dem Sperma des Bullen oder anderen Körperzellen intaktes Erbgut zur Klonierung gewinnen lässt, wird von den meisten Wissenschaftlern angezweifelt: «Nach allem, was wir über gefrorene Gewebe wissen, ist es unwahrscheinlich, dass Erbsubstanz darin intakt bleiben könnte. Die langen DNA-Stränge sind schon längst in kleine Bruchstücke zerfallen», glaubt Adrian Lister, ein Mammutspezialist vom Londoner University College. Die Wiederauferstehung der wolligen Riesen bleibt wohl Science-Fiction.

Großes Erstaunen rief aber die Nachricht hervor, dass 1987 in Nepal am Karnali-Fluss erstmals mammutartige Tiere aufgetaucht seien. Die Riesen versetzten in der Nähe des Bardia-Reservats die Bevölkerung in Angst und Schrecken und verwüsteten die Felder. Mehrere Expeditionen führten ab 1991 den Naturschützer John Blashford-Snell in diese abgelegene Region, um die ungewöhnlichen Rüsseltiere zu suchen. Und wirklich fand er dort zwei männliche Elefanten von äußerst ungewöhnlicher Gestalt, ganz anders als alle, die er bislang gesehen hatte: Der größere von beiden wird von der Bevölkerung «Raja Gaj», «König der Elefanten», genannt und ist mit einer Schulterhöhe von 3,35 Meter deutlich größer, als es Asiatische Elefanten normalerweise sind. Der kleinere heißt «Kancha», der «Jüngste». Beide Tiere haben einen seltsam abfallenden Rücken, das Merkwürdigste aber sind die zwei großen Buckel, die sich auf der Stirn jedes der Tiere emporwölben. Auch die Schwänze sehen merkwürdig aus – dicker als normal und seltsam geriffelt.

Was waren das für Tiere? Doch Asiatische Elefanten? Aber sie sahen irgendwie deformiert aus. Waren es Mutanten? Hatten Hormone das Wachstum der Tiere gestört? Oder konnte es wirklich möglich sein, dass hier eine prähistorische Elefantenform überlebt hatte?

Adrian Lister, der Paläontologe und Mammutexperte, fühlte sich zunächst sogar an Stegodonten erinnert – Vorläufer der heutigen Elefanten, die vor einigen hunderttausend Jahren in Südostasien lebten. Später stellte Lister fest, dass es aus Nepal Fossilien einer weiteren Elefantenart gab – *Elephas hysudricus* –, die wahrscheinlich der direkte Vorläufer der heutigen Asiatischen Elefanten war. Dieser Urelefant besaß ebenfalls zwei große Buckel auf der Stirn; würde man «Fleisch» um die fossilen Schädel herumgeben – dann käme wohl ein Wesen dabei heraus, das wie Raja Gaj aussieht.

Lister und Blashford-Snell zogen 1995 erneut aus, um den Dung der «Biester von Bardia» zu sammeln, wie die großen

Phantastische Begegnung: Werden sich Mensch und Mammut eines Tages wieder lebend gegenüberstehen?

Elefanten mittlerweile genannt wurden. So hofften sie, Näheres über die Verwandtschaft der Tiere mit herkömmlichen Elefanten zu erfahren. Diese Methode war schon an einigen Wildtierarten ausprobiert worden: Denn im Kot befinden sich immer auch Zellen, die aus der Darmschleimhaut abgestoßen wurden. Aus diesen Darmzellen lässt sich Erbmaterial isolieren und mit molekulargenetischen Methoden untersuchen. Erstmals wurde nun diese Methode bei Elefanten angewandt – und allein schon, dass sie funktionierte, war ein großer Erfolg. Wer aber eine Sensation erhofft hatte, auf den wartete eine Enttäuschung: Raja Gaj und Kancha sind keine Mammuts, keine Stegodonten und auch keine indischen Urelefanten, sondern gehören wohl zur gleichen Art wie die normalen Asiatischen Elefanten.

Dennoch, so meint Lister, müssten weitere Untersuchungen erfolgen. Seiner Ansicht nach könnte diese Population einmal durch einen «Flaschenhals» gegangen sein, weil sie isoliert lebte, und so könnte sich die ungewöhnliche Anatomie entwickelt haben – vielleicht sogar eine Art «Rückschritt» zu den urzeitlichen Vorgängern hin. Es erscheint aber möglich, dass Raja Gaj, Kancha und die Mitglieder ihrer Herde gar einer neuen Unterart angehören, doch das wird sich zeigen. Der Gedanke jedenfalls, dass den «Biestern von Bardia» irgendetwas Prähistorisches anhaftet, war so ganz falsch nicht.

4. Tenkile und Dingiso

Tim Flannery hatte sich seinen ersten Aufenthalt in den Torricelli-Bergen Neuguineas anders vorgestellt. Eigentlich wollte der junge Zoologe in einem der abgelegensten Winkel der zweitgrößten Insel der Erde zoologisches Neuland betreten, den Geheimnissen der Wälder in einer Welt nachspüren, in der manche Völker noch wie in der Steinzeit leben – ohne Eisen, ohne Töpferei. Doch nun lag er schwer krank auf der Trage – froh, dass einheimische Helfer ihn in die Zivilisation zurückschleppten. Er konnte nicht mehr selber laufen, das Buschfleckfieber hatte ihn niedergestreckt. Noch einen Tag länger ohne ärztliche Behandlung – und Flannery hätte nicht überlebt.

In seinen Fieberträumen sah er eine große Kralle, die einer der Träger als Talisman um den Hals trug – und trotz seines schlimmen Zustandes konnte Flannery sie eindeutig einem Baumkänguru zuordnen. Die Klaue war größer als die der bereits wissenschaftlich bekannten Arten und viel dunkler, auch das erkannte er – sie musste von einer unbekannten Spezies stammen.

Das war 1985 – und der Beginn einer kriminalistischen Entdeckungsgeschichte, die den Zoologen Flannery vom Australian Museum in Sydney in den folgenden Jahren immer wieder in die Torricellis führte, um das neue Baumkänguru zu suchen: ein Tier, dessen Bewegungen so gar nicht an die Eleganz der sprunggewaltigen Hüpfer der australischen Steppen erinnern. Vor etwa 50 Millionen Jahren, als das Klima auf der australischen Landplatte trockener wurde, stiegen die Vorfahren der heutigen Kängurus aus den Bäumen auf den Boden herab: Sie ähnelten wohl den kleinen Bilchbeutlern von heute, geschickten Kletterkünstlern, die behände durch das Laubdach der Wipfel turnen. Bei diesem «Abstieg» verloren sie anatomische Anpassungen für das Leben im Geäst – eine Art Daumen etwa, der den anderen Fingern gegenüberstand und das Umgreifen von Zweigen ermöglichte; und sie bildeten neue Eigenschaften aus, etwa einen Vormagen, der die Verdauung der dürren Savannengräser erleichterte. In mehr als 60 Arten besetzen heute Kängurus die Nischen, die in anderen Teilen der Welt den Huftieren gehören. Sie haben sich zu Weitspringern entwickelt, deren Vorderbeine kurz geraten sind, die Hinterbeine dafür aber mächtige Hüpfer gestatten. Vor etwa fünf Millionen Jahren kehrten einige der Sprungbeutler in die Wälder zurück und stiegen wieder auf die Bäume. Ihre Nachfahren sind die Baumkängurus der heutigen Gattung *Dendrolagus,* die in den Regenwäldern Neuguineas und Nordaustraliens leben.

Alle sieben bislang bekannten Baumkänguruarten besitzen einen stark behaarten, langen Schwanz, der nicht zum Greifen taugt, aber zum Balancieren im Geäst. Mit mächtigen Krallen an den Beinen klammern sich die tapsig wirkenden Klettertiere fest und greifen nach Zweigen und Blättern. Im Laufe der Zeit sind ihre Vorder- und Hinterbeine wieder etwa gleich lang geworden, denn das ist in den Wipfeln von Vorteil. Die Geschicklichkeit der Urbeutler erwarben die Baumkängurus allerdings nicht wieder. Aber sie mussten auch keine Kletterakrobaten werden, denn in den Wäldern Neuguineas fehlten Feinde, die ihnen gefährlich werden konnten; ihr ungeschicktes Rumgeklettere reichte zum Überleben völlig. Mit den Vorderbeinen und -pfoten halten sie sich fest; wenn es baumabwärts geht, steigen sie mit den Hinterbeinen voran. Doch können sie sich auch in Sätzen von mehreren Metern von Baum zu Baum fallen lassen oder aus bis zu zehn Metern Höhe auf den Waldboden springen.

Flannery war sicher, dass die Kralle aus seinem Fiebertraum einer achten, bisher unbekannten Baumkänguruart zuzuordnen sei. Nun vom «Entdeckerfieber» gepackt, kehrte

Baumkängurus fanden den Weg zurück von der Savanne in den Wald, wo sie in den Bäumen eine eher gemächliche Lebensweise pflegen.

er drei Jahre nach seinem unglücklichen ersten Aufenthalt nach Neuguinea zurück, entschlossen, die neue Art aufzuspüren. Doch wo genau sollte hier das Tier leben? Wo also sollte er mit der Suche anfangen? Über 200 Kilometer ziehen sich die Torricelli-Berge im Nordwesten von Papua-Neuguinea hinweg, Hunderte von Quadratkilometern zerklüfteten Geländes, fast unberührten Urwalds. Flannery wusste, wie schwierig es ist, im überaus dichten Wald Tiere zu entdecken. Denn schon manches Mal stand er direkt unter einem Baum – und brauchte 20 Minuten oder mehr, um endlich ein Tier zu sehen, das ihm der einheimische Führer im Wipfel zeigen wollte.

Wochenlang suchte Flannery vergeblich. Manchmal brachten Jäger ihm Tiere, die er noch nie zuvor in natura gesehen hatte – und er gab ihnen Geld, denn nur so konnte er erfahren, welche Arten hier leben. Wie viel sollte er den

Männern dafür bezahlen? Eine schwierige Frage, denn auf die Unterstützung der Einheimischen war er dringend angewiesen; andererseits wollte er sie nicht dazu ermuntern, wahllos Tiere für ihn zu schießen.

Natürlich bekam er immer wieder auch Tiere angeliefert, die er gar nicht wollte, nicht gesucht hatte. Aber auch die musste er annehmen, um die Jäger zur weiteren Suche anzuspornen. Lebten die Tiere noch, dann ließ er sie heimlich wieder frei. Einmal wurde er dabei von zwei Jungen beobachtet – und die fingen flugs die gerade ausgesetzten Tiere erneut ein, um sie Flannery nochmals zu verkaufen.

Manchmal machte er sich Sorgen wegen des Übereifers der Jäger. Denn schon zu sehr plünderten die Menschen hier die Schätze des Regenwaldes: Die bunten Federn der prächtigen Paradiesvögel schmückten schon immer die traditionellen Kopfbedeckungen der Papuas bei Festen und Gelagen. Noch zu Beginn des zwanzigsten Jahrhunderts wurden Zehntausende ihrer Häute mit Gefieder für Modezwecke nach Europa ausgeführt, was die wunderschönen Vögel selten werden ließ. Heute sind die Tiere Neuguineas mehr und mehr durch die sich rasch ausbreitende Bevölkerung bedroht: Die Menschen betreiben bescheidenen Feldbau, doch der Boden ist nicht sehr fruchtbar. Und so leben sie von dem, was der Wald hergibt. Traditionelle Waffen werden zunehmend von Gewehren verdrängt, die Einheimischen schießen alles, was ihnen vor die Flinte kommt – Kasuare, die großen, wehrhaften Laufvögel Neuguineas, wunderschöne Krontauben und Baumkängurus. Und man kann es ihnen nicht verdenken, denn Eiweißquellen sind rar.

Nur wenige Tiere werden geschont: Den Pitohui, einen schönen, schwarz-roten Singvogel, etwa nennen die Einheimischen «rubbish bird» – Müllvogel –, weil sein Fleisch nur nach aufwendiger Bearbeitung genießbar ist. Der amerikanische Ornithologe John Dumbacher von der University of Chicago erfuhr 1992 weshalb: Während er auf Neuguinea

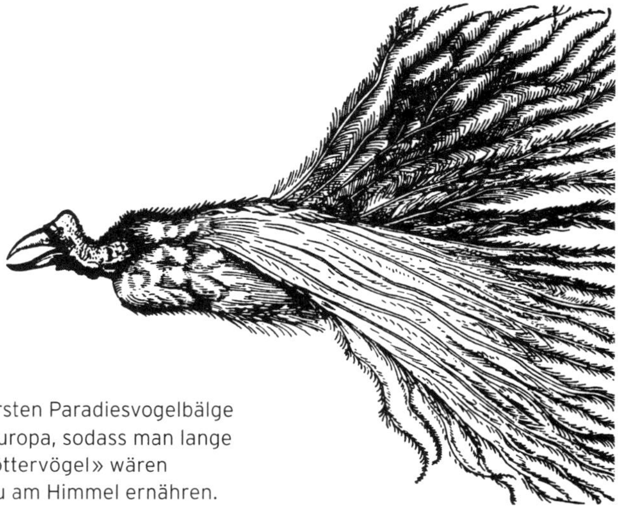

Ohne Füße gelangten die ersten Paradiesvogelbälge kunstvoll präpariert nach Europa, sodass man lange glaubte, die prächtigen «Göttervögel» wären Luftwesen, die sich vom Tau am Himmel ernähren.

Paradiesvögel studierte, ging ihm einmal ein Pitohui ins Netz. Dumbacher wollte ihn befreien, und dabei ritzte der Vogel seine Hand mit den Krallen an. Instinktiv wollte Dumbacher die Wunde auslutschen, doch sobald er daran leckte, spürte er einen stechenden Schmerz und ein dumpfes Gefühl im Mund. War der Vogel zuvor mit giftigen Pflanzen in Berührung gekommen oder besaß er eine eigene chemische Abwehr? Als er erneut einen Pitohui fing, wiederholte Dumbacher den Leckversuch – mit dem gleichen unangenehm stechenden Ergebnis. So hatte er – ganz nebenbei – entdeckt, dass der schon seit 1827 bekannte Pitohui giftig ist – als einziger Vogel der Erde übrigens. Spätere Untersuchungen zeigten, dass schon wenige Milligramm eines Extraktes aus der Vogelhaut eine Maus in 20 Minuten töten können – das Gift ähnelt dem der südamerikanischen Pfeilgiftfrösche. Wahrscheinlich schützt sich der Pitohui so gegen Angriffe von Habichten und Schlangen.

Flannery hatte unterdessen die Unterstützung eines Missionars erhalten: Der irische Pater Patrick McGeever verband die Stammestraditionen der Einheimischen mit den Riten der irisch-katholischen Kirche; er selbst schmückte seine Kutte mit Fellstücken und Federn der Region und genoss so hohes Ansehen. Als der Pater Flannerys Suche nach dem Baumkänguru in seinen Predigten erwähnte, erhielt der Wissenschaftler bald Fellteile des gesuchten Tieres. Sie waren schwarz – dunkler als die Felle aller bislang bekannten Arten. Vor zehn Jahren noch habe das «Tenkile», so nennen die Einheimischen das gesuchte Tier, in dieser Region gelebt. Flannery kamen Zweifel am Sinn seiner Suche: Lebte das Tenkile überhaupt noch? Oder war er zu spät gekommen und suchte nach einer Art, die erst jüngst ausgestorben war?

Mehrere Jahre nun hatte er in diese Suche gesteckt, immer wieder war er hierher gekommen – und hatte noch kein einziges, lebendes Tenkile gesehen. Bei der nächsten Expedition drang er in noch entlegenere Gebiete vor. Und er musste erleben, dass er nicht immer willkommen war: Viele Einheimische hatten schlechte Erfahrungen mit Weißen gemacht. So war die Atmosphäre in einem Dorf schon bei seiner Ankunft äußerst gespannt. Als er aber auch noch erwähnte, dass er Biologe sei, war das wohl das Schlimmste, was er hier hatte sagen können. Schon zweimal zuvor waren nämlich zoologische Expeditionen ins Dorf gekommen, und die Einheimischen hatten sich betrogen und ausgenutzt gefühlt: Die Wissenschaftler hatten sie schlecht bezahlt und die Tabus der Dörfler gebrochen. Flannery wurde in eine Hütte geführt, ohne Licht, ohne Wasser und Essen – ein krasser Bruch mit den sonst gastfreundlichen Sitten dortzulande. Nachts hörte er den Dorfrat erregt palavern, und weil die Einheimischen zum Teil auf Pidgin-Englisch diskutierten, verstand er einiges: Manche waren dafür, ihn sofort umzubringen, andere sprachen dagegen, denn sie befürchteten in einem solchen Fall schwere Vergeltungsschläge gegen das Dorf.

Tagelang saß Flannery in der Falle, ohne Kontakt zur Außenwelt, ohne Radio, ohne Sender, mit dem er auf seine missliche Lage hätte aufmerksam machen können. Dann aber brachten Männer ihm Tiere von der Jagd mit. Plötzlich schien er akzeptiert zu sein – und seine Erleichterung steigerte sich zur Begeisterung, als er erkannte, was sie ihm brachten: ein großes, schweres und dunkles Baumkänguru. Sollte gerade hier, an diesem ungastlichen Ort, das Tenkile zu Hause sein? Doch in Sydney musste Flannery nach genetischen Analysen feststellen, dass dieses Tier nur zu einer Unterart des weit verbreiteten Doria-Baumkängurus gehörte, also nicht das so lange gesuchte Tenkile war.

Im November 1989 aber brachten Jäger ein lebendes Baby des Schwarzen Baumkängurus in die Missionsstation von Pater McGeever, doch es starb, bevor es in die Hände der Wildtierbehörde kam. Immerhin wusste Flannery nun, wo es diese Art gab – und dass sie noch lebte. Er schätzte den Bestand des Kängurus auf nur noch 300 Tiere. 1991 konnte er sich endlich einen Assistenten vor Ort leisten, der noch im Mai des gleichen Jahres drei Tenkiles fing und mit einem Sender um den Hals ausgestattet wieder freiließ. So schnell er konnte, flog Flannery in die Torricellis, um endlich «seinem» Baumkänguru zu begegnen.

Die Suche verlief weiterhin frustrierend: Bei einem Tier hatte die Batterie des Senders rasch ihren Geist aufgegeben – das Tenkile blieb verschollen. Dann fanden sie bald eines der Kängurus, ein altes Exemplar, tot im Wald. Als wenig später auch das verbliebene Tier, ein viel jüngeres, tot aufgefunden wurde, zweifelte Flannery mehr und mehr am Sinn seiner Suche. «Schon zwei Tiere haben wir nun mit diesem Projekt getötet», glaubte er und geriet in einen tiefen Zwiespalt: «Bin ich gerade dabei, die Ausrottung dieser Art zu beschleunigen? Aber wenn ich nicht hier wäre, würde das Tier früher oder später aussterben, ohne dass wir irgendetwas über sein Leben wüssten.»

Zunehmend machte ihm auch das Klima in den Bergen zu schaffen: «Ich halte es hier nicht mehr lange aus: immer diese Nässe, diese Schwüle», schrieb er in sein Tagebuch. «Mich verlässt die Kraft, körperlich bin ich fertig und auch psychisch fast am Ende.» Doch noch wollte er weiter nach dem Tenkile fahnden. Immerhin hatten schon die Fellstücke dazu geführt, dass Flannery bei den Behörden ein Jagdverbot für diese Art durchsetzen konnte. Wenn das auch im Dschungel kaum zu kontrollieren ist, so war es doch ein für den Schutz des seltenen Tieres wichtiger erster Schritt.

Völlig unverhofft ging die Jagd zu Ende: Eines Tages brachten ihm zwei Männer des Wigoti-Dorfes ein lebendes Jungtier, das sie im Wald gefangen hatten. Seine Mutter allerdings war am Abend zuvor im Kochtopf gelandet. Flannery war begeistert: Endlich war er am Ziel. Wissenschaftlich war es eine Sensation, eine neue, so große Tierart entdeckt zu haben. Leider lebte das Kleine nicht allzu lange in Gefangenschaft, doch konnte Flannery durch seine Beobachtung viel Neues über die Art erfahren. Der dichte Pelz etwa wies dar-

Kasuare sind beliebte Jagdbeute auf Neuguinea. Mit einem Fußtritt können sie einen Menschen töten.

auf hin, dass die schwarzen Baumkängurus offensichtlich an kälteres Klima angepasst waren und sich nach der letzten Eiszeit, als sich die Erde vor etwa 14 000 Jahren wieder erwärmte, in Bergregionen über 2000 Meter Höhe zurückgezogen hatten. Zu Ehren seiner Mäzenin Winifred Scott, die seine Suche nach dem Tier immer wieder finanziell unterstützt hatte, nannte Flannery die neue Art *Dendrolagus scottae*.

Die Menschen im Wigoti-Dorf ließen sich begeistern, als sie erfuhren, welch seltenes Tier in ihrer Nachbarschaft lebt – eine Begeisterung, so hofft Flannery, die vielleicht dem langfristigen Schutz des Tenkile zugute kommt. Nun kämpft er darum, dass die Gebiete, in denen das Baumkänguru lebt, von der Regierung Papua-Neuguineas unter Schutz gestellt werden. Doch da sieht es schlecht aus: 1997 wurden Pläne bekannt, nach denen gerade hier Straßen durch den Dschungel gebaut werden sollen, um den Holzeinschlag zu ermöglichen. Große, bislang abgeschiedene Gebiete sind dann für Jäger leicht zu erreichen.

Sieben Jahre hatte Flannery gebraucht, bis er erstmals ein lebendes Tenkile sah; die Entdeckung einer weiteren Baumkänguruart ging schneller: 1990 erhielt der Wissenschaftler Fotos des südafrikanischen Fotografen Gerald Cubitt, die im indonesischen Teil Neuguineas, in Irian Jaya, aufgenommen worden waren. Sie zeigten ein junges Baumkänguru, das von einem Angehörigen des Stammes der Dani erlegt worden war. Das Tier war vollkommen schwarz bis auf einen weißen Fleck auf der Brust, und sein Schwanz war erstaunlich kurz. Entweder gehörte es einer neuen Art an, oder – was weniger wahrscheinlich war – es handelte sich um ein unüblich gezeichnetes Exemplar einer bereits bekannten Spezies. Schon im Jahr zuvor hatte ein Fellstück, das an einem Hut eines Dani-Jägers angebracht war, Flannerys Aufmerksamkeit erregt: Es war ebenfalls schwarz mit einer Spur von Weiß darin.

Diese beiden Indizien – Fellstreifen und Foto – sprachen dafür, dass in einem 400 Kilometer langen Abschnitt der zentralen Bergkette Irian Jayas ein unbekanntes Baumkänguru leben könnte. War das schon genug, um eine Expedition in eines der unzugänglichsten Gebiete der Erde auszurüsten? Wer würde aufgrund eines Schnappschusses und eines Fetzens Fell für eine solche Unternehmung Geld geben wollen? Der Plan, nach dem rätselhaften Beutler zu suchen, wanderte zunächst in die Schublade.

Vier Jahre später ergab sich eine Möglichkeit, dem unbekannten Tier auf die Schliche zu kommen: Das Australian Museum in Sydney und das Zoologische Museum im indonesischen Bogor wollten in einer gemeinsamen Expedition die südlichen Hänge des Carstenz Range biologisch erfassen – eine Gebirgsregion, in die sich zu Beginn des Jahrhunderts erstmals der britische Entdecker Alfred Wollaston gewagt hatte. Durch Krankheiten verlor er damals die meisten seiner 260 malaysischen Träger und nepalesischen Gurkhas – Soldaten, die die Expedition bewachten. Zweimal wurde die Ausrüstung der Expedition durch über die Ufer tretende Flüsse weggespült, immer wieder stand Wollaston nachts im Camp bis zur Brust im Wasser. 15 Monate schlug er sich durch den undurchdringlichen Wald und das unglaublich steile Gelände – und doch gelangte die Expedition nicht höher als 1400 Meter, die schneebedeckten Berggipfel bekamen die Männer immerhin ein paar Mal zu sehen.

Zumindest der Hinweg ist heute einfacher: Flannerys Expedition wurde 1994 aus dem Süden Irian Jayas in einem halbstündigen Helikopterflug direkt am Meren-Gletscher abgesetzt, bevor die Strapazen und die Erkundung des Gebietes begannen. Das Team nahm Kontakt zu den einheimischen Jägern vom Stamm der Dani auf, die zwei Baumkänguruarten kannten: das goldbraune «Naki», das sich als Doria-Baumkänguru entpuppte – und das schwarz-weiße «Nemenaki», hinter dem vielleicht die neue, gesuchte Art stecken könnte. Die Jäger erzählten, dieses Tier gebe pfeifende Laute von sich und verbringe gar nicht so viel Zeit in den Bäumen, sondern lebe eher am Boden. Außerdem sei das Nemenaki gar nicht so scheu: Ein Jäger berichtete, wie er einem der Baumkängurus nur eine Schlinge um den Hals ziehen musste – und schon ließ es sich wegführen. Ein anderer hatte es einfach mit einem Bündel Blätter angelockt. Alles nur Jägerlatein?

Schon bald bekam Flannery das erste Tier geliefert: ein Weibchen, das von Hallstromhunden, den Urwalddingos Neuguineas, zu Tode gebissen und von seinen Helfern aufgespürt worden war. «Als ich das Tier zum ersten Mal auf den Schultern eines Dani sah, wirkte es gar nicht wie ein Känguru, mehr wie ein kleiner Bär oder ein Panda», erinnert sich Tim Flannery an seine Begegnung mit dem neuen Tier. Es hatte ein recht flaches Gesicht, einen relativ kurzen Schwanz, war schwarz-weiß gezeichnet und trug einen kleinen weißen Fleck auf der Stirn – es unterschied sich deutlich von den bekannten Baumkänguruarten.

Bald erfuhr er noch mehr über das Verhalten des Tieres, das die Dani auch «Dingiso» nennen: Wenn man ihm im Wald begegnet, stößt es einen pfeifenden Schrei aus und reißt die Arme hoch. Ein seltsames Benehmen, denn so gibt sich das Tier deutlich zu erkennen – vielleicht aber warnt es auf diese Weise seine Artgenossen. Auf jeden Fall ist es dadurch für Jäger leichte Beute.

Im westlichen Teil des Carstenz Range aber, wo der Stamm der Moni lebt, steht das Tier unter strengem Schutz: Das Baumkänguru spielt eine zentrale Rolle in der Weltsicht der Moni, denn sie halten es für einen ihrer Vorfahren, von dem sie alle abstammen, und nennen es auch «Mayamumaya» - «der mit dem Gesicht eines Mannes». Daher ist ihnen das schwarz-weiße Baumkänguru heilig. Ein solches Tier zu töten käme einem Mord gleich, sein Fleisch zu essen wäre Kannibalismus.

Auch die Moni kennen sein merkwürdiges Verhalten: Wenn ein Mayamumaya bei einem Zusammentreffen von Mensch und Tier die Arme hochwirft und alarmierend pfeift, so glauben sie, das Tier habe seinen menschlichen Verwandten erkannt und begrüßt. Ein älterer Moni-Jäger erzählte dem Biologen Flannery, wie er in einem Fall das Tier zurückgrüßte: «Ich weiß, wer du bist, und ich werde dir nichts tun. Und ich lasse dich deines Weges ziehen.»

Auch wenn die Moni durch Missionare zunehmend christianisiert sind, ist ihr traditionelles Glaubenssystem intakt geblieben. Flannery macht sich daher um die Zukunft der neuen Art keine Sorgen – er glaubt, dass noch einige tausend Tiere in den Wäldern leben. Er benannte die neue Art nach dem Tötungstabu: Das schwarz-weiße Baumkänguru heißt nun *Dendrolagus mbaiso,* nach einem Wort aus der Sprache der Monis – das «verbotene» Baumkänguru.

Die Entdeckung des Dingiso oder Mayamumaya war der unbestrittene Höhepunkt der Expedition, die insgesamt überaus erfolgreich war: Von einem Viertel der dort von den Wissenschaftlern aufgespürten 42 Säugetierarten wusste man bis dato nicht, dass sie in Irian Jaya beheimatet sind; das Känguru, eine Ratte und eine Fledermaus waren sogar völlig neue Spezies. Außerdem konnten die Forscher viele Säugerarten zum allerersten Mal überhaupt fotografieren – Neuguinea wird wohl noch für manche Überraschung gut sein.

Das Dingiso jedenfalls ist nicht nur einfach eine weitere neue Art der trägen Baumbeutler, sondern für das Verständnis der Stammesgeschichte dieser Tiergruppe überaus bedeutend. Weil es «semiterrestrisch» – halb auf dem Boden – lebt, hat es unter den Baumkängurus eine besondere Stellung. Zunächst glaubte Flannery, das Tier könne jener Übergangsform nahe kommen, die den Schritt vom Boden zurück auf die Bäume machte. Doch die flachen Füße, die beinahe gleich langen Vorder- und Hinterbeine sind schon

Das Dingiso, eine neue Baumkänguruart, ist beinahe lächerlich zahm und somit leichte Beute für Jäger.

gut für das Klettern gerüstet. Auch der Schädel gleicht stark dem der anderen *Dendrolagus*-Arten. Die Knochen aber sind viel zu leicht, um Sprünge oder Stürze aus Bäumen zu überstehen. Nach Flannerys Ansicht schlägt das Dingiso gerade wieder den umgekehrten Weg ein: von den Bäumen auf den Boden herab. In der Evolution ist es eben manchmal wie im Leben: Mal geht es runter und dann wieder rauf, dann wieder runter …

5. Bigfoot darf nicht sterben

Ein tiefes, murmelndes Brummen kam aus dem Wald, als die beiden Kanufahrer am 27. August 1995 an einem abgelegenen Ufer des Kootenay Lake in British Columbia picknickten. Neugierig folgten sie dem Geräusch, rochen bald darauf einen entsetzlichen Gestank, und dann sahen sie *es*:

Keine sieben Meter entfernt kniete ein riesiges Wesen – bestimmt zweieinhalb Meter groß und dunkel wie ein Bär – über einem toten Tier. Es hatte kein Fell, sondern schwarze, lederartige Haut im Gesicht. Einer der beiden, der aus Rücksicht auf Familie und Arbeitsplatz anonym bleiben möchte, berichtet: «Als es uns mit seinen schrecklichen Augen anstarrte, dachte ich – gleich bringt es uns um. Doch es hob seine Mahlzeit vom Boden und rannte vor uns davon ins tiefe Dickicht. Auch wenn uns dieses Erlebnis niemand glauben mag: Ich jedenfalls gehe nie wieder in diese Wälder zurück.»

Die Indianer wissen schon seit vielen Generationen, dass die Wildnis der nordamerikanischen Wälder ein Geheimnis birgt: Im nördlichen Kalifornien nennen sie es Omah, im Skagit Valley Washingtons Kala'litabiqw, in British Columbia Sasquatch. Auch Jäger, Goldschürfer und Prospektoren, die in den vergangenen Jahrhunderten in diesen einsamen Regionen unterwegs waren, trafen auf das «Monster». Heute hingegen sichten meist erlebnishungrige Städter auf «adventure trip» die rätselhafte Kreatur. Ihre Erlebnisse in der Wildnis, die sie keinem zu erzählen wagen – aus Angst, sich damit in aller Öffentlichkeit bloßzustellen –, vertrauen sie der Anonymität des Internets an. Und das ist voll von Beschreibungen unheimlicher Begegnungen dieser Art: zumeist namenlose Berichte über mysteriöse Zusammentreffen zwischen Menschen und einem unbekannten, riesigen Wesen. Angeblich standen dieser Kreatur bereits Tausende von Angesicht zu Angesicht gegenüber – und dennoch wird sie von der «offiziellen» Wissenschaft bislang nicht zur Kenntnis genommen.

Der Forschungsreisende David Thompson war 1811 der erste Weiße, der gigantisch große, menschenähnliche Fußspuren einer unbekannten Kreatur in der Nähe der heutigen kanadischen Stadt Jasper fand. Seither wurde dieses Wesen in fast allen amerikanischen und kanadischen Bundesstaaten gesehen – oder es wurden zumindest die Trittsiegel seiner enormen Füße entdeckt. Die meisten Sichtungen stammen jedoch von der Westküste Amerikas aus den unendlichen Wäldern der Cascades – und aus den Sümpfen Floridas. Seiner Riesenfüße wegen, mit denen es durch die Landschaft stapft und tiefe Abdrücke von Schuhgröße 61 und mehr in die Erde drückt, heißt das mysteriöse Wesen «Großfuß» – Bigfoot. Und es ist beliebt bei all jenen, die an das Unmögliche auf dieser Erde glauben.

Doch bis heute zeugen keinerlei handfeste Beweise von seiner Existenz. Kein Kadaver, kein Stück Fell, noch nicht einmal Knochen oder Zähne künden von diesem Rätsel der amerikanischen Wälder – wohl aber gibt es eine Reihe wirklich unglaublicher Geschichten: So will der Bauarbeiter Albert Ostman 1924 von Bigfoots entführt worden sein. Damals schürfte er nahe des Toba Inlet, einer Meeresbucht in British Columbia, nach Gold. Immer wieder bemerkte er, dass nachts sein Lager durchstöbert wurde. Er beschloss, in der folgenden Nacht zu wachen, um den Eindringling zur Rede zu stellen; doch nickte er ein und wachte erst auf, als ein «Etwas» ihn mitsamt Schlafsack vom Boden aufhob und wegtrug. Etwa drei Stunden lang schleppte das Wesen den Bauarbeiter durch die Nacht; am nächsten Morgen fand sich Ostman in einem abgeschiedenen Tal wieder – bewacht von vier haarigen Kreaturen, einer richtigen Bigfoot-Familie: Vater, Mutter, Tochter und Sohn.

Fast den ganzen Tag verbrachten die affenähnlichen Wesen

mit der Nahrungssuche, sammelten Gras, Zweige, Nüsse und Wurzeln. Das Männchen maß angeblich etwa 2,50 Meter, das Weibchen war kleiner, vielleicht zwei Meter groß und wog nach Ostmans Schätzungen etwa 250 Kilogramm. Die gewaltigen Kreaturen ließen Ostman in Ruhe, achteten aber darauf, dass er nicht floh. Nur dank seines Schnupftabaks konnte der Goldschürfer schließlich entkommen: Ostman genehmigte sich immer wieder eine Prise und machte so den Bigfoot-Vater neugierig. Der griff sich plötzlich den gesamten Vorrat und schlang ihn auf einmal hinunter – was ihm äußerst schlecht bekam: «Seine Augen rollten, und er begann zu quietschen wie ein Schwein», so berichtet Ostman. Dann rannte Vater Bigfoot zu einer Quelle und trank und trank. Ostman nutzte die entstehende Verwirrung zur Flucht und konnte dem Tal und den Bigfoots entkommen.

Im gleichen Jahr kam es bei Kelso im Bundesstaat Washington in der Nähe des Mount St. Helens zu einem Zusammenstoß mit Bigfoots nahe einer Schlucht, die wegen dieses Ereignisses heute als «Ape Canyon» – Menschenaffenschlucht – bekannt ist. Fünf Männer begegneten dort vier mysteriösen «Bergteufeln», deren Spuren sie schon seit Jahren kannten. Angeblich erschossen sie einen von ihnen, konnten aber seine Überreste nicht bergen, weil er in den Canyon hinabstürzte. In der darauf folgenden Nacht terrorisierten die wütenden überlebenden «Teufel» die Männer: Sie bombardierten die Hütte, in der die Männer schliefen, mit einem Hagel großer, schwerer Steine. Sie rüttelten an den Wänden und rissen große Holzstücke heraus, sie tobten auf dem Dach herum und versuchten einzudringen – doch vergeblich. Die ganze Nacht über hielt die bedrohliche Situation an. Immer wieder schossen die Männer ins Dunkel. Ihrer Aussage zufolge handelte es sich bei den angreifenden «Teufeln» um «menschenähnliche» Geschöpfe mit behaarten Ohren und Gesichtern, langen, starken Armen, einer

Im Nordwesten Amerikas wimmelt es von Bigfoots – oder zumindest von Augenzeugen, die solche Wesen und ihre gewaltigen Fußstapfen gesehen haben wollen.

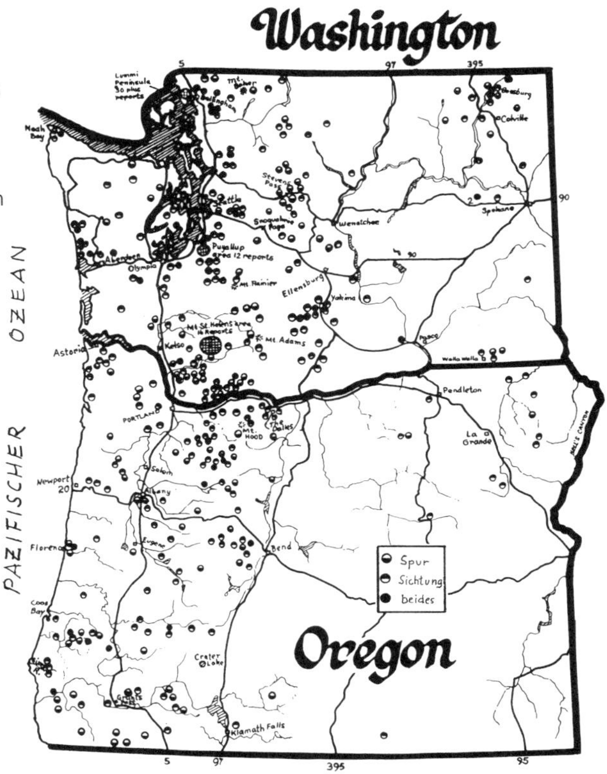

flachen Nase und einem Gewicht von vielleicht 250 bis 350 Kilogramm.

Nicht alle, die einem Sasquatch begegneten, wurden von ihm gleich in dieser Weise terrorisiert – aber schließlich hatten sich die Männer am Ape Canyon die Höllennacht auch selber zuzuschreiben, denn sie hatten die Wesen ja ohne Grund beschossen. Rory Zoerb zum Beispiel hat andere Erfahrungen mit dem mysteriösen Riesen gemacht: 1993 zog er durch Nordkalifornien, um einen Bigfoot zu treffen. «Die Wälder hier sind groß genug, um mit der gesamten US-Armee Versteck zu spielen. Soweit die Augen sehen können, bedeckt dichter Wald das Land. Und irgendwo hier drin leben diese Kreaturen», schreibt Zoerb in einem Internet-Bericht.

Nach langem Suchen in den Wäldern war es so weit: «Ich schaute in ein Paar Augen, die mich direkt anblickten.» Zoerb war sich sicher: Das war kein Bär oder Puma, keine Eule und auch kein Hirsch. Was ihn hier anstarrte, musste ein Bigfoot sein, der um die 350 Kilogramm wog. Was hatte der wohl erlebt? Wie war sein Verhältnis zu Menschen? Hegte er vielleicht Groll gegen sie? Das schoss Zoerb beim Betrachten des Riesen sogleich durch den Kopf – und er meint, einen Teil der Antwort gefunden zu haben: «Je länger ich in seine Augen blickte, desto mehr sah ich eine freundliche, intelligente Seele.»

All diese wunderbaren Schnurren gehören zum festen Fabelvorrat der Bigfoot-Gemeinde: Sind sie Phantastereien von Männern, die zu lange alleine in den Bergen lebten, Tagträume von Spinnern, die sich wichtig machen wollen? Dem Anthropologen Grover Krantz von der Washington State University sind die Vielzahl von Spuren und Geschichten Beleg genug dafür, dass da wirklich etwas in den Wäldern haust – Bigfoot nämlich. Seiner von Kollegen bespöttelten Überzeugung opferte der Wissenschaftler sogar seine Karriere. Krantz hält Bigfoot für einen riesigen Primaten, den Nachfahren von *Gigantopithecus*, dem größten Affen, der jemals auf der Erde lebte – und der vor etwa 200 000 Jahren in Südostasien ausgestorben ist.

«Giganto», wie der Riesenaffe von manchen fast zärtlich genannt wird, wäre wahrhaft ein würdiger Ahne des mysteriösen Bigfoot – nicht nur aufgrund seiner Körperausmaße, sondern auch wegen der ungewöhnlichen Entdeckungsgeschichte und der gewagten Rekonstruktion dieses Tieres: War es doch ein Hollywood-Maskenbildner, der gemeinsam mit einem Paläoanthropologen – einem Urmenschenforscher also – aus wenigen Überresten ein lebensgroßes Modell des Riesenaffen zusammenbaute.

Am Anfang aber war nur ein Zahn. Ralph von Königswald, ein deutscher Paläoanthropologe, stöberte 1935 in einer chinesischen Apotheke in Hongkong nach «Drachenzähnen» – Fossilien, die ebenso wie das Nasenhorn der Rhinozerosse zur traditionellen chinesischen Medizin gehören. Es war für den deutschen Paläoanthropologen ein oft gespieltes Spiel, solche Zähne prähistorischen Tieren zuzuordnen, denn einem Experten verraten die Beißer viel über ihren Besitzer. Immer wieder fand von Königswald zwischen den Zähnen solcher vorgeschichtlicher «Drachen» auch die von Urmenschen – und danach suchte er.

Doch dieses Mal erschauerte der Forscher. Vor ihm lag ein gewaltiger Backenzahn: menschenzahngleich, aber fast so groß wie eine Walnuss. Er musste von einem Giganten stammen, dem größten Primaten, der jemals existiert hat. Von Königswald war fasziniert – er hatte Überreste einer unbekannten Art entdeckt. Und nachdem er drei weitere Zähne ähnlicher Größe in den folgenden Jahren in chinesischen Apotheken gefunden hatte, publizierte er die neue Spezies und benannte sie nach seinem verstorbenen Kollegen Davidson Black: *Gigantopithecus blacki*, «Blacks Riesenaffe».

Den Zweiten Weltkrieg überdauerten die kostbaren Beißer in einer Milchflasche, die von Königswald in einem Hinterhof auf Java vergraben hatte, bevor er – irrtümlicherweise für einen Holländer gehalten – in japanische Gefangenschaft geriet. Doch zuvor hatte er dem Anatomen Franz Weidenreich Gipsabgüsse gesandt. Und der sah in den Kopien nicht die Zähne eines gewaltigen Affen, sondern die eines riesigen Menschen. Denn seit auf Java ungewöhnlich große Schädel des *Homo erectus* gefunden worden waren, glaubte Weidenreich an eine Periode des Riesenwuchses in der menschlichen Evolution. Giganto war dafür sein bester Beleg. Nach dem Zweiten Weltkrieg war diese Auffassung weit verbreitet – gestützt auf die Gipsabgüsse von jenen vier Zähnen.

Erst 1956 widerlegten weitere Funde den Glauben an den Riesenmenschen: Ein chinesischer Bauer stieß, als er in der Höhle Liucheng nach Drachenknochen suchte, auf einen riesigen Kiefer mit typischen Giganto-Zähnen. Später wurden dort zwei weitere Kieferknochen und fast tausend einzelne Zähne, etwa eine Million Jahre alt, entdeckt. Und all diese Fossilien stammten eindeutig von Menschenaffen. Deshalb gilt Giganto heute als Verwandter des Orang-Utans.

Gigantopithecus blacki tauchte erst vor etwa einer Million Jahren auf und war in China und Vietnam beheimatet. Er hatte aber einen indischen Vetter – den sechs Millionen Jahre alten *Gigantopithecus giganteus.* Von ihm wurde 1968 ein Kieferfragment in Nordindien gefunden, aus dem sich schließen lässt, dass er nur halb so groß wie «Blacks Riesenaffe» wurde. Die größere Art ist also mithin die jüngere; daher glaubt man, dass die Riesenaffen im Laufe ihrer Evolution immer gewaltiger geworden sind – wie es auch die etwa 300 000 Jahre alten Funde aus dem chinesischen Wuming zeigen. Damit war Giganto ein typisches Kind seiner Zeit. Auf allen Kontinenten existierte nämlich im Pleistozän eine «Megafauna» aus unterschiedlichen Säugergruppen: Riesenfaultiere und Riesengürteltiere, Mammuts, Riesenhirsche – allesamt Pflanzenfresser, die wegen ihrer Größe Raubtiere kaum zu fürchten hatten.

Auch Giganto war wohl Vegetarier. Seine Zähne lassen den Speisenplan erkennen: Mit dem massiven Kiefer konnte er zähe, faserige Pflanzen zermahlen. Einigen Zähnen hafteten sogar noch Nahrungsreste an: so genannte «Phytolithe» – das sind mikroskopisch kleine Kristalle aus Pflanzenzellen. Wissenschaftler aus dem Team des Paläoanthropologen Russell Ciochon stellten 1988 anhand dieser Partikel fest, dass Giganto Bambus und Früchte aus der Familie der Maulbeergewächse verzehrte.

Wagemutig gaben Ciochon und der ehemalige Hollywood-Maskenbildner Bill Munns 1989 dem Affen erstmals

«Fleisch» und bauten um Kiefer und Zähne herum ein möglichst lebensechtes Abbild – was nur anhand allerlei «begründeter Vermutungen» möglich war. Wer so ein mächtiges Gebiss hatte, musste auch kräftige Kaumuskeln und einen entsprechenden Schädel besitzen. Als Vorbild diente vor allem der Orang-Utan. Ciochon und Munns berechneten für einen «durchschnittlichen» Gigantomann eine hypothetische Schädelgröße von 45 Zentimetern vom Kinn bis zum Scheitel. (Beim ausgewachsenen Gorillamann sind es gerade 25 Zentimeter.)

Ein Riesenschädel braucht auch einen Riesenkörper: So war klar, dass Giganto – schon allein seiner Größe wegen – auf dem Boden gelebt haben musste. Vom Orang-Utan, der mit seinen langen Armen von Baum zu Baum hangelt, konnten Ciochon und Munns nun nicht mehr viel abschauen. Also orientierten sie sich am Gorilla und dem ausgestorbenen Riesenpavian *Theropithecus*. Das Ergebnis ihrer Hochrechnungen: Giganto war elf Zentner schwer und maß aufgerichtet drei Meter. (Ein Gorillamann wird 1,85 Meter groß und wiegt kaum sechs Zentner.)

Beim Fell ließen sich die Rekonstrukteure von Primaten aus Südostasien inspirieren: Orang-Utan und chinesische Goldstumpfnase haben rotgoldene Haare. Warum sollte nicht auch Giganto ein solches Haarkleid getragen haben? Schließlich lebte er ja im gleichen Lebensraum. Spätere Modelle des Riesenaffen zeigen sogar, wie er sich bewegt haben könnte: Der Gigant wackelt mit den Hüften, zwinkert mit den Augen – und er brüllt und grunzt. So etwas aber war – bei aller Phantasie – den Zähnen nun wahrhaft nicht zu entnehmen. «Das ist wirklich mehr Theater als Naturgeschichte», gibt Bill Munns zu.

Allerdings könnte Giganto, wenn es drauf ankam, zuweilen durchaus wild geworden sein. Solche Aussagen über sein Verhalten entnahm der australische Anatom Charles Oxnard der sorgfältigen Analyse von 735 ihm zur Untersuchung

Gigantopithecus war beinahe doppelt so groß wie ein ausgewachsener Gorilla – und damit der größte Affe aller Zeiten.

überlassen. Gigantozähnen, die sich in zwei Klassen einteilen ließen: Die größeren wies er männlichen Tieren zu, die kleineren Weibchen. Die Unterschiede zwischen den Geschlechtern waren weitaus größer als bei anderen Primaten – ein Hinweis darauf, dass Gigantomänner heftige Kämpfe um die Weibchen ausfochten.

Warum aber verschwand Giganto vor 250 000 Jahren nahezu unvermittelt, nachdem er sechs Millionen Jahre in Südostasien gelebt hatte? Vielleicht, vermutet Ciochon, gab es damals ein großes Bambussterben. Die Riesenaffen konnten ihren Nahrungsbedarf nicht mehr decken. Zur gleichen Zeit verschwand in großen Teilen dieser Region auch ein weiterer Bambusfresser: Der schwarz-weiße Panda, ein Zeitgenosse Gigantos, zog sich in einige abgelegene Winkel Chinas zurück, in denen er bis heute überlebt hat.

Möglicherweise trug auch der Urmensch *Homo erectus* zum Aussterben des Riesenaffen bei. Mehrere hunderttausend Jahre lebten die beiden Arten in China und Vietnam nebeneinander. Ob der Urmensch den Riesenaffen jagte, ist nicht bewiesen. Aber womöglich war *Homo erectus*, der in dieser Region wahrscheinlich auch auf den Bambus als Nahrungsgrundlage angewiesen war, mit seinen technischen Fähigkeiten in Zeiten knapper Nahrung Giganto überlegen und verdrängte ihn, indem er einfach zu wenig zu essen übrig ließ.

Die Rekonstruktion des Riesenaffen, seines Aussehens und seiner Lebensweise, aus nur vier Kieferknochen und etwa tausend Zähnen ist ein besonders anschauliches Beispiel für die Puzzlearbeit, die Paläontologen immer wieder leisten müssen. Vor allem Urmenschenforscher müssen manchmal aus Bruchstücken eines Millionen Jahre alten Kieferteils, aus Schädelfragmenten oder einzelnen Zähnen Informationen über mehr als fünf Millionen Jahre Menschheitsgeschichte herauslesen und ein möglichst stimmiges Bild früher Menschenformen schaffen. Jeder neue Fund, jedes neue Detail kann daher die Vorstellung von einer Spezies gründlich auf den Kopf stellen. Kein Wunder also, dass die gewagte Rekonstruktion des größten Affen der Erde auf ein breites Echo stieß.

Nachdem Ciochon seine Forschungsergebnisse veröffentlicht hatte, erhielt er Briefe amerikanischer Veteranen: Sie alle wollten während des Vietnamkrieges im Dschungel übergroße Menschenaffen gesehen und ihnen Auge in Auge gegenübergestanden haben. Hat Giganto doch überlebt? Immer wieder ist er als Vorfahr von mysteriösen, bislang aber unentdeckten Affenmenschen im Gespräch: Als Ahn des Yeti, des «schrecklichen Schneemenschen» im Himalaya – oder eben von Bigfoot.

Doch leider existieren für diese aufregende These keinerlei Belege – noch nicht mal ein einziger Zahn. Wo handfeste Beweise fehlen, schafft aber manchmal auch einfache Logik unumstößliche Tatsachen. Der Anthropologe Grover Krantz bleibt überzeugt, dass der amerikanische Riesenaffe mit den großen Füßen existiert – und er weiß auch, wie Bigfoot alias *Gigantopithecus* seinerzeit den Kontinent wechselte: Der größte Affe der Erde – der einzige, wenn auch noch nicht offiziell entdeckte Primat, der außer dem Menschen in Nordamerika lebt – kam natürlich über die Beringstraße. Zu Eiszeiten, bei niedrigerem Meeresspiegel, verband diese Landbrücke im Norden die asiatische Landmasse mit dem amerikanischen Alaska. Viele Tierarten zogen so zwischen den Kontinenten hin und her; die ersten menschlichen Einwohner Amerikas kamen wahrscheinlich ebenfalls über diesen Weg in die «Neue Welt». Und auch der Sasquatch wanderte so nach Nordamerika ein, glaubt Grover Krantz – obwohl bislang keinerlei Fossilfunde das belegen.

Seine Theorie zu belächeln ist einfach; wesentlich schwieriger dagegen ist zu erklären, wer oder was sich hinter dem gewaltigen Zottelfell verbirgt. Wer taucht an den abgelegensten Stellen der Cascades in einem haarigen Primatenkostüm auf und erschreckt einsame Wanderer? Und wer legt über Jahrzehnte hinweg Trittsiegel gewaltiger Füße an Stellen der Wildnis, an denen monatelang kein Mensch vorbeikommt? Bärenspuren sehen eindeutig anders aus als die von Bigfoots. Eine Erklärung für die Abdrücke gibt es bislang nicht. Allein in Walla Walla im Bundesstaat Washington wurde 1991 eine mehrere Kilometer lange Bigfootfährte entdeckt, die aus 5800 einzelnen Abdrücken bestand. Die Spuren sind verblüffend einzigartig und voller Details. 1970 humpelte in der Nähe von Bossburg, ebenfalls im Bundesstaat Washington gelegen, ein erwachsener Bigfoot mit einem verkrüppelten rechten Fuß, dem ein Zeh fehlte. Der linke Fuß dagegen war ganz normal ausgebildet. Bei anderen Fährten ist zu erkennen, wie ein Bigfoot im Schlamm wegrutschte, seine Zehen sich tiefer eingruben und die Zehenglieder sich nicht nur von der Sohle her, sondern auch von der Seite deutlich im Schlamm abzeichneten.

Manche Bigfootforscher wollen auf den Gipsabgüssen der

Spuren feine Rillen von Hautleisten – vergleichbar mit Fingerabdrücken – erkennen. Und einer von ihnen, Henner Fahrenbach, hat insgesamt 551 Gipsabgüsse aus 40 Jahren vermessen: Die Längenverteilung entsprach genau einer Gauß'schen Glockenkurve, wie sie von einer wirklich existierenden Population auch zu erwarten wäre. Oder in anderen Worten, vereinfacht ausgedrückt: Es gibt Bigfoots mit recht kleinen, recht großen und mittelgroßen Füßen – und die mittleren sind die häufigsten. «Wie sollte ein solches Ergebnis zustande kommen, wenn es sich nicht um echte Abdrücke eines wirklich existierenden Wesens handeln würde? Schließlich wurden die Trittsiegel von mehreren hundert Personen in einem Zeitraum von 40 Jahren unabhängig voneinander zusammengetragen. Wenn das alles Fälschungen gewesen sein sollen, wäre es doch höchst unwahrscheinlich, dass diese Spuren so exakt einer Gauß'schen Normalverteilung folgen», glaubt Fahrenbach.

Und nicht nur das: Die Abdrücke scheinen auch einer biologischen «Grundregel» zu folgen, der Bergmann'schen Regel, die für warmblütige Tiere – Säuger und Vögel – gilt: Je kälter die Gegend, desto größer werden diese Tiere. Das hat Vorteile, denn ein großer Körper hat im Vergleich zur Gesamtmasse eines Tieres eine kleinere Oberfläche und verliert weniger Wärme an seine Umgebung. In nordischen oder kälteren Regionen ist Größe daher energetisch günstiger. Entsprechend sind im Norden beheimatete Säuger – etwa Hirsche, Wölfe, Bären – und Vögel wie Uhus oder Gimpel zumeist größer als südlich lebende. Genau dieses Phänomen konnte auch an Bigfoots Fußspuren beobachtet werden. Die Durchschnittslänge der Abdrücke verändert sich von Süden nach Norden – von etwa 37 Zentimeter in Kalifornien bis auf 46 Zentimeter in Kanada. Oder umgerechnet: Die Körpergröße der unbekannten Riesenaffen nimmt in der gleichen Richtung zu, von etwa 2,20 Meter im Süden bis auf 2,60 Meter im Norden.

Erstaunliche Erkenntnisse also, die aus den in Gips verewigten Trittsiegeln des geheimnisvollen Wesens gelesen werden können. Und all das soll gefälscht, über Jahrzehnte hinweg planmäßig erfunden worden sein? «Unmöglich», sagen die Bigfootgläubigen und führen als weitere Beweise gerne Foto- und Filmdokumente an. Von diesen Aufnahmen gibt es nur sehr wenige: Sie alle zeigen mysteriöse, große und klobige Gestalten im dunklen, zwielichtigen Wald, und sie alle sind unscharf und verwackelt. Trotzdem galt insbesondere der so genannte Patterson-Film den Sasquatchfans jahrelang als unschlagbarer Beweis für die Existenz des Riesenaffen.

Am 20. Oktober 1967 ritt Roger Patterson zusammen mit Bob Gimlin am Bluff Creek entlang, einem Fluss im Norden Kaliforniens, der «im Herzen des Bigfoot-Landes» – «in the heart of bigfoot country» – gelegen ist, wie sich die Region seither touristisch geschickt vermarktet. Hier waren in den Jahren zuvor immer wieder Spuren des Sasquatch gefunden worden. Patterson und Gimlin waren auf der Suche nach solchen Spuren – oder vielleicht sogar einem lebenden Bigfoot. Und sie hatten Glück: Als sie Sandbänke am Fluss inspizierten, sprang plötzlich ein dunkles Tier auf, das dort kauerte. Die Pferde scheuten, Patterson konnte schnell die Kamera greifen und drehte beim Laufen jene berühmten Filmaufnahmen, die entweder «die wichtigsten Wildlife-Aufnahmen sind, die jemals gemacht wurden» – wie es einmal jemand ausdrückte –, «oder ein großer, gut gemachter Schwindel».

Die Bilder zeigen ein schweres, plumpes, aufrecht gehendes und völlig behaartes Wesen, ein Weibchen, das mit eigenartig schaukelndem Gang in den Wald flieht – und dabei einmal in die Kamera zurückschaut. Bild für Bild wurden die 952 Einzelaufnahmen, aus denen der Film besteht, analysiert; die Kontroverse darüber hält noch immer an. Zu sehr wirkt die Kreatur wie ein Mensch im Affenkostüm – obgleich die Haare des Fells ganz natürlich fallen. Bigfootkenner wie Grover Krantz dagegen halten den merkwürdigen Gang des Wesens für überzeugend – kein Mensch könne sich über eine längere Strecke hinweg so bewegen.

Ein Filmteam der BBC jedoch stellte Pattersons sensationellen Film 1998 mit einem Schauspieler im Fellkostüm überzeugend echt nach und demonstrierte so, dass es sich bei diesen Aufnahmen höchstwahrscheinlich um eine Fälschung handelte – eine geschickte Inszenierung Roger Pattersons, der den ahnungslosen Begleiter Gimlin als neutralen Zeugen benutzt haben könnte. Aber warum sollte Patterson so etwas getan haben? Schon lange hatte er nach dem Bigfoot gesucht – und die spektakulären Aufnahmen konnte er später jedenfalls gut verkaufen. Demnach wäre zumindest die Sasquatchfrau vom Bluff Creek nichts als ein perfektes Schauspiel, das Zottelfellkostüm könnte sich durchaus mit dem rekonstruierten Gigantomodell aus Hollywoods Werkstätten messen. – Wen diese ernüchternde Sichtweise des Phänomens enttäuscht, dem bleiben ja noch immer die zahllosen Spuren in den Wäldern, die sich auf diese Weise nicht erklären lassen, um am Unglaublichen festzuhalten.

Das Mysterium Bigfoot boomt daher weiter: So sammeln die «Western Bigfoot Society», die «Bigfoot Field Researchers Organization» und das «Sasquatch Research Project» alles, was die Existenz des heimlich lebenden Riesenaffen beweisen könnte. Im Internet geben sie Tipps, worauf Bigfoot Suchende zu achten haben, denn Bigfoot ist das «Monster zum Anfassen», das jeder erleben könnte, sofern er gewappnet ist: immer einen Fotoapparat bereithaben, denn nichts ist frustrierender, als wenn sich ein Bigfoot plötzlich zeigt und die Kamera ist nicht schussbereit; Plastiktüten und Pinzetten mitbringen, um alles Auffällige – unbekannte Haare, Kothaufen – zu sammeln; und vor allem nach Fährten Ausschau halten, nach abgeknickten Bäumen und Ästen, denn Bigfoot bricht sie aus Langeweile gerne um. Und wer wissen will, wie ein Sasquatch klingt, klickt im Internet einfach die «Bigfoot-Soundrecordings» an – und hört das laute Heulen der Riesenaffen in der Nacht. Natürlich original.

«Bigfoot existiert», meint Richard Greenwell, der Generalsekretär der International Society for Cryptozoology, der in seinem Büro eine Sammlung eindrucksvoller Bigfootabdrücke vorweisen kann. Denn wer sollte sich eines Riesenaffen wegen der Lächerlichkeit preisgeben wollen? Und wer sich die Mühe machen, all diese Spuren zu legen? «Zumindest montags, mittwochs und freitags bin ich fest davon überzeugt. Dienstags, donnerstags und samstags aber kann ich mir überhaupt nicht vorstellen, dass der größte Primat der Welt gerade im zivilisierten Nordamerika der Wissenschaft so lange verborgen geblieben sein soll. Sonntags aber, da gönne ich mir eine Pause – und äußere mich nicht zu diesem Problem.»

Dieses Phantombild eines Yeti könnte auch Bigfoot gleichen. Denn beide Kreaturen, so vermuten Kryptozoologen, stammen von *Gigantopithecus* ab.

Bei aller Ungewissheit über Sein oder Nichtsein des Riesenaffen ging man im Skamania County Washingtons vorsorglich auf Nummer Sicher: Hier wurde Bigfoot schon 1969 unter Schutz gestellt. Wer mit vorbedachter, böser Absicht einen der seltenen Affenmenschen erschießt, dem drohen 1000 Dollar Geldstrafe oder ein Jahr Gefängnis. Bigfoot darf einfach nicht sterben!

6. 20 000 Pfund Finderlohn für einen Papagei

Manche Geschichten sind so zufällig – ein Drehbuchautor würde sich schämen, sie zu erfinden. Und doch geschehen sie. So etwa am 17. Oktober 1990 am Highway 83 im australischen Queensland, etwa 36 Kilometer nördlich der Ortschaft Boulia. Walter Boles, Ornithologe vom Australian Museum in Sydney, war mit Kollegen auf der Rückfahrt von einer sechswöchigen Tour, auf der sie die Vogel- und Kriechtierfauna im Norden des Kontinents erkundet hatten. Am Rand der Straße sahen sie einen Schwarm von Stelzenbrachschwalben, einer nicht gerade häufigen Vogelart Australiens. Sie hielten an, um die Tiere zu beobachten. Boles stieg aus, redete kurz mit den Kollegen im hinteren Wagen. Plötzlich – warum eigentlich? – blickte er auf den Boden. Und da lag im Straßenstaub einer der geheimnisvollsten Vögel des Kontinents: der Australische Nachtpapagei.

Der Vogel galt als verschollen, wenn nicht gar als ausgestorben: Das letzte bekannt gewordene Exemplar dieser Art war 1912 gefangen worden, bislang das einzige in diesem Jahrhundert. Insgesamt waren nur 22 dieser Papageien für Museen gesammelt worden, die meisten in Süd- und Westaustralien, über tausend Kilometer weit von diesem Ort entfernt. Zwar wurde der Nachtpapagei gelegentlich gesichtet, zuletzt 1979, als Shane Parker vom South Australia Museum vier Vögel aufscheuchte, von denen er sicher annahm, dass es sich um die verschwundenen Papageien handelte. Doch handfeste Beweise für das Fortleben der Art gab es nicht.

Und nun – nach bald 80 Jahren – lag ein totes Exemplar dieser verlorenen Spezies im Straßendreck am Rande eines Highways in der australischen Weite – einfach so, direkt vor den Füßen eines zufällig vorbeigekommenen Ornithologen, der die Seltenheit auf Anhieb erkannte. Boles blieb ganz ruhig, als er den Vogel aufhob und den Kollegen zeigte. Damit hatte nun wirklich niemand gerechnet: bei dieser Tour plötzlich und unerwartet einen schon ausgestorben geglaubten Vogel zu finden.

Ganz frisch war der Papageienkadaver allerdings nicht mehr: Ameisen hatten das weiche Gewebe fast vollständig aufgefressen; der Rest war in der Hitze völlig vertrocknet. Der Kopf war vom Rumpf abgetrennt, vom Schwanz fehlte ein Teil, und am Rücken war das Gefieder nicht ganz vollständig. Ansonsten aber war der Leichnam gut erhalten. Ein Wunder, dass er nicht längst von Aas fressenden Greifvögeln, den allgegenwärtigen Schwarzen Milanen, entdeckt und zerpflückt worden war. Denn er lag wohl schon länger dort – zwischen drei Monaten und einem Jahr, wie ein Veterinärpathologe später in Sydney feststellte.

Eines ist seitdem klar: Der Nachtpapagei hat überlebt und gehört somit nicht in die Reihe der ausgerotteten oder ausgestorbenen Spezies, die unwiderruflich von dieser Erde verschwunden sind – oder wie es im Angelsächsischen heißt: «as dead as a dodo».

Dieses englische Sprichwort gehört zu dem wenigen, was von einem ungewöhnlichen Vogel geblieben ist, der auf Mauritius lebte: der Dronte, einer etwa truthahngroßen Taube, auch Dodo genannt. Der Dodo hatte auf der Insel keine Feinde und daher seine Flugfähigkeit verloren. Bereits 1681 – etwa siebzig Jahre nach seiner Entdeckung – war der Dodo von holländischen Siedlern und See-

Für immer verloren: der Dodo, die flugunfähige Taube von Mauritius.

leuten, von eingeschleppten Ratten und verwilderten Hausschweinen ausgerottet worden. Nur wenige Knochen sind von ihm übrig geblieben, dazu eine Reihe zeitgenössischer Zeichnungen und Gemälde der flugunfähigen Taube, die nach Europa gelangt waren. Der ungewöhnliche Vogel wurde erst nach seiner Ausrottung populär, vielleicht seines Schicksals, vielleicht auch seiner etwas plumpen, zu Karikaturen herausfordernden Gestalt wegen – und ist mittlerweile trauriges Symbol für die Ausrottung von Arten durch den Menschen. In «Alice im Wunderland» hat Lewis Carroll dem tapsig wirkenden Dodo ein sympathisches, literarisches Denkmal gesetzt: Der Dodo schlägt Alice und einer Reihe von Tieren ein verwirrendes Wettrennen vor. Jeder läuft los, wann er will, wie er will und solange er will. Das Ende des Rennens bestimmt der Dodo und sagt: «Alle sind jetzt Sieger, und jeder muss einen Preis bekommen.»

Der Nachtpapagei aber hat nicht im Wunderland überlebt: Ganz augenscheinlich, so musste Walter Boles verblüfft feststellen, existierte der Vogel noch in Australien. Und für diese Entdeckung bekam nun Boles ganz unerwartet einen Preis, denn das Magazin «Australian Geographic» hatte erst im April 1990 eine Belohnung von 20 000 Pfund für denjenigen ausgesetzt, der die Existenz des verschollenen Papageis zweifelsfrei nachweisen konnte. Als Ornithologe nahm Boles die Herausforderung an und kümmerte sich fortan weiter um den verloren gegangenen und wieder gefundenen Papagei.

Nur: Wie macht man das, wenn man nicht weiß, wo der Vogel wirklich lebt? Wurde der Papagei vom Highway 83 an dieser Stelle getötet? Oder war er vielleicht am Kühlergrill eines Lastwagens hängen geblieben, der ihn viele hundert Meilen weit mitgeschleppt hatte, bis er irgendwann heruntergefallen war? Genau genommen konnte der Vogel praktisch überall in Australien gelebt haben.

Bislang war nur sehr wenig über den Nachtpapagei bekannt, der von seiner Lebensweise her mehr an eine Wachtel erinnert als an seine bunten, krächzenden Verwandten. Äußerlich gleicht er einem zu groß geratenen, etwas plumpen Wellensittich mit kurzem Schwanz. Sein Gefieder ist grüngelb, dunkelbraun und schwarz gesprenkelt. Den Tag verbringt er in steinigen Höhlen, was ihm auch seinen wissenschaftlichen Namen einbrachte: *Geopsittacus occidentalis*, «westlicher Erdpapagei». Hier brütet er in mit Gras ausgepolsterten Nestern seine zwei bis vier weißen Eier aus. Nachts verlässt er seine Zuflucht, um Samen und Früchte zu fressen.

Vielleicht, so eine Vermutung Boles', war der Nachtpapagei nie besonders häufig gewesen. Oder er könnte – als bodenbrütender Vogel – von den eingeführten Füchsen und Katzen dezimiert worden sein, die sich über seine Nester hermachten. Vielleicht war *Geopsittacus* aber auch ein ausgesprochener Nomade, der über den Kontinent streifte und sich dort niederließ, wo die Lebensbedingungen gerade günstig für ihn waren. Bevor er überhaupt etwas für den Schutz des Vogels unternehmen konnte, musste Boles erst mal wissen, wo der Papagei lebte, wie viele Individuen es noch gab – und ob er überhaupt bedroht war. Wie aber sucht man einen Vogel, den es zwar offensichtlich noch gibt, der aber verstreut in den trockensten und verlassensten Wüstengebieten eines ganzen Kontinents lebt? Die Mitte Australiens ist fast menschenleer: Wer achtet hier schon auf einen grünbraunen Erdpapagei, der sich tagsüber kaum blicken lässt, sondern ein ausgesprochener Nachtschwärmer ist?

Dennoch wurde in den darauf folgenden Jahren *Geopsittacus* wieder häufiger gesichtet – auch im Gebiet um den Mount Isa herum, etwa 150 Kilometer entfernt von der Stelle, an der das tote Exemplar lag. Boles fahndete dort mit Flugblättern nach dem Vogel, wo es ihn früher nachweislich gegeben hatte – und erhielt etwa 30 Berichte. Die meisten Sichtungen allerdings lagen über zehn Jahre zurück. Schließlich begann er im November 1996 in der Umgebung des

Rudall River National Parks in Westaustralien nach dem Papagei zu suchen, denn dort glaubte er nach den Erkenntnissen der Flugblattaktion und historischen Berichten die größten Chancen zu haben, den Vogel lebend anzutreffen.

Es war so einfach, das erste Exemplar zufällig und ungeplant zu finden, doch nun blieb das weitere Entdeckerglück aus: Die trockene Stachelschweingras-Steppe zeigte keinerlei Lebenszeichen des verlorenen Vogels. Die Expedition wurde erfolglos beendet. «Das war frustrierend, aber auch zu erwarten», sagte Boles. «Wie soll man so schnell ein seltenes Tier finden, das in einer der unwirtlichsten Gegenden Australiens lebt?» Weiterhin ist vieles unklar um den Nachtpapagei. Das tote Exemplar vom Highway 83 aber wird wohl kaum das letzte seiner Art gewesen sein.

Bei vielen Vogelarten jedoch ist jede Hoffnung vergeblich, dass plötzlich Exemplare einer verschollenen, verschwundenen, ausgerotteten Spezies wieder auftauchen: Die nordamerikanische Wandertaube – einst der häufigste Vogel der Erde, der in Schwärmen von mehr als zwei Milliarden Vögeln auftauchen konnte, die den Himmel verdunkelten – wurde erbarmungslos bejagt. 1914 starb «Martha», die letzte ihrer Art, im Zoo von Cincinnati. Der Riesenalk, ein flugunfähiger Lummenvogel des Nordatlantiks, der Pinguinen glich, wurde seines Fettes wegen ausgerottet, der Carolinensittich Nordamerikas, weil er gerne Getreide von den Feldern fraß.

Und dem Huia oder Lappenhopf, einem außergewöhnlichen Vogel von der Nordinsel Neuseelands, wurde sein wunderbares Gefieder zum Verhängnis. Die schwarzen Federn symbolisierten schon bei den Maoris Würde und Autorität. Der Huia war einzigartig unter den Vögeln, denn die Geschlechter besaßen unterschiedliche Schnabelformen und arbeiteten bei der Nahrungssuche auf außergewöhnliche Weise zusammen. Das Männchen nutzte seinen geraden, kurzen Schnabel wie einen Meißel, mit dem er Spalten ins

Eine Vogelart mit zwei Schnäbeln: Beim ausgerotteten Huia besaßen die Geschlechter unterschiedliche Werkzeuge (unten das Männchen).

Holz schlug. Der weibliche Huia dagegen, mit langem und sichelartig nach unten gebogenem Schnabel, pulte aus den so geschaffenen Ritzen die Nahrung heraus.

Als dem späteren englischen König George V. bei einem Neuseelandaufenthalt Huiafedern als Präsent überreicht wurden, kamen sie in Mode – und der Lappenhopf wurde bis zur Ausrottung bejagt. Am 28. Dezember 1907 wurden zum letzten Mal drei Vögel – zwei Männchen und ein Weibchen – beobachtet. Dieses Datum gilt als letzte «offiziell» anerkannte Sichtung dieser Art.

Am 12. Oktober 1961 aber sah die geübte Vogelbeobachterin Margaret Hutchinson auf der Nordinsel Neuseelands im Urewera State Forest für etwa zehn Sekunden einen Vogel, den sie bislang nicht kannte, aber später als Huia identifizierte. Daraufhin verbrachte sie insgesamt 16 Stunden an dieser Stelle, ohne jedoch nochmals einen Lappenhopf zu sehen. Dann erfuhr sie, dass Einheimische 1960 ein Huianest gefunden hatten, den Ort aber geheim hielten, um den «ausgerotteten» Vogel zu schützen. Margaret Hutchinson hält es für durchaus wahrscheinlich, dass der Huia noch lebt. Und steht damit nicht allein. Nach der offiziellen letzten Sichtung von 1907 wurde der Vogel noch 22-mal gesehen. Kann man solche Sichtungen einfach übergehen? Manchmal entstehen Realitäten auch dadurch, dass ein einmal veröffentlichtes Aussterbedatum sich in den Köpfen festsetzt und wieder und wieder abgeschrieben wird.

Nicht alles, was in der Literatur steht, stimmt schließlich – selbst wenn es sich um wissenschaftliche Werke handelt. Diese Erfahrung musste auch die Ornithologin Pamela Rasmussen vom National Museum of Natural History der Smithsonian Institution in Washington machen, als sie gerade an einem Bestimmungsbuch über die Vögel des indischen Subkontinents arbeitete. Denn einiges, was über ein Eulchen mit dem hübschen Namen *Athene blewitti* – zu deutsch «Bändersteinkauz» – zu lesen war, konnte einfach nicht stimmen. Zum letzten Mal soll das gerade 20 Zentimeter große Vögelchen 1914 aufgetaucht sein. Damals hatte Colonel Richard Meinertzhagen, ein britischer Spion, der eine unter Ornithologen bekannte Sammlung von Vogelbälgen besaß, ein Exemplar dieser Art seiner Kollektion einverleibt. Rasmussen fand heraus, dass Meinertzhagens Vogel aus einer bestehenden Sammlung gestohlen und schon im neunzehnten Jahrhundert gefangen worden war – wie alle bekannten Exemplare dieser Spezies, nur sieben Stück waren es insgesamt. Zwar soll der Bändersteinkauz noch drei weitere Male im zwanzigsten Jahrhundert gesichtet worden sein: Bei zwei dieser Sichtungen, die sogar fotografisch belegt waren, handelt es sich aber eindeutig um eine andere, häufigere indische Eule – den Brahmanensteinkauz *Athene brama*. Und die dritte Sichtung war an sich schon höchst zweifelhaft.

Nach Rasmussens Recherchen bedeutete das: Nachweislich war *Athene blewitti* 1884 zum letzten Mal gesehen worden; nur die Sammlungsexemplare zeugten von der Existenz des

Vogels. Doch damit nicht genug: Als die Forscherin die Knochen des Käuzchens genauer betrachtete und mit denen des Brahmanenkauzes verglich, war sie erstaunt. «Normalerweise unterscheiden sich so nah verwandte Vögel kaum in ihrem Knochenbau. Aber die beiden sind so unterschiedlich, dass sie vielleicht sogar in verschiedene Gattungen gehören.»

Nun war sie stutzig geworden und begann, die vorhandene Literatur noch kritischer zu lesen: Der Vogel, so hieß es, sei auf dem ganzen Subkontinent verbreitet. Dabei war er an insgesamt nur vier Orten gefunden worden, von denen zwei im Osten, zwei im Westen Indiens lagen. Niemals war ein Exemplar in den dazwischen liegenden Landesteilen gesichtet oder gefangen worden. Sie verglich daraufhin die Lebensraumangaben in der Literatur mit den Fangorten der Museumsexemplare – und prompt entdeckte sie weitere Unstimmigkeiten. Nach dem, was in den Büchern stand, sollte die Eule in Bergwäldern leben; alle Museumsexemplare wurden jedoch in Wäldern des Tieflandes gefangen oder in waldigen Tälern entlang von Flüssen. Wann immer man dem verschwundenen Vogel nachgespürt hatte – aufgrund falscher Angaben in den Büchern suchte man ihn am falschen Ort. «Vielleicht gibt es ihn ja doch noch», dachte sich Pamela Rasmussen.

Im November 1997 begann sie zusammen mit ihrem Kollegen Ben King – dem Experten für asiatische Eulen überhaupt – die Suche nach der verschollenen *Athene*, zunächst zehn Tage im Osten, aber vergeblich. Von den westlichen Fundstellen versprachen sich die beiden nicht mehr so viel, denn sie lagen in der Nähe der ausufernden Millionenstadt Bombay. Und wirklich: Nach zweieinhalb Tagen anstrengender Fahrt durch den Subkontinent mussten sie feststellen, dass die Wälder in den Ebenen, in denen sie das Käuzchen vermuteten, allesamt schon längst abgeholzt waren. Weil sie nun aber schon mal da waren, suchten sie in den folgenden Tagen die benachbarten Hänge ab.

Eines Morgens gegen 8.30 Uhr – die beiden waren bereits eine Weile auf der Suche gewesen und ins Schwitzen gekommen – stoppten sie kurz, weil Pamela Rasmussen einen Schluck Wasser trinken wollte. Sie setzte gerade an, da flüsterte Ben King zu ihr herüber: «Da, schau, das Käuzchen dort!» Pamela Rasmussen ließ die Wasserflasche fallen. «Vor Aufregung wurde meine Stimme hoch und brüchig. Und ich sagte nur: ‹Es hat keine Flecken in der Krone und keine im Mantel.› Wir wussten sofort, was für ein Vogel das war, aber wir trauten uns kaum, es zu glauben. Dann endlich sagte Ben: ‹Es ist die *blewitti*!› Und ich dachte nur: Gleich fliegt das Tier weg – und ich würde mich mein ganzes Leben lang fragen, ob ich wirklich einen Bändersteinkauz gesehen habe.»

113 Jahre lang verschollen – und dann sitzt er plötzlich im Morgenlicht: der indische Bändersteinkauz.

Doch die beiden hatten Glück: Der verschollene Vogel verhielt sich äußerst kooperativ und blieb eine halbe Stunde lang auf dem Platz sitzen, bis ein anderer Vogel, eine Racke, den Kauz vertrieb. So lange konnten die Forscher die verloren geglaubte *Athene* mit der Videokamera filmen. Am nächsten Morgen hatten die beiden nochmals Glück – sie fanden ein weiteres Eulchen.

113 Jahre lang war *Athene blewitti* nicht gesehen worden. Und jetzt saß dieser Vogel – überhaupt nicht scheu – einfach so im Morgenlicht herum. Wie war das möglich? Kommt der kleine Kauz nur an ausgewählten Plätzen vor? Ist er so selten? «Wir haben jetzt zwei von ihnen gesehen – sie sind also nicht ausgestorben. Vielleicht lebt der Vogel noch an anderen Orten. Jetzt müssen wir eine Menge über ihn lernen», sagt Pamela Rasmussen, die nun gemeinsam mit der Bombay Natural History Society den wieder gefundenen Kauz erforschen will. Die eigentliche Arbeit beginnt erst.

7. Wieder entdeckte Riesenechsen

Zehntausende von Museumsbesuchern waren an der Vitrine vorbeigezogen, Generationen von Wissenschaftlern hatten das ausgestopfte Tier schon vor Augen gehabt – eine recht plump wirkende Echse, etwa 60 Zentimeter lang, die Beine steif vom Körper abgewinkelt, an der Bauchseite mit einer wenig schönen Naht, die das Präparat zusammenhält. Seit über 100 Jahren war das Reptil schon im Besitz des Naturhistorischen Museums in Marseille, doch niemandem war bislang aufgefallen, dass das ungewöhnliche Kriechtier einer völlig neuen Art angehörte, keiner hatte die Wichtigkeit des Exponats erkannt. Und dabei war es nicht nur einfach irgendeine unbekannte kleine Spezies, wie sie immer wieder mal gefunden wird, sondern eine überaus stattliche Echse.

Erst 1979 zog das uralte Stück die Aufmerksamkeit von Alain Delcourt auf sich, der im Museum für die Kriechtiere zuständig war. Er wollte nun endlich wissen, was für ein Tier hier schon seit Ewigkeiten lag, fotografierte es und schickte die Aufnahmen zu Reptilienexperten auf der ganzen Welt. Die kanadischen Biologen Aaron M. Bauer und Anthony Russell erkannten, dass die Echse nur ein Gecko sein konnte, ein gewaltiger allerdings – der größte Gecko der Welt. Mittelmeerurlauber mögen seine Verwandten als jene kleinen Reptilien kennen, die in Hotelzimmern an Wänden emporklettern und dank feiner Haftlamellen an den Füßen sogar Glasscheiben erklimmen können. Die meisten Arten sind gerade mal zwischen fünf und 20 Zentimeter groß.

Woher der Riesengecko stammte, war im Marseiller Museum nicht bekannt, denn das Archiv des Hauses ging in der Mitte des neunzehnten Jahrhunderts verloren. So war nur klar, dass das gewaltige Tier irgendwann zwischen 1833 und 1869 hierher gekommen sein musste. In keinem weiteren

Museum der Erde gab es ein ähnliches Reptil. Eine Spur führte Bauer und Russell allerdings auf die andere Seite des Erdballs: Zu jener Zeit nämlich waren französische Entdecker und Naturforscher auch auf Neuseeland unterwegs. Vielleicht kam das Tier von dort?

Auch andere Betrachtungen der Wissenschaftler unterstützten diese These: Mit seinem kurzen Kopf, dem irgendwie bulligen Körper, den massigen Beinen und dem langen Schwanz, mit seiner gelbbraunen Grundfarbe und den rötlich braunen, länglichen Streifen auf dem Rücken erinnerte das Riesentier die beiden Forscher an die nachtaktiven Geckos der Gattung *Hoplodactylus*, die aus Neuseeland und von anderen Inseln stammen. Nur sind diese Arten alle viel kleiner.

Bauer und Russell beschrieben den Riesengecko 1986 daher als *Hoplodactylus delcourti*, dem Mann zu Ehren, der sich endlich um die Identität der Echse gekümmert hatte. Ihre Nachforschungen hatten ergeben, dass die Maoris in ihren Legenden von einem ähnlichen Tier berichten, das sie «kaweau» oder «kawekaweau» nennen, das aber bislang keinem bekannten Reptil Neuseelands zugeordnet werden konnte. Fälschlicherweise vermuteten manche hinter dieser Echse die bis zu 80 Zentimeter lange Tuatara oder Brückenechse – ein ganz außergewöhnliches Reptil, das nur auf Neuseeland beheimatet ist.

Die Brückenechsen sind die letzten der «Schnabelköpfe», einer Kriechtiergruppe, deren Oberkiefer schnabelartig abwärts gekrümmt ist. Weil sich ihre Art seit über 200 Millionen Jahren kaum verändert hat, gelten sie als «lebende Fossilien» – Überlebende aus der Zeit der Dinosaurier. Als einzige heute lebende Spezies hat sich die Brückenechse oder *Sphenodon punctatus* eine alte Besonderheit bewahrt: ein «drittes Auge», das inmitten der Stirn sitzt, in einem «Loch» ganz ähnlich einer Augenhöhle. Bei heutigen Brückenechsen liegt dort unter einer Bindegewebsschicht verborgen das «Pinealorgan», das wirklich lichtempfindlich zu sein scheint.

Die Brückenechse, ein lebendes Fossil, hat sich seit der Zeit der Dinosaurier kaum verändert. Seit 1989 weiß man, dass es eine zweite Art gibt.

Erstaunlicherweise wurde 1989 auf einer winzigen Insel eine weitere Art der urtümlichen Echsen «entdeckt» – das heißt, eigentlich war sie schon 1877 erstmals beschrieben worden. Doch glaubte man später, die Unterschiede seien nicht groß genug, um eine eigene Art zu errichten. Nun aber zeigten genetische und morphologische Untersuchungen, dass diese «neuen» Brückenechsen durchaus eigenständig sind. Wie viele Tiere Neuseelands ist *Sphenodon guntheri* durch eingeführte Säugetiere hoch bedroht.

Doch die Tuataras sind allesamt bodenlebend, der Kaweau aber soll viel Zeit auf den Bäumen verbracht haben. So berichtete 1873 ein Major W. G. Mair von einer «großen Waldeidechse». Demnach hatte 1870 ein Häuptling des Urewera-Stammes eine große Echse getötet: etwa 60 Zentimeter lang, so dick wie der Arm eines Mannes und mit roten, länglichen Streifen. War das vielleicht *Hoplodactylus delcourti*, der Riesengecko, gewesen? Vielleicht könnten ja doch noch einige Exemplare überlebt haben? In abgelegenen Regionen Neuseelands waren erst ein paar Jahre zuvor zwei neue *Hoplodactylus*-Arten entdeckt worden. Warum sollte es nicht auch den Riesengecko in isolierten und versteckten Rückzugsgebieten noch geben? Wenn er wie die anderen Arten der Gattung ebenfalls ein nachtlebender Fels- und Baumkletterer wäre, dann war es durchaus möglich, ein solches Tier zu übersehen, von dem es vielleicht nur noch wenige Exemplare gibt. «Ist es nicht wahrscheinlicher, dass dieses Tier irgendwo hier existieren könnte, als dass der viel größere, ausgestorbene Beutelwolf (s. Kap. 15) noch auf Tasmanien lebt?», fragen Bauer und Russell.

Am 11. September 1984 berichtete der «Dominion», eine Zeitung im neuseeländischen Wellington, dass ein Dave Smith in den sechziger Jahren eine solche Echse im Westen der Nordinsel gesehen haben will. Nachdem am 23. Januar 1990 im neuseeländischen Radio vom Riesengecko berichtet worden war, meldeten sich bald mehrere Personen im National Museum, die erst in jüngster Zeit Reptilien gesichtet haben wollten, die *Hoplodactylus delcourti* glichen. Unabhängig voneinander hatten sich drei Augenzeugen gemeldet, die solche Tiere in der Nähe von Gisborne im Osten der Nordinsel erblickt hatten. Ortskundige Wissenschaftler suchten dort nach den großen Echsen – vergeblich. Und dennoch bleibt nicht auszuschließen, dass Delcourts Riesengecko, von dem skurrilerweise nur ein einziges ausgestopftes Museumsexemplar bekannt ist, eines Tages doch noch einmal auftaucht – und überlebt hat.

Auf der kleinen Kanaren-Insel El Hierro gab es ebenfalls Riesenechsen – sie konnten bis anderthalb Meter lang werden. Die Pflanzen fressenden «Minidrachen» waren dort eigentlich gut getarnt, und doch wurden sie gejagt, gegessen und die letzten Exemplare ausgestopft. Auch verwilderte Hauskatzen machten den Echsen und ihrem Nachwuchs das Leben schwer. Seit Beginn des zwanzigsten Jahrhunderts galt das Tier als ausgestorben.

Anfang der siebziger Jahre jedoch fand der Bonner Architekt und Eidechsennarr Werner Bings ein Skelett einer solchen Eidechse auf El Hierro, an dem noch Hautreste hingen.

Es war so gut wie unmöglich, dass diese Leiche schon 50 Jahre oder mehr hier gelegen haben sollte. Irgendwo musste also die Riesenechse noch leben. Ein einheimischer Ziegenhirte half dem Architekten bei der Suche – und schließlich ging 1975 ein Paar in eine Bodenfalle in der Fuga de Gorreta im Norden von El Hierro.

Vielleicht 150 Exemplare mochten damals dort überlebt haben. Später gelangten noch mehr der Tiere in Gefangenschaft und wurden gezüchtet, einige hundert sind mittlerweile in der «Largatorio» genannten Zuchtstation geschlüpft. An dem Berghang, wo Bings die für immer verloren geglaubte Echsenart wieder entdeckt hatte, scheint der Bestand mittlerweile auf etwa 600 bis 2000 Tiere angewachsen zu sein. Und 1999 wurden per Hubschrauber erstmals 21 der gezüchteten Tiere – 14 Männchen und sieben Weibchen – auf dem kleinen Felsen Roque Chico ausgesetzt, der vor der Küste El Hierros liegt. Die Überlebenschancen für eines der seltensten Reptilien der Welt sind gestiegen.

Einen weiteren sensationellen Fund gab es erst 1977 auf der touristisch so gut erschlossenen Kanaren-Insel Teneriffa: Eine weitere Art von Rieseneidechsen wurde entdeckt, die man bislang nur aus fossilen Überresten kannte und von der man angenommen hatte, dass sie bald nach der Besiedlung durch den Menschen ausgerottet war, weil Menschen, Ziegen und Katzen sie als ergiebige Fleischquelle genutzt hatten.

Dieses Schicksal hat schließlich besonders viele auf Inseln lebende Tierarten ereilt – so auch die landlebenden Riesenschildkröten, die auf den Galapagos-Inseln im Pazifik und auf einigen Inseln im Indischen Ozean lebten. Auf Rodriguez bei Mauritius gab es so viele Schildkröten, die dicht nebeneinander standen und grasten, dass man viele hundert Schritte weit über ihre gepanzerten Rücken spazieren konnte, ohne nur ein einziges Mal den Boden zu betreten. Wegen ihres schmackhaften Fleisches wurden die großen Tiere beinahe überall völlig ausgerottet. Allein von 1732 bis

1771 wurden auf Rodriguez etwa 280 000 Schildkröten abgeschlachtet. Der Priester Canon Pigré, der 1761 auf der Insel war, schrieb: «In den dreieinhalb Monaten auf Rodriguez aßen wir praktisch nichts anderes: Schildkrötenfleisch, Frikassee von der Schildkröte, geschmorte Schildkröte, Schildkröte in Minzsoße, Schildkröteneier, Schildkrötenleber. Das war beinah unsere einzige Nahrungsquelle hier – und das Fleisch schmeckte am letzten Tag noch genauso gut wie am ersten.» Auch das Fett der gepanzerten Echsen war beliebt – als Salatöl, für Soßen und als Heilmittel gegen Schmerzen. Walfänger und Handelsschiffe stapelten die leckeren Tiere als lebenden Proviant in ihren Schiffsbäuchen, wo die Schildkröten mühelos monatelang ohne Nahrung leben konnten, bis sie auf hoher See geschlachtet wurden – eine großartige Reserve an Frischfleisch, denn die Tiere wogen durchaus 200 Kilogramm. So schmolzen die riesigen Bestände im Nu dahin: Die letzte Riesenschildkröte auf Mauritius starb 1735, auf Rodriguez 1804 und auf Réunion 1840.

Die Riesenechse von der Kanaren-Insel El Hierro galt bis 1975 als ausgerottet.

Auf den Galapagos-Inseln hat eine Riesenschildkrötenart in mehreren Unterarten überlebt, im Indischen Ozean nur die *Dipsochelys dussumieri* auf der Insel Aldabra. So dachte man zumindest lange, alle anderen Spezies glaubte man dort seit 1840 ausgerottet. Schon länger vermuteten aber manche Wissenschaftler, dass sich unter den im Indischen Ozean gefangenen Tieren auch Exemplare verschollener Arten befinden könnten. Der britische Zoologe Justin Gerlach untersuchte 1996 Blutproben von etwa 50 solcher fraglichen Schildkröten und verglich sie mit Schildkröten, die nachweislich von Aldabra stammten. Er hatte Glück und Erfolg, denn er fand auf diese Weise heraus, dass wirklich zwei weitere Arten überlebt hatten, nämlich die *Dipsochelys arnoldi* – eine Art, die erst 1992 anhand von vier Museumsexemplaren wissenschaftlich beschrieben worden war – und die Riesenschildkröte *Dipsochelys hololissa*, von der man bislang nur zwei Panzer aus den Jahren zwischen 1808 und 1810 kannte. Viele überlebende Tiere hatte Gerlach allerdings nicht entdecken können, immerhin aber ein Pärchen der ersten sowie fünf Männchen und drei Weibchen der zweiten Art. Und weil Schildkröten ein hohes Alter erreichen können, bestand durchaus Hoffnung, die Arten zu erhalten. Ein Zuchtprojekt wurde geplant.

Die Seychellen-Insel Silhouette schien für ein solches Unternehmen ideal, denn nur etwa 200 Menschen leben hier, sodass Wilderei durch Ortsfremde äußerst schwer

Wegen ihres schmackhaften Fleisches wurden Riesenschildkröten zu Tausenden abgeschlachtet. Zwei verloren geglaubte Arten von den Seychellen wurden 1997 wieder entdeckt.

fallen sollte. Schon im Juli 1997 zogen sechs *D. hololissa* und das *D.-arnoldi*-Paar hier ein, wo sie seither nach Arten getrennt unter beinahe natürlichen Bedingungen in Gehegen leben. Erfreulicherweise wurden bald darauf noch 16 weitere «arnoldis» entdeckt, von denen drei Weibchen und ein Männchen ebenfalls auf die Insel umzogen. Schon bald wurden erste Paarungen beobachtet – und am 8. Juni 1999 war es so weit: Clio, eine «arnoldi»-Schildkrötendame, schaufelte eine Grube, um Eier abzulegen. Das erste Ei zerbrach, doch elf weitere überstanden den Legevorgang unbeschadet. Bis zum Schlupf der Jungschildkröten werden sie in einem Brutschrank aufbewahrt – eine große Hoffnung für eine der größten und seltensten Reptilienarten der Erde.

8. Der andere Orang

Der Dieb kam nachts ins Camp und stahl eine Ananas. Er war nicht zum ersten Mal da. Seine Fußspuren verrieten ihn: Es war wieder Mr. Burglar. Schon mehrfach hatte er die Fischreuse geplündert, die das Team aufgestellt hatte. Wiederholt hielt sich Mr. Burglar zwischen dem 12. Mai und Mitte Juli 1995 in der Umgebung des Camps auf. Doch nie wurde er auf frischer Tat ertappt. Mr. Burglar ist scheu – wie alle seine Artgenossen. Falls es sie überhaupt gibt.

Davon jedenfalls ist Deborah Martyr überzeugt. Mit ihrem Team leistet sie im Dschungel des Kerinci-Seblat-Nationalparks harte Detektivarbeit. Dort im bergigen Westen Sumatras fahndet sie nach einem bislang unbekannten Wesen, befragt Einheimische, sammelt Augenzeugenberichte, nimmt Spuren im matschigen Urwaldboden auf. Bei ihrer Suche ist Debbie schon weit vorangekommen. Mittlerweile kann sie vier Individuen anhand der Fußspuren unterscheiden: Mr. Burglar, den «nächtlichen Eindringling», Chubby Toes mit den rundlichen Zehen, Marathon Man, der im Urwaldboden eine lange Fährte von zwanzig Fußabdrücken hinterließ, und Newcomer, der sich im September 1995 über die Fischreuse hermachte.

Und sie hat diese scheuen Wesen mehrfach selbst gesehen. Jeweils nur für Sekunden – dann waren sie wieder verschwunden, blitzschnell im Urwald untergetaucht. Zu schnell, um ein Foto zu schießen, doch immerhin lange genug, damit Debbie sich ein Bild vom gesuchten Phantom machen konnte: Bis zu 1,20 Meter groß, aufrecht und auf zwei Beinen gehend, der Körper mit braun-schwarzem Haar bedeckt, am Kopf eine längere Mähne – der Umgebung perfekt angepasst. «Wenn es sich nicht bewegt, dann sieht man es nicht», sagt Debbie. Erst kürzlich sah sie im Wald etwas, von dem sie annahm, es sei ein Stück Holz. Sekunden später schaute sie wieder an die gleiche Stelle – das vermeintliche Holz war verschwunden. Debbie ist sich sicher: Das war er wieder – der Orang-Pendek, der legendäre «kleine Mensch» Sumatras.

Im Westen der indonesischen Insel wird seit Jahrhunderten von dieser Kreatur erzählt, die nicht richtig Mensch sei, aber eben auch kein Affe. Der Orang-Pendek gehe immer aufrecht und bahne sich mit seinen langen Armen den Weg durchs Dickicht des Dschungels. Erstmals hörten westliche Reisende zu Beginn des neunzehnten Jahrhunderts von diesem menschenähnlichen Wesen ohne sichtbaren Schwanz.

1917 wurde der Orang-Pendek dann in einem niederländischen Wissenschaftsjournal erwähnt. Der Farmer und Zoologe Edward Jacobson, der als einer der ersten Forscher die Vulkaninsel Krakatau nach dem großen Ausbruch von 1883

Wo beginnt der Mensch, wo endet der Affe? Immer wieder wurden Menschenaffen mit deutlich vermenschlichten Zügen dargestellt – wie dieser Schimpanse oder «Jocko» von 1839.

besuchte, trug Indizien für dessen Existenz zusammen: Jäger erzählten ihm vom Orang-Pendek, den sie auf eine Distanz von nur kaum 20 Metern beobachteten und der in einem verrottenden Baumstumpf nach Insektenlarven pulte. Das Wesen floh am Boden – es war also ganz offensichtlich kein Orang-Utan. Denn der «Waldmensch» – so die Übersetzung des malaiischen Wortes Orang-Utan – wäre in den Bäumen von Ast zu Ast geflüchtet. Etwas weiter nördlich, in der Nähe des Mount Kerinci, sah Jacobson selber einen Fußabdruck des Orang-Pendeks – und der sah nicht aus, wie der eines Orang-Utans, sondern glich eher dem eines zwergenhaften Menschen – eines «kleinen Menschen» eben.

Einer der ersten Europäer, die einen Orang-Pendek zu Gesicht bekamen, war der holländische Siedler van Herwaarden. Auf der Wildschweinjagd beobachtete er 1923 ein haariges «Beest», das auf einem allein stehenden Baum saß. Das Wesen hatte sich an den Stamm gekauert, so, als wollte es sich unauffällig machen, so, als bemerkte es, dass es entdeckt worden war. Für einen Moment trafen sich die Blicke des großen und des kleinen Menschen. «Seine Augen waren sehr dunkel und äußerst lebendig – sie sahen aus wie menschliche Augen», schrieb van Herwaarden. Überhaupt hatte es nichts Abstoßendes, nichts Hässliches im Gesicht – und auch überhaupt nichts Menschenaffenähnliches. Das Wesen wurde immer nervöser und zitterte am ganzen Körper. Sein bräunliches Gesicht war ganz ohne Haare, die Augenbrauen buschig, die Nase breit mit großen Öffnungen, das Kinn fliehend. Es war ein Weibchen – oder vielleicht besser: eine Frau – und etwa 1,20 Meter groß.

Als van Herwaarden seine Flinte anlegte, erhob das Wesen seine Stimme zu einem wehleidigen «Huhu», das sogleich von ähnlichen Rufen aus dem nahe gelegenen Wald beantwortet wurde. Schließlich sprang die Kreatur drei Meter tief hinab vom Baum und flüchtete in den Wald. Van Herwaarden zögerte zu schießen: «Man mag mich für kindisch halten. Aber als ich die wehenden Haare sah, da konnte ich einfach nicht abdrücken. Mir war, als würde ich einen Mord begehen.» So lieferte van Herwaarden zwar eine genaue Beschreibung des unbekannten Wesens – aber keinen Beweis für seine Existenz.

Das zoologische Museum von Buitenzorg, dem heutigen Bogor auf der Nachbarinsel Java, erhielt 1924 Wachsabdrücke einer Fußspur, die ein Orang-Pendek hinterlassen haben sollte. Doch bald entpuppte sich die Fährte als die eines Malaienbären, der kleinsten der großen Bärenarten, einer Art, die sich häufig auf ihre Hinterbeine aufrichtet. Immer wieder zielten Jäger im Zwielicht des Dschungels auf etwas, das sie für einen Orang-Pendek hielten – um enttäuscht festzustellen, dass wieder nur ein Malaienbär dran glauben musste.

Angeheizt wurde die Suche nach dem mysteriösen «Affenmenschen» durch Funde, die Eugène Dubois gegen Ende des neunzehnten Jahrhunderts in dieser Region gemacht hatte. Begeistert von den Evolutionstheorien Charles Darwins und Ernst Haeckels, war der junge holländische Anatom ausgezogen, um hier in Südostasien das lange gesuchte «missing link», das Bindeglied zwischen Menschen und Affen, zu finden. Seine Pläne und sein Enthusiasmus wurden von vielen «ernsthaften» Wissenschaftlern belächelt – und doch war er höchst erfolgreich: Schon in den Jahren 1890/91 grub er in karstigen Höhlen, die im heutigen Kerinci-Seblat-Nationalpark liegen, einen menschlichen Zahn aus, dessen Alter mittlerweile auf etwa 80 000 Jahre geschätzt wird. Der Durchbruch gelang ihm aber auf der Nachbarinsel Java, wo er 1891 in den Flussterrassen des Solo, ganz in der Nähe von Trinil, ein Schädelfragment eines menschenähnlichen Wesens mit starken Augenbrauen fand, dazu einen Backenzahn und einen Oberschenkel, aus dem er schloss, dass diese Kreatur auf zwei Beinen ging. Dubois war sich sicher, das gesuchte «missing link» gefunden zu haben – und nannte seine Entdeckung *Pithecanthropus erectus*, «aufrecht gehender Affenmensch». Heute ist dieser Urmensch als *Homo erectus* bekannt, einer der Vorfahren des modernen Menschen. Wenn der Holländer Dubois hier die Überreste eines «Affenmenschen» entdeckt hatte, wieso sollten diese Wesen dann nicht noch in den undurchdringlichen, unbekannten Wäldern der Insel überlebt haben können – vielleicht als Orang-Pendek?

Im Mai 1932 schien es endlich so weit zu sein: Die Sensation war perfekt, ein Orang-Pendek war im westlichen Sumatra erlegt worden, ein junges Exemplar, etwa 40 Zentimeter groß und von menschenähnlicher Anatomie. Vier Indonesier hatten auf einen weiblichen Orang-Pendek geschossen, aber nur das Baby in seinen Armen getroffen; die Mutter konnte fliehen. Die Entdeckung machte Schlagzeilen auf der ganzen Welt: War wirklich und leibhaftig das «missing link» gefunden, hatte das Bindeglied zwischen Mensch und Affe bis heute überlebt? Die Haut des kleinen Wesens war fast nackt, das Haar auf seinem Kopf gräulich. Der Leichnam wurde im zoologischen Museum von Buitenzorg untersucht – und rasch als Fälschung identifiziert. Dieser «Baby-Pendek» war nichts als ein sorgfältig präparierter Haubenlangur – ein Affe also, der am ganzen Körper rasiert worden war, nur am Kopf blieben noch Haarbüschel übrig. Um das Erscheinungsbild abzurunden, waren die Nase mit einoperierten Holzstücken geweitet, der Schwanz abgeschnitten, die Backenknochen gebrochen und die Eckzähne zu kleinen Stummeln gefeilt worden.

Damit war der Orang-Pendek für die «offizielle» Wissenschaft endgültig ins Reich der Fabelwesen eingezogen und als Phantasieprodukt abgestempelt. Doch ist das wirklich logisch? Sind solche Fälschungen, mehr oder weniger fehlinterpretierte Spuren und versehentlich erschossene Bären schon Beweise dafür, dass der Affenmensch nicht existiert?

Auf Sumatra jedenfalls wurde das Wesen weiterhin von der Bevölkerung Kerinci-Seblats gesichtet. Und auch aus anderen

Teilen Südostasiens kommen Berichte über ähnliche Kreaturen. Selbst seriöse Wissenschaftler haben im Dschungel mysteriöse Erlebnisse, begegnen Spuren, die sie nicht erklären können. So geschah es auch John MacKinnon, der seit Jahrzehnten meist im Dienste des Naturschutzes in den Wäldern Südostasiens unterwegs ist und der 1992 in Vietnam die ersten Hörner des bislang völlig unbekannten Vu-Quang-Rindes entdeckte (s. Kap. 18). Über zehn Jahre lang hatte der Brite Orang-Utans auf Borneo erforscht, als er eines Tages alleine im Wald unterwegs war und auf Trittsiegel stieß, die ihn tief verwirrten: «Ich kniete hin, um sie mir genauer anzuschauen. Sie ähnelten denen eines Menschen – und stammten doch eindeutig von einem anderen Wesen. Mir lief es eiskalt über den Rücken. Ich hatte nur noch einen Wunsch – so schnell wie möglich weg von hier.»

Die Fährte war dreieckig, ungefähr 15 Zentimeter lang, zehn Zentimeter breit. Die Zehen und die wohl geformte Ferse sahen sehr menschlich aus, doch war die Fußsohle zu kurz und zu breit – und der große Zeh saß an der Außenseite des Fußes. Etwa zwei Dutzend dieser Fußabdrücke fand MacKinnon im Wald, aber keinerlei Anzeichen dafür, dass es sich um Orang-Utans handeln könnte.

Im Camp zeigte MacKinnon die Skizze, die er von den Fußabdrücken gemacht hatte, einheimischen Mitarbeitern. Das seien die Abdrücke eines «Batutut», antworteten sie spontan, einer scheuen, nachtaktiven Kreatur, die vor allem von Wasserschnecken lebe. Ein Batutut sei etwa

Der «Waldmensch» Orang-Utan lebt in den Bäumen, der Orang-Pendek, der «kleine Mensch» Sumatras, eher auf dem Boden.

1,20 Meter groß, gehe aufrecht wie ein Mensch und habe eine schwarze Mähne. Auf MacKinnons Einwand, bei diesen Spuren könne es sich vielleicht um die Fährte eines Malaienbären handeln, reagierten seine Helfer empört, fast verletzt: «Wir kennen Bären. Diese Abdrücke sind größer – und haben keine Klauen.» Tatsächlich waren die beobachteten Spuren viel zu groß, als dass sie von Malaienbären hätten stammen können. «Bis heute kann ich mir nicht erklären, warum ich die Fährte damals nicht fotografiert habe. Irgendwie habe ich mich gefürchtet.» Natürlich kennt John MacKinnon die Berichte über Affenmenschen, die im gesamten südostasiatischen Raum in Umlauf sind, auch die vom Orang-Pendek, dem «kleinen Menschen».

Die Journalistin Debbie Martyr hörte im Sommer 1989 bei Reisen im Kerinci-Seblat-Nationalpark erstmals von diesem Wesen und sah im September seine Fährte. Die Spuren sahen allerdings anders aus als die des Batutut, die MacKinnon beschrieb: Der große Zeh saß ähnlich am Fuß wie beim Menschen, also nach innen gerichtet. Die Engländerin war neugierig geworden: Überall im Nationalpark wurde das gleiche Tier beschrieben. Immer lebe der Orang-Pendek auf dem Urwaldboden, nie flieht er in die Bäume. So war es auch bei den beiden Orang-Pendeks, die ein 32-Jähriger aus der Bambushütte seines Großvaters heraus in den nahe gelegenen Feldern beobachtet hatte. Die beiden, ein größerer und ein kleinerer, aßen Zuckerrohr. Als der Mann aus der Hütte trat, um sich ihnen zu nähern, rannten beide davon, ziemlich schnell und ganz wie Menschen. Immer wieder betonten die Befragten, wie stark dieses kleine Wesen ist: Es kann kleine Bäume ausreißen und harte, sperrige Rattan-Reben mit der Hand zerbrechen. Und wenn es erschreckt wird, zeigt es sein Gebiss – seltsam breite Schneidezähne, lange vorstehende Eckzähne.

«Hätte mir nur ein Einziger erzählt, dass dieses Wesen Frauen kidnappt oder Milch zum Gerinnen bringt, hätte ich meine Nachforschungen sofort eingestellt», beteuert Debbie. Immer wieder kam sie in den folgenden Jahren nach Sumatra, um der unbekannten Kreatur nachzuspüren. Sie hat es sich in den Kopf gesetzt, ihre Existenz zu beweisen. Augenzeugen legte sie Fotos vor: von Orang-Utans, die es in Kerinci-Seblat nicht gibt, von Gibbons, den kleinen hangelnden Menschenaffen, und von Siamangs, ihren größeren, schwarzen Verwandten, die beide im Nationalpark leben. Niemand fühlte sich bei den Bildern an den Orang-Pendek erinnert. Doch bei Fotos eines sitzenden Gorillas wollten sämtliche Zeugen eine gewisse Ähnlichkeit erkennen. Nur sehe das Gesicht des «kleinen Menschen» eher so aus wie das von echten Menschen.

Nach den Angaben ihrer Augenzeugen ließ Debbie schließlich ein Phantombild zeichnen. Dieses Konterfei legte sie zusammen mit anderen Fotos einem Polizisten vor, der einige Monate zuvor ein Paar Orang-Pendeks im Dschungel gesehen haben wollte. Der Mann stoppte kurz bei den Gorillabildern. Doch dann sah er die Zeichnungen des Orang-Pendek: «Das ist er. Obwohl er dünner ist als die, die ich beobachtet habe. Sie haben größere Schultern und einen stärkeren Brustkorb.»

Viele Wissenschaftler, Primatenexperten und Kenner der Region äußern sich skeptisch über Debbie Martyrs Arbeit. «Sie hat eine Legende aufgeschnappt und versucht nun, deren Existenz zu beweisen», sagt etwa John MacKinnon. «Vielleicht gibt es ja wirklich etwas Neues zu entdecken. Was mir aber verdächtig vorkommt, ist der Eifer, mit dem sie seit Jahren versucht, dieses Wesen zu finden, ohne wirkliche Beweise zu haben.» Auch die bekannte Orang-Utan-Forscherin Biruté Galdikas, die seit vielen Jahren im Norden Sumatras die roten «Waldmenschen» erforscht, kennt Debbie und ihre Berichte. «Sie war einmal bei mir und hat mir ihre kurzen Begegnungen mit dem Orang-Pendek geschildert. Was soll ich dazu sagen? Ich weiß selbst, wie leicht man im

Urwald seltsame, merkwürdige Dinge sieht. Debbie war dennoch sehr von dem überzeugt, was sie gesehen hatte. Ich habe dazu einfach keine Meinung.»

Debbie versteht die Skepsis vieler Forscher durchaus. Aber sie bleibt dabei: Was sie gesehen hat – und das nicht nur einmal –, das hat sie nun mal gesehen. «Ein Freund von mir hat hier im Nationalpark drei Jahre lang die seltenen Sumatranashörner erforscht. In der ganzen Zeit bekam er kein einziges der scheuen Tiere zu Gesicht. Da bin ich viel weiter.»

Wenn es aber den Orang-Pendek wirklich gibt, weshalb wurde dann noch nie ein Leichnam gefunden – oder zumindest Überreste, ein paar Knochen vielleicht? Im heißen und feuchten tropischen Urwald werden Kadaver beinahe über Nacht von Insekten und Pilzen zersetzt. Was dann noch übrig bleibt, darüber machen sich Stachelschweine her: Sie erledigen die «Knochenarbeit» mit ihren harten Nagezähnen, die jedes Gebein zerkleinern können.

Mittlerweile hat die Journalistin bei ihrer Suche einen potenten Mitstreiter gefunden: die angesehene britische Naturschutzorganisation Fauna and Flora International (FFI). «Ihre präzisen Beschreibungen, die Abdrücke, die sie uns vorlegte, haben uns überzeugt», sagt Douglas Muller von der FFI. «Dazu kommt, dass die Augenzeugenberichte derart übereinstimmen. Über Hunderte von Kilometern hinweg beschreiben Einheimische das gleiche Tier – in Landstrichen, in denen es weder Telefon noch irgendwelche anderen modernen Kommunikationsmöglichkeiten gibt.» Auch hat Muller das Untersuchungsgebiet mehrfach selber besucht. «Dort erzählte mir ein alter Mann, dass der Orang-Pendek vor 50 Jahren noch viel häufiger gewesen sein soll. Aktuelle Beobachtungen werden heute nur noch aus den entlegensten Winkeln des Nationalparks gemeldet.»

Seit 1995 unterstützt die FFI daher Debbie bei ihrem Bemühen, mehr über den scheuen, unbekannten Primaten herauszufinden. Gleichzeitig wird beim «Projekt Orang-Pendek» auch die Tier- und Pflanzenwelt von Kerinci-Seblat erkundet. In einem Gebiet von etwa der Größe Belgiens, das durchzogen ist von Flussläufen, steilen Berghängen und karstigem, höhlendurchsetztem und sehr unzugänglichem Gelände, leben Elefanten, Schabrackentapire, Malaienbären, Gibbons und Siamangs sowie fünf weitere, schon bekannte Affenarten, auch Sumatratiger, von denen nur wenige hundert auf der Insel überlebt haben, und unzählige Vogelspezies. Außerdem beherbergt der Nationalpark die wahrscheinlich größte Population der äußerst seltenen Sumatranashörner, der kleinsten und urtümlichsten aus der Rhinozerosfamilie, die am gesamten Körper mit einem rotbraunen Flaum struppiger Haare bedeckt sind. Die Artenvielfalt, der Reichtum des Parks, war bislang so gut wie unerforscht.

Das alles ist stark bedroht: Immer tiefer dringen Kettenfahrzeuge und Motorsägen in den Urwald vor, um das kostbare Tropenholz zu schlagen. Wo 1995 noch geschützter Wald stand, wurde zwei Jahre später schon eine Plantage angelegt. Der Siedlungsdruck im übervölkerten Indonesien ist gewaltig. Die Waldbrände, die hier von August 1997 bis in den Juni 1998 wüteten, verwüsteten auch große Teile von Kerinci-Seblat: «Wir konnten in dieser Zeit kaum 25 Meter weit sehen», so erzählt Douglas Muller. Da war einfach nicht daran zu denken, erneut Spuren des Orang-Pendek zu finden, denn der ansonsten feuchte, schlammige Urwaldboden war völlig ausgetrocknet. Wahrscheinlich haben sich die scheuen Wesen in noch abgelegenere Regionen zurückgezogen, vermutet Muller. Noch ist die Existenz des Orang-Pendek nicht bewiesen – und schon ist sein Überleben in Gefahr.

Die Zeit drängt also. Debbie Martyr und ihrem Team ist mittlerweile der Speisenplan ihres unbekannten Forschungsobjekts geläufig: Es mag vor allem Früchte und

Ingwer, außerdem Termiten, Süßwasserkrabben und nestjunge Vögel. Wenn die Gelegenheit günstig ist, stibitzt der Orang-Pendek den Forschern Reis, getrockneten Fisch oder auch mal eine Ananas aus dem Camp. Menschen geht er aus dem Weg; er meidet auch die Pfade anderer Tiere und bahnt sich seine eigenen durchs dichte Gebüsch – Wege, die vom Forschungsteam kartiert werden.

Debbie Martyr glaubt auch zu wissen, welche Laute der «kleine Mensch» äußert: «Er grunzt, und wenn er überrascht wird, stößt er ein scharfes Bo aus. Sein Alarmruf ist ein Vraaagh, das einen frösteln lässt.» Nicht nur sie selbst, auch andere Mitglieder des Teams haben den Orang-Pendek mehrfach gesehen, wie er an den Hängen des Mount Kerinci umherstreifte – allerdings nie länger als drei Sekunden. Was fehlt, ist noch immer ein richtiges Bild, ein Foto vom Orang-Pendek. Zwar existieren zwei äußerst verwackelte und unscharfe Aufnahmen, doch die lässt das kritische FFI-Team nicht als Beweis gelten. Weil das Wesen so scheu ist, haben die Forscher daher an manchen Dschungelpfaden «Fotofallen» aufgestellt. Diese vollautomatischen Kameras werden durch Infrarotstrahlung ausgelöst – Wärmestrahlen also, die Körper von Vögeln und Säugetieren aussenden. So werden Aufnahmen auch von extrem scheuen Lebewesen möglich. Den Wissenschaftlern des Teams liefen auf diese

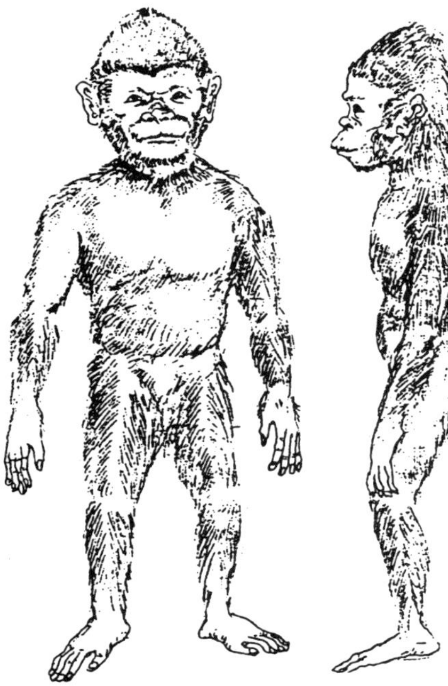

In diesem Phantombild erkennen viele Augenzeugen den Orang-Pendek.

Weise einige äußerst seltene Tiere vor die Linse: Nebelparder etwa, eine gefleckte, mittelgroße Wildkatzenart, die seit über zehn Jahren zum ersten Mal in der Natur fotografiert wurde. Oder eine mysteriöse, zunächst unbekannte schwarze Katze, die sich später als melanistische Goldkatze entpuppte – eine schwarze Farbform der ansonsten goldbraunen Wildkatze. Sogar schwarze Tiger soll es in manchen Regionen des Parks geben, hörte das Team immer wieder. Doch bislang konnte das nicht bestätigt werden.

Eine kleine Sensation geschah am 26. Juli 1996, als ein schon ausgestorben geglaubtes Tier die Kamera auslöste. Das entstandene Bild ist alles andere als ein Prachtstück, etwas unscharf, aber ganz deutlich zeigt es den Großen Sumatrapitta – Ornithologen als *Pitta caerulaea* bekannt. Vor über hundert Jahren war dieser Vogel zum letzten Mal gesichtet worden. Auch ansonsten war das Team erfolgreich: In einem abgelegenen Flusstal entdeckte er 1996 eine besonders seltene Pflanze – *Rafflesia hasseltii*, ein Gewächs, das nur zur Blüte oberirdisch erscheint, dann aber durch leuchtende und nach faulem Aas stinkende Blüten von 60 Zentimetern Durchmesser auffällt. Erst zum dritten Mal in diesem Jahrhundert wurde diese Pflanze gefunden. Bei der ersten Bestandsaufnahme der Artenvielfalt im Jahr 1997 hatte sich die Zahl der im Park lebenden, von den Forschern entdeckten Vogelspezies von 161 auf 210 erhöht.

Doch was den Orang-Pendek angeht, waren die Fortschritte in den vergangenen Jahren langsamer als erwartet. «Dennoch gibt es weiterhin viele Anzeichen dafür, dass dort draußen etwas Neues, etwas Besonderes lebt», meint Douglas Muller. «Und deshalb sind wir auch zuversichtlich, den Orang-Pendek bald von der kryptozoologischen Liste streichen zu können.» Ein paar Haare, die das Team gefunden hatte und die von dem «kleinen Menschen» stammen könnten, lieferten bislang leider keine eindeutigen Ergebnisse.

David Chivers von der FFI – ein Primatologe an der Cambridge University – sieht in den Fußabdrücken, die Debbie aufgenommen hat, eine Mischung menschlicher und menschenaffenähnlicher Merkmale. Als was könnte der Orang-Pendek sich schließlich entpuppen? Als neue Menschenaffenart? Als bislang unentdeckte Unterart des Orang-Utans? Oder als etwas noch Spektakuläreres? «Vielleicht handelt es sich bei diesem Wesen sogar um etwas, das noch mehr mit der Evolution des Menschen zu tun hat», meint Chivers kryptisch.

Zur Erinnerung: Auch Eugène Dubois wurde belächelt, bis er an den Ufern des Solo auf Java die Überreste des *Homo erectus* fand. Und dieser Urmensch war in den vergangenen Jahren immer wieder für Überraschungen gut. So halten es einige Wissenschaftler für möglich, dass schon der «aufrechte Mensch» ein Seefahrer war. Dafür sprechen zumindest primitive Steinwerkzeuge, die 1994 auf der indonesischen Insel Flores – zwischen Java und Timor gelegen – entdeckt wurden. Diese Geräte wurden auf ein Alter von etwa 800 000 Jahren datiert. Auf dem Landweg kann der *Homo erectus* Flores nicht erreicht haben, denn es existierte niemals eine direkte Verbindung über Land von hier zum asiatischen Kontinent. Der Urmensch muss über das Meer gekommen sein, vielleicht auf Bambusflößen – und war dann wohl zu größeren Leistungen fähig als bislang angenommen. Außerdem zeigen Neudatierungen alter Knochenfunde, dass *Homo erectus* keineswegs bereits vor 200 000 Jahren ausgestorben ist, sondern wohl viel länger – aus erdgeschichtlicher

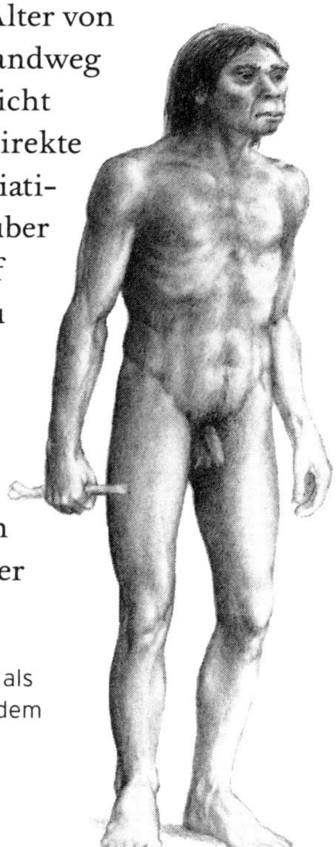

Der Urmensch *Homo erectus* lebte weitaus länger, als man bislang annahm. Könnte nicht auch er hinter dem Orang-Pendek stecken?

Perspektive gesehen «bis vor kurzem» – überlebt hat: Die jüngsten Funde, die dem *Homo erectus* zugeordnet werden, sind 40 000 Jahre alt und stammen aus Java – Sumatras Nachbarinsel.

Spekulationen über Spekulationen. «Wenn der Orang-Pendek das ist, was wir glauben», sagt Douglas Muller, «dann ist es auf jeden Fall eine sehr wichtige Entdeckung.»

9. Das Biest aus Montezumas Zoo

Es ist ein ausgesprochener Glücksfall, wenn ein Kryptozoologe ein lange gesuchtes, mysteriöses Tier endlich vor sich liegen hat – und damit die Existenz eines umstrittenen Wesens belegen kann. Denn meist müssen sich diese unermüdlichen Forscher mit Fußspuren, verwackelten Fotos oder Augenzeugenberichten zufrieden geben. Dann wieder versagt im entscheidenden Augenblick der Auslöser der Kamera, der Kadaver eines unbekannten Tieres verrottet nicht rettbar in der Tropenhitze oder verschwindet auf unerklärliche Weise.

Richard Greenwell kennt zahllose dieser Geschichten – und einige davon hat er selbst erlebt. Denn nicht immer sitzt der Generalsekretär der International Society of Cryptozoology in seinem Büro in Tucson im amerikanischen Bundesstaat Arizona, umgeben von den Überresten fabelhafter Wesen, Schädeln von Säbelzahntigern, Bigfootporträts und Nessiesouvenirs, und redigiert Manuskripte fremder Autoren für die nächste Ausgabe der Jahresschrift «Cryptozoology». Manchmal packt ihn das Entdeckerfieber, und dann zieht er hinaus in die Welt, um selber nach verborgenen Tierarten Ausschau zu halten. Im Sumpfgebiet von Likouala im Kongo spürte er Mokele-Mbembe nach, einer riesenhaften Echse, die nach den Erzählungen der Eingeborenen bis zu zwölf Meter lang werden soll. Ein überlebender Dinosaurier? Oder eine spezielle Form eines Sumpfnashorns? Die Expedition fand außer Spuren, die von einem elefantengroßen Tier stammen könnten, keine Hinweise für die Existenz eines solchen Wesens. In Zentralchina überprüfte er die Fußabdrücke des «Yeren», des chinesischen «Wilden Mannes» – auch dieses Mal ohne wesentliche neue Ergebnisse zu gewinnen. Immerhin deuteten einige Haare darauf hin, dass dort ein unbekannter Primat leben könnte.

Doch nun lag am 20. Februar 1986 nach langer, fast kriminalistisch anmutender Spurensuche ein Fabeltier vor ihm auf dem Seziertisch im mexikanischen Ort Mazatlán: die Onza – jene legendäre, unbekannte Katze aus König Montezumas Zoo. Der Aztekenherrscher unterhielt in seiner Hauptstadt Tenochtitlán eine Menagerie, die angeblich alle Tierarten des Landes beherbergte. Die spanischen Eroberer unter Hernán Cortés besichtigten 1519 diese Sammlung, die mit einer ausgedehnten Tempelanlage verbunden war; einer der Conquistadoren, Bernal Díaz del Castillo, berichtete ausführlich davon: Erstmals sahen Europäer hier jenen «seltsamen mexikanischen Bullen mit löwenartigem Haar, einem Kamelhöcker und gekrümmten Schultern» – den Bison. Ein großartiges Vogelhaus beherbergte alle Ziervögel des Landes. Allein um die Greifvögel zu füttern, wurden täglich 500 Truthähne geschlachtet. Gleich reihenweise gab es Terrarien voller Klapperschlangen, deren Schwänze wie Kastagnetten rasselten. Ein großes Gebäude im Tierpark beherbergte die Fleischfresser – darunter drei große Katzen: den «Tiger», womit Castillo den gefleckten Jaguar meinte, und zwei Formen von «Löwen». (Die europäischen Eroberer bezeichneten die Tiere Amerikas zunächst mit den Namen ihnen bekannter, ähnlicher Arten aus der Alten Welt.) Einer der «Löwen» war der Puma, der auch heute noch Berglöwe genannt wird; der andere, den die Azteken «Cuitlamitzli» nannten, soll nach Castillos Beschreibung einem Wolf ähnlich gesehen haben.

Der deutsche Jesuitenpater Ignaz Pfefferkorn, der ab 1757 einige Jahre als Missionar in der damaligen mexikanischen Provinz Sonora tätig war, beschreibt eine «Onza», die mit der wolfsähnlichen Katze identisch sein könnte: «Das Tier, das die Spanier Onza nennen, gleicht dem Puma. Doch sein Körper ist länger, außerdem viel dünner und schmaler – vor allem am Rumpf. Seine Füße sind kleiner, sein Brustkasten aber breiter. Unterschiede in der Färbung fand ich keine –

bis darauf, dass die Onza heller und etwas rötlicher gefärbt ist. Sie ist aber nicht so scheu wie ein Puma. Wer es wagt, sie anzugreifen, sollte auf der Hut sein.»

Das bestätigt auch ein Bericht des Jesuitenpaters Johann Jakob Baegert, der zwischen 1751 und 1768 mit den Guaricura-Indianern der Baja California zusammenarbeitete: «Eine Onza wagte es, die Mission meines Nachbarn zu überfallen, als ich zu Besuch war. Sie griff dort einen 14 Jahre alten Jungen an – bei vollem Tageslicht und praktisch vor den Augen aller Leute. Ein paar Jahre zuvor hatte eine andere dieser Katzen hier den stärksten und angesehensten Soldaten der Region getötet.» Zu jener Zeit scheinen hier vor allem Jesuiten die Naturgeschichte des Landes geschrieben zu haben: Jedenfalls berichtete ein führender Gelehrter des Ordens im achtzehnten Jahrhundert, Pater Francisco Javier Claviego, dass in der Baja California «ein wildes Tier» lebt, das in der Farbe dem Puma gleiche, aber weniger feist sei. Die Spanier, so Claviego, nannten dieses Tier Onza.

Worum könnte es sich bei dieser pumaähnlichen, bis heute mysteriös gebliebenen Katze handeln? Eine neue, ganz eigene Spezies? Eine unbekannte Unterart des Berglöwen? Oder vielleicht gar eine Kreuzung aus Puma und Jaguar? Ende der siebziger Jahre des zwanzigsten Jahrhunderts hatte Richard Greenwell erstmals von dem geheimnisvollen Tier gehört und begonnen, ihm nachzuspüren.

Dabei stieß er auf die aufregende Idee des Mainzer Säugetierkundlers Helmut Hemmer, der ebenfalls die Berichte über die Onza kannte. Im kalifornischen Berkeley hatte der fossile Knochen des Gepards *Acinonyx trumani* untersucht, der vor über 10 000 Jahren in Amerika ausgestorben war. Zuvor waren diese Laufkatzen – wie viele andere Spezies auch – während der Eiszeiten aus der nordamerikanischen Urheimat über die Beringstraße nach Asien eingewandert und hatten sich bis nach Afrika verbreitet, wo heute die Art *Acinonyx jubatus* lebt.

Geparde gelten gemeinhin als besonders hundeähnliche Katzen. Könnten die schlanken, «wolfsähnlichen» Onzas daher nicht überlebende nordamerikanische Geparden sein? Haben in den mexikanischen Bergen vielleicht Restbestände solcher Urgeparde eine Zuflucht gefunden? So unbegründet war Hemmers Gedanke also nicht – er hatte ihn bewusst provozierend formuliert und sogar ein «Phantombild» einer mutmaßlichen Onza gezeichnet, um weitere Forschungen über die mysteriöse Katze anzuregen.

Schließlich wäre es nicht das erste Mal, dass eine gepardenähnliche Rätselkatze aus dem Reich der Fabelwesen emporsteigt zu den wirklich existierenden Tieren. Zu Beginn des zwanzigsten Jahrhunderts sprachen Einheimische in Rhodesien, dem heutigen Simbabwe, von einem fremdartigen und scheuen Waldlebewesen, das sie «Nsui-Fisi» – Leoparden-Hyäne – nannten. Die offizielle Wissenschaft hielt diese Berichte allerdings für Legenden – bis 1926 Major A.C. Cooper ein ungewöhnliches Fell einer Katze präsentierte, die im Ort Macheke, etwa hundert Kilometer südöstlich von Salisbury, dem heutigen Harare, gefangen wurde. Ein solcher Pelz war noch nie zuvor entdeckt worden: Die Grundfarbe war gelblich, vom Nacken her zog sich eine ganze Reihe länglicher, schwarzer Streifen entlang der Rückenlinie bis hin zum Schwanz; die Flanken und Oberschenkel waren mit dicken, schwarzen, unregelmäßig geformten Flecken besetzt. Cooper hielt das Tier für eine Kreuzung von Leopard und Gepard: «Wie ein stämmiger Leopard mit kraftvollen Gliedern. Dagegen können die Krallen nicht eingezogen werden – wie es auch beim Gepard der Fall ist.» Außerdem hatte das Tier eine kurze Mähne, wie sie nur bei Geparden zu finden ist, bei Leoparden aber gänzlich fehlt.

Cooper schickte den Pelz nach London an den Katzenexperten Reginald Pocock vom British Museum of Natural History. Der erkannte sofort, dass das Fell von einem ungewöhnlich gezeichneten Gepard mit besonders weichem, langem Fell stammen musste. Er glaubte, eine neue Art vor sich zu haben – ganz deutlich unterschieden von der bislang bekannten, einfach gepunkteten Laufkatze – und publizierte sie der prächtigen Zeichnung wegen als *Acinonyx rex* – «Königsgepard».

Nach eifriger Suche trieb Cooper weitere Felle des «Königs» auf – eines allerdings war wiederum abweichend gezeichnet: weniger schmuckvoll als die anderen, mehr eine Zwischenform der gepunkteten normalen Gepardenfärbung und der «hoheitlichen» Zeichnung. Von da an wurde vermutet, dass der Königsgepard keine eigene Art ist, sondern eine Farbspielart des normal gepunkteten Gepards, die durch Mutation entstand.

Den Beweis dafür lieferte schließlich eine Gepardenmutter im Mai 1981 im De Wildt Cheetah Breeding and Research Centre, einer eigens für die vom Aussterben bedrohten Geparden errichteten Zuchtstation des Zoos von Pretoria: Bei einem Wurf junger Geparde fand sich ein kleiner «König». Ein paar Tage später folgte ein zweiter, als eine Schwester der ersten Mutter ebenfalls ein Jungtier mit der hoheitlichen Färbung zur Welt brachte. Die Königsfärbung ist also kein Merkmal einer anderen Art, sondern wird rezessiv vererbt: Auch zwei normalfarbige Eltern können abweichend gefärbte Junge haben, wenn sie beide verdeckt das Merkmal in ihrem Erbgut tragen.

Ganze 38 Exemplare des Königsgepards sind bis 1987 bekannt geworden, die allesamt aus dem Dreiländereck Simbabwe – Südafrika – Botswana stammten. (Heute indes werden die schönen Tiere in mehreren Stationen gezüchtet und in alle Welt verkauft, sodass auch schon Königsgeparde in die Zoologischen Gärten von Wuppertal und München gelangten.) Vor allem die Biologin Lena Bottriell hat mit ihrem Mann Paul nach frei lebenden Königsgeparden geforscht. Sie glaubt, dass nicht nur das gestreifte Fell die Könige von anderen Geparden unterscheidet: Nach ihren Beobachtungen leben die «Herrschaften» eher in buschigem Dornwald und sind nachts unterwegs. Normal gezeichnete Geparde dagegen halten sich vor allem in der offenen Savanne auf und sind tagaktiv. Nach Bottriells Ansicht vollzieht sich bei den Geparden gerade «Evolution vor unseren Augen»: Langsam, so vermutet sie, entsteht eine neue Rasse der Katzen, die sich auch in ihrem Verhalten von den gepunkteten abheben könnte und aus der sich vielleicht einmal eine neue Art herausbildet.

Doch zurück zum Rätsel um die mexikanische Onza: War es wirklich möglich, so überlegte Richard Greenwell, dass große Laufkatzen – Urzeitgeparde aus dem Pleistozän – bis heute unentdeckt in der Sierra Madre überlebt hatten? Oder war die legendäre Katze aus Montezumas Zoo doch nur ein Mythos, der sich über Jahrhunderte gehalten hatte?

Mythen allerdings können nicht geschossen werden: Mehrfach hatten Jäger im zwanzigsten Jahrhundert in den mexikanischen Bergen langbeinige, grazile Katzen erlegt, die einem Puma ähnelten, aber doch deutlich anders aussahen. Richard Greenwell beschloss, diesen Geschichten auf den Grund zu gehen. Er suchte Dale Lee auf, der zusammen mit seinen Brüdern häufig als äußerst erfolgreicher Jäger und Jagdführer unterwegs gewesen war. Und Lee erzählte ihm, was er von der Onza wusste.

Der Königsgepard wurde von einer Legende zu einem wissenschaftlich anerkannten Tier.

Oftmals schon hatten die jagenden Brüder die Geschichten von der aggressiven Onza gehört und als «Eingeborenengeschwätz» abgetan. Dann aber führten die Lees 1938 den amerikanischen Bankier Joseph Shirk in den La-Silla-Bergen der mexikanischen Provinz Sinaloa auf Jaguarpirsch. In den Niederungen wächst subtropischer Wald, je höher man steigt, desto trockener wird hier die Vegetation. Und oben in den Bergen soll die Onza leben. Fahrzeuge waren nutzlos, selbst mit Pferden kam man nicht voran – Esel und Mulis waren die einzig tauglichen Fortbewegungsmittel in der rauen Landschaft.

Lange fanden die Jäger keine Spur eines Jaguars. Doch ein anderes Tier hatte auf ihre Lockrufe geantwortet. Die Männer hetzten ihm die Hunde auf den Leib und hatten bald eine große Katze auf einen Baum getrieben, die vor Wut raste – und einem Puma nicht unähnlich war. Der Bankier schoss und verwundete das Tier an einem Hinterbein. Die Katze flüchtete durch eine Schlucht, immer das verletzte Bein hinter sich her schleifend und doch so schnell, dass die Hunde kaum hinterherkamen. Aber bald war sie wieder auf einen Baum getrieben, und diesmal gab es kein Entkommen – sie wurde erschossen.

Die Lees untersuchten das Tier: Es war viel schlanker als ein Puma – aber länger. Die Ohren waren lang, ebenso die Beine. Sie fotografierten die Katze, nahmen wichtige Maße – der gesamte Körper jedoch ging leider verloren. Zurück in Arizona, beschrieben die Jäger, was sie erlegt hatten, doch ernteten sie nur Unverständnis und wurden lächerlich gemacht; alle glaubten, dass die Lees einer «alten Legende» aufgesessen waren. Dennoch waren sie sich immer sicher, dass dieses Tier kein normaler Puma war. Und wer sollte es besser wissen als diese erfahrenen Jäger? Allein Dale Lee hat in seiner Laufbahn fast 500 Pumas gejagt und geschossen, etwa 300 Schwarzbären und zusammen mit seinen Brüdern mehr als 120 Jaguare – eine Jagdstrecke, die einen heutzutage angesichts der Seltenheit der Tiere erschauern lässt. Dennoch lässt sich einem solchen Mann wohl kaum die Erfahrung im Erkennen von Andersartigkeiten absprechen.

Richard Greenwell fuhr 1985 selber nach Sinaloa in den San-Ignacio-Distrikt, dorthin wo 1938 jene seltsame Katze geschossen worden war. Vor etwa zehn Jahren hatte der Farmer Jesus Vega ein ähnliches Tier erlegt – und dessen Schädel aufbewahrt, der pumaähnlich war, dem aber bestimmte vordere Backenzähne fehlten. Greenwell bat um Nachricht, falls es Neuigkeiten über die Onza gebe.

Schon im Januar 1986 erhielt er einen Anruf aus Sinaloa: Wieder war eine Onza erlegt worden. Am Neujahrsabend wollten zwei Farmer in der Sierra Hirsche jagen, als sie eine große Katze beobachteten, die sich im Dunkeln duckte. Aus Furcht, das Tier könnte ein Jaguar sein und angreifen, schossen die Männer. Die Katze war aber ganz eindeutig kein Jaguar, ein normaler Puma aber auch nicht. Die Jäger erinnerten sich des «verrückten Gringos», der hier kürzlich nach fremdartigen Katzen gefragt hatte. Sie nahmen das Biest erst mal mit nach Hause und brachten es später nach Mazatlán, wo es sofort eingefroren wurde – 17 Stunden nach seinem Tod.

Die Katze, ein Weibchen, war also in hervorragendem Zustand, als Greenwell sie mit dem Pumaexperten Troy Best im Februar 1986 begutachtete. Sie war ausgesprochen grazil, mit schlanken Beinen, die ebenfalls viel länger als die eines normalen Pumas wirkten. Auch Schwanz und Ohren schienen verlängert zu sein. An seinen Vorderbeinen hatte das Tier einige kleine, horizontale Streifen, die bei Pumas nicht vorkommen. Die Knochen der Vorder- und Hinterbeine waren ebenfalls länger als die eines Pumas. Die Katze wog nur 27 Kilogramm – erwachsene weibliche Pumas dagegen bringen es durchschnittlich auf 36 bis 60 Kilogramm. Wie die Sektion zeigte, war das Tier außergewöhnlich gesund und parasitenfrei. Es hatte durchaus Fettreserven, seine Schlankheit war also nicht darauf zurückzuführen, dass es abgemagert war. Im Magen fanden sich noch die Überreste seiner letzten Mahlzeiten – Hirschhufe.

«Das Tier sieht wirklich anders aus», stellte auch Troy Best fest, der damals gerade über 1700 Pumaschädel vermessen hatte. Morphologisch unterschied sich diese Katze eindeutig vom Puma. Auch der Mainzer Zoologe Helmut Hemmer, der alsbald die Knochen in Tucson begutachtete, kam zur selben Überzeugung. Nun war klar, dass die Onza keinesfalls ein überlebender Eiszeitgepard sein konnte. Doch was genau war dieses pumaähnliche Geschöpf?

Analysen der Haare zeigten keine Unterschiede zu herkömmlichen Pumahaaren. Mit Spannung erwartete Greenwell daher die Ergebnisse der biochemischen Untersuchungen, die am National Cancer Institute in Washington durchgeführt worden waren. Hier hatte man Gewebe der mutmaßlichen Onza mit dem von Pumas, Löwen, Tigern, Geparden und Jaguaren verglichen. «Das Resultat war frustrierend», sagte Greenwell, «denn die Biochemie sagte ganz anderes als die Morphologie.» Biochemisch gesehen unterschied sich die «Onza» nicht von einem herkömmlichen Puma.

Das Phantombild einer Onza, erstellt nach der Untersuchung von Knochen amerikanischer Urgeparde und den Berichten über die mysteriöse Katze Mexikos.

Das Tier war also keine neue Art oder Unterart. Letzteres wäre auch kaum möglich, denn in den Bergen der Sierra Madre lebt schon die Pumasubspezies *Puma concolor azteca* – und zwei Unterarten im selben Gebiet würden sich miteinander kreuzen, die Unterschiede vermischen. Ist damit der Traum vom «zweiten Löwen», dem «Biest aus Montezumas Zoo», ausgeträumt?

Hemmer war von den Ergebnissen nur wenig überrascht: «Wären die Onzaknochen Fossilien gewesen, dann hätte ich aufgrund der auffällig großen Unterschiede zum normalen Puma wohl auch eine neue Art beschrieben.» Und er verweist auf den Königsgepard, bei dem eine Änderung in einem Gen zu einem deutlich anderen Aussehen führte und der dennoch eindeutig zur Art *Acinonyx jubatus* gehört. Bei der Onza könnte seiner Ansicht nach ein ähnlicher Fall vorliegen. Die unterschiedliche Gestalt der Onza mit ihren verlängerten Gliedmaßen und Ohren erinnert Hemmer an ein Phänomen beim Menschen, die «Akromegalie», bei der vom Rumpf entfernt liegende Körperteile – Finger, Füße und Nase – als Folge einer vermehrten Produktion von Wachstumshormonen länger werden als üblich. Das aber sei eine Vermutung, betont er ausdrücklich. Und gleichzeitig wieder eine zumindest interessante These, was hinter der Onza stecken könnte.

Greenwell hat inzwischen noch eine andere – eine besonders kryptozoologisch anmutende – Erklärung parat: «Vielleicht», so meint er augenzwinkernd, «vielleicht war die Onza, die wir gefunden haben, auch gar nicht die wirkliche Onza.»

10. Seeschlangen und Großmäuler

Bei gutem Wetter verlässt sie in Sommernächten ihre Höhle, um Kälber, Lämmer und Schweine zu fressen. Oder sie schwimmt ins Meer hinaus und erbeutet dort Tintenfische, Hummer und andere Meereskrebse. Bis zu 60 Meter lang wird sie, hat einen Durchmesser von bis zu sechs Metern, vom Nacken herab hängen halbmeterlange Haare. Die Felsen der Küste nahe der norwegischen Stadt Bergen sind das Zuhause des Ungetüms. Scharfe, dunkelbraune Schuppen bedecken den Körper, flammend leuchten die Augen.

Olaus Magnus, der schwedische Erzbischof und Verfasser der 1555 erschienenen «Historia de Gentibus Septentrionalis», einer Geschichte der Völker nordischer Regionen, beschrieb diesen «Seewurm», dessen Artgenossen entlang der gesamten norwegischen Küste hausen sollten. Und damit hat er Generationen von Seefahrern eine beispielhafte Beschreibung eines besonderen Seeungeheuers geliefert – der großen Seeschlange.

Kapitän Lorenz von Ferry, ebenfalls aus Bergen stammend, beschrieb im Jahre 1746 eine Begegnung mit einem ähnlichen Wesen, die an einem heißen Augusttag stattfand: Wegen absoluter Windstille konnte nur gerudert werden, die Segel waren eingeholt. Plötzlich aber änderte der Steuermann den Kurs, weil da etwas im Wasser schwamm: Wellenartig bewegte sich dort ein unbekanntes Tier, lang, gräulich und mit pferdeartigem Kopf. Der Kapitän ließ weiter darauf Kurs halten, um die seltsame Kreatur genauer betrachten zu können. Ihr Maul war dunkel und sehr groß, die Augen schwarz, und eine lange, weiße Mähne hing auf die Oberfläche des Wassers herab. Hinter dem Kopf ragten sieben oder acht Buckel über den Meeresspiegel, im Abstand von etwa 60 Zentimetern. Der Kapitän ließ das Tier beschiessen, doch das tauchte schnell unter und verschwand.

Am 7. Dezember 1905, morgens um 10.15 Uhr, erblickte der Zoologe Michael J. Nicoll, der sich auf Forschungsfahrt an Bord der Yacht Valhalla vor Brasiliens Küste befand, eine große Rückenflosse – dunkelbraun und am Rande irgendwie zerknittert. Sie schwamm etwa hundert Meter hinter dem Boot. Der sichtbare Teil der Flosse war beinahe rechteckig, fast zwei Meter lang, bis zu 60 Zentimeter hoch. Als Nicolls Kollege E. Meade-Waldo durch sein Fernglas schaute, erhob sich der Kopf über zwei Meter aus dem Wasser, ein langer Hals kam zum Vorschein, «etwa so dick wie der Körper eines dünnen Mannes».

Der Kopf glich dem einer Schildkröte, ebenso die Augen. In seltsamer Weise schwang das Tier seinen Hals hin und her. Das Schiff segelte schnell, das Tier schwamm äußerst langsam, sodass die Begegnung nur wenige Minuten dauerte. Nicoll sagte später: «Wahrscheinlich war diese Kreatur ein Beispiel für das, was so oft die ‹Große Seeschlange› genannt wird.» Er hielt das Wesen für eine Art Meeressäuger, Meade-Waldo dagegen sah in der «Seeschlange» eher etwas Reptilienhaftes.

Was könnte hinter all diesen Sichtungen stecken, von denen seit Jahrhunderten berichtet wird? Gibt es wirklich gewaltige Seeschlangen? In den tropischen und subtropi-

Die «Große Seeschlange»: bloß Seemannsgarn oder ein wirkliches Tier?

schen Meeren leben echte Schlangen, die aber kaum über drei Meter Länge erreichen. Mit ihrem breiten und abgeplatteten Schwanz rudern und paddeln sie durchs Wasser. Bis zu zwei Stunden können sie tauchen, bevor sie zum Luftholen wieder an die Wasseroberfläche kommen. Die meisten dieser Reptilien verlassen zeitlebens das Meer nicht, sie gebären lebendige Junge. Lediglich ein paar Arten müssen zur Eiablage noch an Land. Doch mit den gewaltigen Ungetümen der Seefahrerlegenden haben sie nur wenig gemein – auch wenn sie durchaus nicht ungefährlich sind. Die echten Seeschlangen besitzen ein hochwirksames Gift – vor allem Fischer sind gefährdet, die solche Tiere als Beifang in ihren Netzen finden.

Bernard Heuvelmans, der «Vater der Kryptozoologie», hat aber 358 «bedeutsame» Sichtungen von großen Seeschlangen zusammengetragen, miteinander verglichen, klassifiziert – und sodann spekuliert, dass es gleich mehrere Arten dieser Ungetüme geben müsse, von denen er sogar Phantomzeichnungen anfertigte. Darunter sind so illustre Meereswesen wie der Hunderthöcker, Superaale und Meerpferde, Langhälse und die Vielfinner mit einer ganzen Reihe von Flossenanhängseln. Doch ob es diese Kreaturen wirklich gibt? Sollten wirklich so viele so große Tiere noch in den Ozeanen hausen und der Wissenschaft bis heute verborgen geblieben sein? Mancher hält die Ungetüme für gewaltige Plesiosaurier, die eigentlich vor 65 Millionen Jahren ausgestorben sind – Nessies Verwandte im Meer. Vielleicht sind manche Sichtungen auch auf riesenhafte Haie zurückzuführen, wie es sie ebenfalls vor Urzeiten gab?

Viele Jahrmillionen lang lebte ein gewaltiger räuberischer Hai in den Weltmeeren, ein Verwandter des heutigen Weißen Haies, der immerhin bis zu fünf Meter Länge erreichen und mit seinem Maul ein Kind mit einem Happ verschlingen kann. Der Urriesenhai *Carcharodon megalodon* dagegen wurde wohl noch zwei- bis dreimal größer: zehn bis

15 Meter nämlich. Ein erwachsener Mann hätte aufrecht stehend in seinem Maul Platz gehabt. Von diesem Albtraumfisch, der bis vor etwa 100 000 Jahren lebte, zeugen heute nur noch gewaltige, dreieckige Zähne – bis zu zehn Zentimeter groß. Manchmal wird noch genüsslich darüber spekuliert, dass solche Monster in der Tiefsee überlebt haben könnten – doch dafür gibt es bislang keine Belege.

Genau von dort, aus den Tiefen der Ozeane, wurde am 15. November 1976 erstmals eine der größten Haiarten überhaupt an Land gezogen, eine Spezies, die bislang völlig unbekannt war. Ein Forschungsschiff der amerikanischen Marine hatte vor Hawaii seine Treibanker ausgeworfen, die Besatzung wollte sie gerade aus mehreren hundert Meter Tiefe einholen, als sie feststellte, dass sich ein etwa 4,50 Meter langer Fisch in die Leinen verbissen hatte, den keiner jemals zuvor gesehen hatte: ein Wesen wie ein Mischling aus Wal und Hai. Im Bishop-Museum von Hawaii stellte man fest, dass es sich bei diesem Tier wirklich um eine völlig neue Haiart handelt, mit einem ausgesprochen großen Kopf, lang und breit, aber nicht zugespitzt wie der der meisten anderen Haispezies. Mehr als 400 kleine Zähne füllten den gewaltigen Mundraum und saßen auf den dicken Lippen. Seines großen Maules wegen bekam der Neuling auch schnell einen Namen: «Megamouth» – Riesenmaulhai. Aber erst 1983 wurde

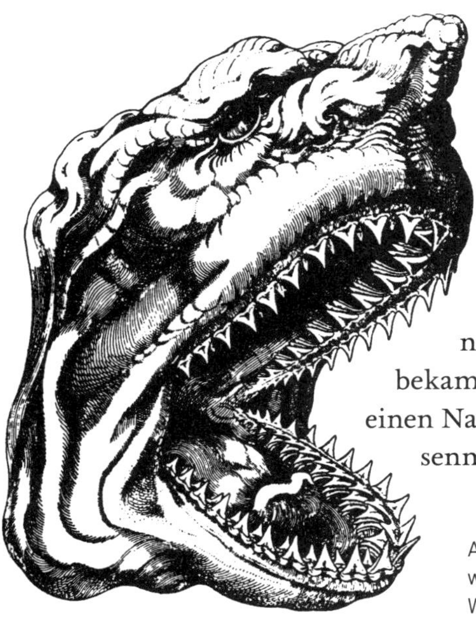

Als vertrocknete Mumienpräparate wirkten «Seemonster» wie dieser Weiße Hai von 1667 noch gruseliger.

die neue Art wissenschaftlich beschrieben – als *Megachasma pelagios*, «Riesenmaul der offenen Meere». Als sechstgrößte heute noch lebende Haiart war das «Megamouth» nach dem Quastenflosser *die* fischkundliche Sensation des zwanzigsten Jahrhunderts.

Wahrscheinlich kommt diese Art in großer Tiefe vor: Die Umrandung des Riesenmauls und seine Zunge schimmern silbrig, vielleicht um im Dunkeln Kleinstlebewesen anzulocken, von denen das gewaltige Tier lebt. Von solchem Plankton ernähren sich von etwa 370 Haiarten nur zwei weitere – der Walhai, mit 18 Meter Länge der größte Hai der Welt, und der ebenfalls gewaltige Riesenhai *Cetorhinus maximus*, der bis zu zehn Meter lang wird und überall in der Hochsee – selbst bis vor Englands Küsten – zu Hause ist. Die Riesenmäuler stehen innerhalb der Gruppe der Haie recht isoliert, allenfalls mit *Cetorhinus* verbindet sie einiges.

Nun dauerte es acht Jahre, bis der nächste Riesenmaulhai gefangen wurde: Im November 1984 zogen Fischer vor der Küste der kalifornischen Insel Santa Catalina das zweite «Megamouth» aus dem Wasser – aus nur 38 Meter Tiefe. Am 18. August 1988 wurde das dritte Riesenmaul gefunden – und damit erweiterte sich das bekannte Verbreitungsgebiet der Art beträchtlich: Der über fünf Meter große Hai wurde bei Mandurah angeschwemmt, einem beliebten Urlaubsort 50 Kilometer südlich von Perth in Westaustralien. Surfer hatten ihn schon vor der Küste gesehen und versucht, ihn ins Meer hinauszutreiben, weil sie ihn zunächst für einen jener Wale hielten, die aus noch immer unbekannten Gründen stranden. Bald aber lag der Hai am Strand und verendete elendig. Wie die beiden ersten Tiere war auch dieses Riesenmaul ein männliches Tier. Dann folgten 1989 Schlag auf Schlag zwei weitere Funde in japanischen Gewässern.

Am 21. Oktober 1990 wollte der kalifornische Fischer Otto Elliott gerade sein Netz aus 23 Meter Tiefe einholen, als er spürte, dass sich etwas Großes darin verfangen hatte – etwas, das er in seinen 16 Berufsjahren noch nie gesehen hatte: ein Hai mit dem Kopf eines Walbabys. Elliott schleppte seinen Fang acht Stunden lang im Netz an die Küste und führte ihn dort dem Meeresbiologen Bob Lavenberg vom Naturhistorischen Museum in Los Angeles vor. Der männliche, 4,50 Meter große Hai schien ganz gesund zu sein. Deshalb beschloss Lavenberg, ihn wieder freizulassen, denn in Gefangenschaft hätte das gewaltige Tier wohl kaum überlebt. Das Riesenmaul wurde vermessen, einige Zeit beobachtet, untersucht und von allen Seiten fotografiert. Dann brachten Wissenschaftler einen Sender am Tier an. Es war eine große Chance, mehr über das Leben der unbekannten Haie zu erfahren, über die man bislang nur so wenig wusste. Wo

Richtige «Meeresungeheuer» fressen Menschen: Dem biblischen Wal, der den Propheten Jonas verschlingt, wurden 1628 noch Kiemen wie bei einem Fisch gezeichnet.

lebten sie? In der Tiefe? In allen Etagen des Meeres? In der Nähe der Küsten? Ihr schlaffes Fleisch, das kalkarme Skelett und die kraftlosen Flossen sind Kennzeichen für Lebewesen, die einen großen Wasserdruck aushalten müssen.

Am nächsten Morgen wurde der Hai wieder ins Meer geschleppt, das Tau um seinen Leib gelöst – und dann glitt das Großmaul langsam in die blaue Tiefe hinab. 50 Stunden lang konnten die Forscher die Signale des Hais verfolgen. Der sanfte Riese wandelte wirklich zwischen den Wasserschichten umher: Den Tag verbrachte der Hai in einer Tiefe von 170 Metern, nachts stieg er bis in zwölf Meter Höhe auf. Vielleicht orientierte er sich an den Änderungen des Lichts, vielleicht folgte er aber auch nur dem Plankton und kleinen Krebschen, seiner Leibspeise.

Viele Haie, besonders die gefährlichen schnellen Arten, müssen ständig vorwärts schwimmen, um so Wasser durch ihre Kiemen zu pressen. Wenn sie das nicht können, ersticken sie leicht. Das ist beim Großmaul anders: Er atmete auch während der acht Stunden dauernden Fahrt im Netz normal, obwohl er dabei sogar rückwärts gezogen wurde. Erstaunlicherweise geriet erst 1995 ein weibliches Tier in die Hände von Wissenschaftlern, das vor der Küste Japans angeschwemmt wurde. Das Riesenmaul ist selten geblieben: Bis heute sind kaum mehr als ein Dutzend bekannt geworden.

Die Meere bergen also noch immer wirkliche Geheimnisse. Und beileibe nicht nur den Riesenmaulhai: Mehrere Walarten wurden im zwanzigsten Jahrhundert entdeckt – allein sieben seit den fünfziger Jahren, die meisten von ihnen Schnabelwale. Diese Gruppe der Meeressäuger besitzt eine lange, schnabelartige Schnauze mit nur wenigen Zähnen darin. Wahrscheinlich saugen sie ihre Hauptbeute – Tintenfische – einfach in ihren Schlund ein. Der bekannteste und häufigste Schnabelwal – der Entenwal oder Dögling – wurde oft von Walfängern harpuniert, die erzählten, dass die Tiere bis zu zwei Stunden lang unter Wasser bleiben.

Döglinge tauchen bis zu 1450 Meter tief, wie der größte Meeressäuger, der Pottwal, doch machen die kleineren Entenwale öfter die Reise in die Tiefsee als die Meeresriesen. Von vielen Arten der Schnabelwale wurden bislang nur wenige Exemplare bekannt, aus ihrem Leben weiß man kaum etwas – von manchen kennt man nur ein paar Knochen. So wurde erst 1997 ein neuer Schnabelwal, der bislang letzte, entdeckt: Ein Schädel, der auf Robinson Crusoe Island gefunden wurde, unterschied sich deutlich von allen bislang bekannten Schnabelwalen. Das Tier wurde als *Mesoplodon bahamondi* beschrieben – und dürfte in natura immerhin die Größe eines Elefanten haben. Noch immer hat das Meer also einiges an Überraschungen parat – weshalb sollte es nicht auch die Große Seeschlange geben?

Der frühere US-Soldat Craig Thompson berichtete 1998 von einer Begegnung, die er während seiner Militärzeit in Vietnam hatte. Sein Trupp badete am späten Nachmittag im Meer an der Mündung des Bong Son Rivers, und Thompson musste Wache halten. Plötzlich sah er etwas, das sich durchs Wasser schlängelte – um die zehn Meter lang, mit golden glitzernden Schuppen. Ein fransiger Kopf schaute aus dem Meer heraus, schnell glitt das Tier mit wellenförmigen Bewegungen durch die Bucht – wie eine riesige Schlange. Thompson rief sogleich seine Kameraden ans Ufer. Wer wusste schon, ob dieses Wesen nicht gefährlich sein konnte? Für ein Foto allerdings war keine Zeit mehr – dafür ging alles zu schnell.

Was mag das wohl für ein Tier gewesen sein? Eine gigantische

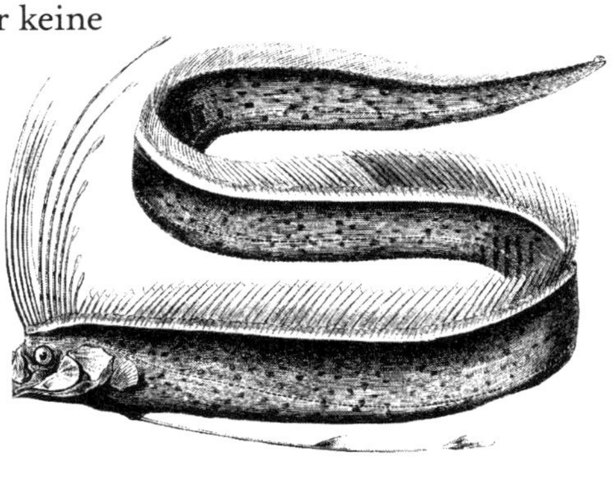

Bis zu acht Meter lang wird der Riemenfisch, der hinter vielen Berichten über «Seeschlangen» stehen könnte.

Schlange? Oder ein Riesenaal? Es dauerte Jahre, bis sich für Thompson das Rätsel löste. Niemand hatte bis dahin seinem Bericht Glauben geschenkt, immer wieder wurde er belächelt. Bis er eines Abends im Fernsehen in einer Naturdokumentation genau das Tier erblickte, das er Jahre zuvor in Vietnam gesehen hatte.

In dem Film war ein langer, schlangenähnlicher Fisch zu sehen – mit einem pferdeartigen Kopf und einem rötlichen Kamm, der wie eine Mähne wirken konnte. Es war der Riemenfisch, einer der seltsamsten und längsten Knochenfische der Welt. Erst 1996 zogen Marinesoldaten vor San Diego ein etwa sieben Meter langes Exemplar dieser Art unversehrt aus dem Meer, was ausgesprochen selten ist, denn meist zerbricht der lange Körper beim Fang in mehrere Stücke. Bislang ist über diesen seltsamen Fisch nur wenig bekannt – meist lebt er wohl in Meerestiefen von 200 bis 1000 Metern, aber hin und wieder taucht er auch in höheren Wasserschichten auf. Erstmals war ein solches Tier 1770 beschrieben worden – ganz in der Nähe des Ortes Glesnaes in Norwegen, weshalb der Riemenfisch mit wissenschaftlichem Namen *Regalecus glesne* heißt. Seeschlangen mit Pferdekopf müssen also keine Phantasieprodukte von Seefahrerhirnen gewesen sein – ein Teil der Berichte über lange Seeungetüme geht anscheinend auf den Riemenfisch zurück. Welche Tiere mögen wohl hinter den restlichen Berichten stecken?

11. Dinovögel gesichtet

Die Eintragung im Hüttenbuch ging um die Welt: «Wir waren sehr überrascht, zwei Moas im Harper Valley zu sehen, denn wir hatten gehört, dass sie in den meisten Teilen des Landes fast ausgerottet sind.» Hinter diesem lapidaren Satz, den zwei deutsche Wanderer in einer Unterkunft auf der Südinsel Neuseelands hinterlassen hatten, könnte sich eine zoologische Sensation verbergen: Moas nämlich sind nicht nur selten – es gibt sie nicht mehr. Wohl schon seit Jahrhunderten sind die gigantischen, flugunfähigen Laufvögel von der Erde verschwunden, ausgerottet von den Maoris, den neuseeländischen Ureinwohnern. Die Touristen namens Franz Christianssen und Holger oder Helga Umbreit – so genau ist die Schrift nicht zu entziffern –, die am 19. Mai 1992 diese Eintragung machten, wussten ganz offensichtlich nicht, dass der Vogel, den sie sahen, nach «offizieller» wissenschaftlicher Lesart schon gar nicht mehr existiert. Und gerade das machte diesen Eintrag so glaubwürdig.

Entdeckt wurden die Zeilen im Hüttenbuch erst acht Monate später – und zehn Tage nachdem in der gleichen Region erneut einer der totgeglaubten Vögel gesichtet worden war: Am 20. Januar 1993 wanderten drei Neuseeländer – der Hotelbesitzer Paddy Freaney, Sam Waby und Rochelle Rafferty, eine Lehrerin – westlich von Christchurch und folgten dem Harper River, als sie in etwa vierzig Meter Entfernung einen großen Vogel sahen. Das zottige Tier stand neben einem Busch und war bestimmt zwei Meter hoch; Kopf und Schnabel wirkten eher klein, Beine und Füße des Vogels stark und dick. Sein Gefieder war rotbraun-gräulich, die Federn hingen bis zu den Kniegelenken herab. Alle drei Augenzeugen waren Kenner der neuseeländischen Tierwelt – und alle drei wussten in diesem Moment: Das muss ein Moa sein.

Vielleicht 30 Sekunden lang hatten die drei den Moa erblickt, dann fühlte der große, «unmögliche» Vogel sich gestört, rannte durchs Flussbett davon und verschwand im Wald. Für Freany blieb gerade Zeit genug, die Kamera aus seiner Tasche zu reißen und ein Bild des flüchtenden Vogels zu schießen. Später fotografierte er noch die Spuren, die der vermeintliche Moa am Fluss hinterlassen hatte. Erst als die Aufnahmen entwickelt waren, berichteten die drei Augenzeugen der Öffentlichkeit von ihrem Erlebnis und lösten damit große Diskussionen aus. Kurz darauf wurde die Eintragung im Hüttenbuch gefunden: Zwei Sichtungen in kürzester Zeit in einer Region, unabhängig voneinander? Sollten die geheimnisvollen Vögel doch überlebt haben?

Erstmals gelangten Moas 1839 ins Blickfeld der Wissenschaft: Der britische Anatom Richard Owen, damals auf seinem Gebiet führend in der Welt, erhielt ein Knochenfragment aus Neuseeland und schloss daraus, dass es von einem flugunfähigen Laufvogel stammen müsse, der wahrscheinlich größer als ein Strauß sei. Owen, jener Mann, der auch den Dinosauriern, den «Schreckensechsen», ihren Namen gab, nannte diesen Vogel später *Dinornis novaezealandiae*, «neuseeländischer Schreckensvogel». Ganz offensichtlich war der Knochen nicht versteinert, vielleicht ein paar Jahrhunderte alt, vielleicht aber auch nur ein paar Jahre. Sollten solche Vogelriesen noch existieren?

Owen schickte die Botschaft nach Neuseeland, alle Relikte der kolossalen Vögel zu sammeln und nach London zu schicken. Schnell verbreitete sich auf den beiden Inseln die Nachricht von den gefiederten Giganten; das Sammeln der Knochen wurde beinahe zu einem Freizeitvergnügen. Bald trafen kistenweise Moaknochen in London ein: Owen beschrieb gleich mehrere Arten und setzte erstmals das vollständige Skelett eines solchen Riesenvogels zusammen. Es war eine internationale Sensation. Die Museen der Welt waren nun von einer regelrechten «Moa-Manie» befallen, alle wollten ihren Besuchern solche «Schreckensvögel» präsen-

Wie lange schon ist dieser Vogel tot? Seit Richard Owen als Erster ein Skelett des Schreckensvogels *Dinornis* zusammengesetzt hat, werden Moas auf Neuseeland gesichtet.

tieren. Und weil jeder den größten Moa besitzen wollte, wuchsen die Moas plötzlich auch besonders groß: In viele Schaustücke wurden zusätzliche Halswirbel eingefügt. Manche der zusammengepuzzelten Moas waren schon nicht mehr kurios zu nennen, sondern einfach nur lächerlich – ein Moaexponat auf vier Beinen etwa.

Manche meinen, der große Vogel habe seinen Namen überhaupt erst durch diesen «Knochenrausch» in der Mitte des neunzehnten Jahrhunderts erhalten: Die Engländer verlangten «more bones» – mehr Knochen –, und die Maoris glaubten, dass «more» oder «moa» der englische Name des Vogels sei. «Moa» ist aber auch das polynesische Wort für «Henne», und von den polynesischen Inselvölkern stammen die Maoris ab. Angesichts des gewaltigen Ausmaßes der Moas wäre ein Vergleich mit einem Huhn allerdings ungewöhnlich.

Da nun bekannt war, dass solche riesenhaften Vögel wirklich existierten, dass ihre Gebeine oft so frisch wirkten, als hätten ihre Träger gerade noch gelebt, erinnerten sich plötzlich immer mehr Menschen daran, einmal einem leibhaftigen Moa begegnet zu sein – an unzugänglichen Stellen der Inseln natürlich. 1844 erzählte ein vielleicht 85 Jahre alter Maori-Krieger, dass er in seiner Kindheit mehrmals lebende Moas gesehen habe – den letzten zwei Jahre bevor der britische Entdecker James Cook 1765 erstmals den Fuß auf die Inseln setzte. Ein anderer alter Maori wollte noch um 1790 herum an einer Moajagd auf der Südinsel teilgenommen haben. Wie aber ist es um die Glaubwürdigkeit solcher plötzlich auftauchenden Berichte bestellt? Haben die Ureinwohner die neugierig fragenden Europäer vielleicht einfach nicht enttäuschen wollen?

Doch nicht nur Maoris haben noch Moas gesehen: So berichtete Alice McKenzie, dass sie 1880 als Mädchen im Alter von sieben Jahren an der Martins Bay der Südinsel einem etwa einen Meter großen Vogel begegnet sei, den sie auch später mit keiner bekannten Art identifizieren konnte. Das Tier hatte dunkelblaues Gefieder, dunkelgrüne, schuppige Beine, keinen sichtbaren Schwanz und drei Klauen an den Füßen. Als der große Vogel ihr nachlief, rannte das Mädchen nach Hause. Später zeigte sie ihrem Vater die Spuren: Deutlich waren Abdrücke dreier Zehen zu erkennen, von denen die längste etwa 28 Zentimeter maß. 1889 sah sie nochmals einen solchen Vogel, auch ihr Bruder will einem begegnet sein. Könnte vielleicht eine kleinere Moaart, ein *Megalapteryx*, überlebt haben?

Elf Arten der gewaltigen Vögel sind der Wissenschaft heute bekannt – vom 3,50 Meter großen Schreckensvogel *Dinornis giganteus*, zwischen dessen Beinen ein Strauß hindurchlaufen könnte, bis zum Zwergmoa *Euryapteryx curtus*, der immerhin noch so groß wie ein Truthahn war. Die Eier des größten Moas fassten 4,3 Liter – so viel wie 90 Hühnereier.

Tausende von Moaknochen wurden bislang gefunden,

Federn, ganze Eier und Unmengen von Eierschalen, Moamumien, denen getrocknetes Gewebe anhaftete, und sogar ein Maorigrab, in dem einem Toten ein gewaltiges Riesenei als Wegzehrung für die Reise ins Jenseits beigelegt war. Auch Höhlenzeichnungen der Maoris zeugen von wirklichen Begegnungen zwischen Mensch und Moa. Doch nie gab es echte Beweise dafür, dass die Giganten noch lebten. Es scheint so, als sei der Vogel selbst von den Maoris schon vergessen gewesen und erst nach seiner dramatischen Wiederentdeckung durch die Wissenschaft in ihrem Gedächtnis auferstanden.

Allerdings existieren noch lebende Zeugen aus der Moazeit. Die Riesenvögel waren Vegetarier, die als größte Pflanzenfresser der Inseln das Bild der neuseeländischen Wälder prägten. Als Schutz vor den gefräßigen Vögeln verstecken manche Büsche bis heute ihre Blätter und Früchte hinter spitzen Dornen – eine mechanische Verteidigung, die allerdings nur bis in eine Höhe von drei Metern reicht. Darüber hinaus wachsen die Äste dornenfrei weiter: eine geschickte Strategie, denn höher kam wohl kaum ein Moa. Um Pflanzenkost besser zu verdauen, schluckten die Moas Steine – bis zu sieben Kilogramm Geröll wird manchmal inmitten gut erhaltener Moaskelette gefunden. Die Reibung der Steine öffnete im Magen die harten Zellwände für die Aufnahme der vegetarischen Kost.

Das populäre Bild der Riesenvögel als aufrecht gehender Giganten ist falsch. Wahrscheinlich stapften die Moas in recht trotteligem, wiegendem Gang gebückt und langsam durch die Steppen und dichten, feuchten Urwälder Neuseelands. Die meisten Museumsexemplare waren daher zunächst falsch montiert – mit gerecktem Hals. Die Sinnesorgane waren dem Waldleben angepasst: Die Augen der Vögel sind relativ klein, die Nasenlöcher umso größer – im dichten Urwald nützt einem ein scharfer Blick wenig, wichtiger ist eine gute Nase.

Gegen Nässe und Feuchtigkeit schützte die Giganten ein Zottelpelz: Anders als bei den meisten Vögeln verzahnt sich das Gefieder der Moas nicht mit winzigen Häkchen ineinander, sodass Moafedern keine «Fahnen» besitzen, die das Fliegen überhaupt erst ermöglichen. Folglich hingen die Federn wohl struppig herab – wie bei den Kiwis etwa, mit denen die Moas allerdings nur weitläufig verwandt sind. Die Moas besaßen keine Flügel – die hatten sich im Laufe der Evolution so weit zurückgebildet, dass noch nicht mal mehr Flügelknochen vorhanden waren.

Mit den Straußen Afrikas, den Nandus Südamerikas, den Emus Australiens, den Kasuaren Neuguineas und Queenslands und den Kiwis Neuseelands gehörten die Moas zur Gruppe der Laufvögel oder Ratiten. Bis vor wenigen Jahrhunderten lebte auch auf Madagaskar ein flugunfähiger gefiederter Riese – der bis zu 450 Kilogramm schwere Vorompatra oder Elefantenvogel. Seine über 30 Zentimeter großen Eier fassten sogar acht Liter, was dem Inhalt von sieben Straußen- oder 180 Hühnereiern entspricht. Doch sein Schicksal war ebenfalls besiegelt, als Madagaskar vor etwa tausend Jahren erstmals von Menschen besiedelt wurde. Flacourt, der erste französische Gouverneur der Insel, berichtete, dass die Riesenstrauße noch um 1650 im Süden Madagaskars gelebt haben sollen. Wahrscheinlich hatten all diese Vögel einen gemeinsamen Vorfahren, der auf dem Urkontinent Gondwana lebte. Als der zerbrach, entwickelten sich in den auseinander driftenden Erdteilen unabhängig voneinander neue Arten.

Alle Ratiten haben im Laufe der Stammesgeschichte jedenfalls das Fliegen verlernt, weil sie wohl lange Zeit keine bodenlebenden, natürlichen Feinde besaßen. Als sich später die Raubsäuger entwickelten, konnten die steppenbewohnenden Strauße, Nandus und Emus ihnen im Spurt entkommen. Kiwis und Moas dagegen hatten auf ihren Inseln keine Säugerkonkurrenz zu fürchten und blieben behäbiger.

Bis zur Ankunft des Menschen war Neuseeland eine Welt ohne landlebende Säugetiere, ein Land der Vögel, der urzeitlichen Brückenechse und des Urfrosches *Leiopelma*: Nur zwei Fledermausarten lebten auf den Inseln, die viele Jahrmillionen vor dem *Homo sapiens* den Weg durch die Luft auf die isolierten Eilande fanden, und an den Küsten unzählige Robben. Weil es keine nestplündernden Nager oder Affen gab, fehlte für viele Vögel der Anreiz, sich zur Flucht in die Luft zu erheben – und so konnten die Flügel getrost verkümmern. Der einzige Feind der Moas in den säugerfreien Zeiten kam aus der Luft – *Harpagornis*, der größte Adler, der jemals auf der Erde lebte. Seine Flügelspannweite betrug bis zu drei Meter, seine Klauen waren wie Tigerkrallen, und wenn seine Fänge in das Rückgrat seiner Lieblingsbeute – Moas – schlugen, zerfetzten sie Muskeln, Rückenmark und auch die Nieren. Die gewaltigen Vögel waren wohl auf der Stelle tot. Von solchen Angriffen zeugen noch heute Spuren der Adlerkrallen am Moagebein: Manche Knochen weisen drei Löcher auf, in denen die starken Fänge der gewaltigen Greife passgenau unterzubringen sind.

Wegen der fehlenden Bodenfeinde verkümmerten im Laufe der Stammesgeschichte die Schwingen vieler Vögel; nirgends gab es so viele flugunfähige Gefiederte wie auf Neuseeland: Moas und Kiwis sind wohl die bekanntesten, dazu der Eulenpapagei Kakapo – uhugroß, grünbraun gefärbt, baut er sich Erdhöhlen ins Wurzelgeflecht der Bäume und führt ein ausgesprochen nächtliches Dasein. Allenfalls flattert er noch von Ast zu Ast. Der Kakapo ist eines der seltensten Tiere der Erde, vielleicht 40 Exemplare haben bis heute überlebt. Auch unter den neuseeländischen Rallen – Verwandten unserer Sumpf- und Teichhühner – gibt es flugunfähige Arten wie die Wekaralle und die Takahe, die größte Ralle der Welt, etwa 2,5 Kilogramm schwer und 60 Zentimeter lang.

Es ist gerade die Takahe – der «Popstar» unter den Vögeln

Neuseelands mit grün-kobaltblauem Gefieder und korallenrot leuchtenden Beinen und Schnabel –, die all jenen Hoffnung gibt, die an das Überleben der Moas glauben: Denn auch die Takahe war lange totgesagt. Nur vier Exemplare wurden im neunzehnten Jahrhundert gefangen, das letzte 1898 in der Nähe des Te-Anau-Sees im heutigen Fjordland-Nationalpark der Südinsel.

Aus dieser Gegend drangen auch später Berichte von Maoris, die den bunten Vogel dort gesehen haben wollen. Geoffrey Orbell, ein Arzt und Naturforscher aus Invercargill, hörte, dass es dort einen weiteren, kleinen See gebe, der kaum erkundet sei. Die Maoris nannten diesen Platz «kohaka-takahe» – Nistplatz der Takahe.

Im April 1948 führte Orbell erstmals eine kleine Expedition in dieses Gebiet: Er hörte merkwürdige Stimmen im Röhricht und sah große Vogelfährten im Schlamm. Beides hätte auch von anderen Arten stammen können, Orbell aber war sich sicher, der Takahe auf der Spur zu sein. Im November 1948 machte er sich erneut auf die Pirsch: Und dann, als er am 20. November mit seinen Männern durchs dichte Schneegras stapfte, stand ihnen auf einmal ein buntes Tier im Weg – die Takahe. Nach über 50 Jahren war der totgeglaubte Vogel wieder auferstanden. Bis zum Ende des Jahres hatte das Team zwei weitere Exemplare unverletzt gefangen, gefilmt, beobachtet – und dann wieder in die Freiheit entlassen.

Kurz darauf schon stellte die neuseeländische Regierung das Gebiet um den See, der bald dem Wiederentdecker der Takahe zu Ehren «Lake Orbell» genannt wurde, unter strengen Schutz. Bei einer weiteren Expedition 1949 stellte Orbell fest, dass vielleicht noch 100 Tiere hier lebten, etwa 20 Brutpaare – doch die waren aufs höchste bedroht: Rothirsche fraßen alles kahl, zertrampelten die Weideplätze der Rallen, vor allem die Blüten des Schneegrases, der Leibspeise der Takahe. Es war Brutzeit, als Orbell das Gebiet besuchte, aber in vielen Nestern fand er nur zerstörte Eier oder durch Raubtierbiss getötete Küken – Hermeline hatten sich über die Gelege hergemacht.

Denn längst war Neuseeland nicht mehr die «unberührte», säugerfreie Welt von einst. Die ersten Polynesier, die hierher kamen, brachten eine Rattenart namens Kiure mit, später eine Haushundrasse, die heute ausgestorben ist. Die europäischen Siedler führten schottische Rothirsche und Wapitis aus Amerika ein, Gämsen aus Österreich und Thare, eine Wildziegenart aus dem Himalaya; sie ließen Kaninchen, Füchse, Hermeline, Schwarze Schwäne aus Australien und Kanadagänse frei. Wo einst dichte Urwälder standen, grasen heute etwa 30 Millionen Schafe auf grünen Weiden. Nur «possums» oder Fuchskusus, eingeführte australische Beutler, sind noch häufiger: schätzungsweise 70 Millionen dieser Tiere fressen die verbliebenen Wälder leer. Katzen, Schweine und Hunde verwilderten – und bedrohten die einheimischen Arten, die schlecht auf diese Invasion vorbereitet waren. Denn aufgrund ihrer Jahrmillionen dauernden Abgeschiedenheit hatten sie

Plüschig und gefräßig: Australische Fuchskusus sind auf Neuseeland eine Landplage.

keine natürliche Angst vor den jetzt auftauchenden Feinden entwickeln können.

Ein ganz besonderes Überlebenstraining für Takahes und andere flugunfähige Vögel hat sich deshalb die deutsche Biologin Corinna Hölzer ausgedacht: In einer geheimen Aufzuchtstation veranstaltet sie regelrechte Angstseminare für die «naiven» Vögel, um ihnen den Fluchtimpuls wieder anzutrainieren, den sie im Laufe der Evolution aufgrund ihrer Isolation verloren hatten. Einem ausgestopften Hermelin nähern sich die Gehegerallen ohne Scheu – bis Corinna Hölzer die Puppe mit einem Stock rüttelt und der Takahe «eins überbrät», ganz vorsichtig natürlich. Ängstlich schreiend flüchtet die Ralle unter den nächsten Busch – in der Natur hätte der Vogel die Begegnung wohl kaum überlebt. Nach fünf solcher Angsteinheiten muss das ausgestopfte Hermelin nur kurz am Käfig gezeigt werden – und die Takahes rasen, so schnell es geht, in Deckung. Die panische Angst, die sie nun erstmals erleben, könnte lebensrettend für sie sein.

Derart trainierte Takahes wurden bislang allerdings noch nicht wieder freigelassen, wohl aber einige der häufigeren Wekarallen, die ebenfalls durch Corinna Hölzers Angstschule gingen. Die mit einem Sender ausgestatteten Tiere jedenfalls landeten zumindest nicht im Magen von Raubsäugern; tot aufgefundene Exemplare waren in Felsspalten gestürzt oder von Lawinen verschüttet worden. Ob die so geschulten Vögel ihr neu erworbenes Angstwissen allerdings an ihre Nachkommen weitergeben werden, bleibt abzuwarten.

Nach der spektakulären «Wiedergeburt» der Takahe zogen in den fünfziger Jahren mehrere Expeditionen durchs Fjordland, um nach überlebenden Moas zu fahnden. Orbell selbst glaubt, dass es hier gegen Ende des neunzehnten Jahrhunderts, vielleicht sogar noch bis in die dreißiger, vierziger Jahre des zwanzigsten Jahrhunderts kleinere Moaarten gegeben haben könnte. So habe ihm ein Maori erzählt, um 1940 herum an der Preservation Inlet, einer Bucht im Süden der Südinsel, drei ihm unbekannte, etwa anderthalb Meter große Vögel mit langen Beinen beobachtet zu haben, die durch einen kleinen Wasserlauf schritten. Und in den fünfziger Jahren sahen die Krabbenfischer Ray Clarke und George Brassell vom Meer aus einen großen, unbekannten Vogel am Ufer stehen, der sie beobachtete.

Zwischen Februar und März 1978 waren sogar wiederholt die Balzrufe von Moas in den Schluchten des Fjordland-Nationalparks zu hören. Allerdings kamen die Stimmen aus den Lautsprechern einer japanischen Expedition. Der Biologe Shoichi Hollie von der Gunma University hatte die anatomischen Daten des Kehlkopfes eines mittelgroßen *Megalapteryx*-Moas in einen Computer eingegeben und so Laute rekonstruiert, die denen einstiger Moas gleichen sollten. Doch leider ließen sich durch diese Vorführungen keine überlebenden Artgenossen anlocken.

Das ist auch nicht erstaunlich, zumindest wenn man den Ausführungen des besten Moakenners überhaupt vertraut. Trevor Worthy ist Paläontologe, und weil er sich seit vielen Jahren mit den Laufvögeln beschäftigt, kennt er alle großen Ausgrabungsstätten, war in vielen Wäldern Neuseelands unterwegs – und hat dabei nie auch nur ein einziges Indiz gefunden, dass die zotteligen Vögel noch existieren könnten: keine Fußspur, keinerlei Kothaufen zeugen von ihrem Überleben. Seiner Ansicht nach waren die Moas in kürzester Zeit ausgerottet, nachdem die ersten Maoris die Inseln besiedelten.

Richard Holdaway, Paläoökologe und Kollege Worthys, berechnete, wie der «Overkill» – die blitzartige Ausrottung der Moas – vor sich gegangen sein könnte: Die ersten Polynesier kamen nach seiner Ansicht erst gegen 1380 nach Neuseeland. Auf der Nordinsel konnten sie noch ihre vertrauten Gewächse – Süßkartoffeln etwa – anbauen, im Süden war das Klima hierfür zu rau. Überall jedoch trafen sie die großen und wenig furchtsamen Vögel an, die leicht zu erbeuten waren und Eiweiß im Überfluss lieferten. Ungefährlich waren die Moas mit ihren starken Beinen wohl nicht; die Kasuare Neuseelands etwa, von ähnlicher Größe wie mittlere Moas, können mit einem Fußtritt einen Menschen töten. «Wahrscheinlich aber standen die Moas nur herum und schauten erstaunt die unbekannten Wesen an», meint Holdaway. Und dann reichte ein Schlag auf den Kopf, um einen so gigantischen Vogel zu töten.

Insgesamt lebten seiner Schätzung nach 150 000 bis 200 000 Moas auf den Inseln, vom gewaltigen «Schreckensvogel» *Dinornis giganteus* 10 000 bis 15 000 Exemplare. In Holdaways Szenario genügt schon eine kleine Gruppe von Polynesiern, vielleicht 100 oder 200 Menschen, die um 1380 auf der Südinsel landeten, um bis etwa 1500 alle Moas endgültig ausgerottet zu haben.

Diese Berechnungen werden durch die «Abfallhaufen» früher Maorisiedlungen bestätigt: In den ersten Jahrzehnten finden sich Moagebeine und -eierschalen zuhauf, doch ganz abrupt, innerhalb weniger Jahre, gibt es keine Moaknochen mehr im Müll, dafür immer mehr Fischgräten. Die Maoris mussten regelrechte Schlachtfeste unter den riesigen Vögeln veranstaltet, nur das Beste gegessen und gleichzeitig die Eier aus den Nestern gestohlen haben. Dieser Raubbau versetzte allen Moaarten rasch den Todesstoß: Sie konnten sich nicht schnell genug vermehren, weil sie sich nur äußerst langsam fortpflanzten und wahrscheinlich erst mit dem achten Lebensjahr geschlechtsreif wurden. Dann bebrüteten sie ein einziges, dafür aber umso gewaltigeres Ei. Mit dieser Strategie waren die Vögel seit vielen Jahrmillionen extrem erfolgreich und überstanden große Klimaänderungen – nicht jedoch den *Homo sapiens*.

Das plötzliche Wegbleiben der großen Vögel kurz nach der Ankunft der ersten Menschen auf Neuseeland könnte erklären, weshalb es fast keine Überlieferungen, keine Sagen der Maoris gibt, in denen Moas vorkommen: Sie hatten einfach keine Zeit, die Vögel in ihre Kultur einzubauen – auch für die Maoris waren die Moas wohl überraschend plötzlich verschwunden.

Viele andere, längst ausgerottete Arten hingegen haben einen festen Platz im Legendenschatz der Ureinwohner – auch der Riesenadler *Harpagornis,* der als «Pooakai» bekannt und gefürchtet war, weil er Männer, Frauen und Kinder erbeutete und sie in seinen Horst trug. Holdaway hält es durchaus für möglich, dass der gewaltige Greif Menschen angegriffen haben könnte, nachdem seine Hauptbeute – der Moa – ausgerottet war. Wahrscheinlich lebten einst 4000 Brutpaare des Adlers auf den Inseln, die letzten wohl noch im neunzehnten Jahrhundert.

Die Moas indes sind lange verschwunden – endgültig und unwiederbringlich, so das Fazit der beiden Wissenschaftler. Erst später entwickelten die Maoris eine «nachhaltige Kultur» mit Traditionen, die das eigene Überleben sicherten, indem sie die Naturschätze nicht unmäßig ausbeuteten – eine «Jagdethik», nach der zur Fortpflanzungszeit nicht gejagt werden durfte und Jungvögel geschont wurden. Bis dahin allerdings waren 35 der 111 Vo-

Laufvögel mit Zottelpelz: Die Federn von Moas und Kiwis bilden keine breiten «Fahnen» aus, die das Fliegen ermöglichen, sondern hängen struppig herab.

gelarten Neuseelands ausgerottet. Die Europäer und ihre mitgebrachten Haustiere vernichteten acht weitere Vogelspezies, 13 Arten sind heute aufs höchste bedroht.

Was aber ist nun mit den Moas vom Harper River, die unabhängig voneinander von Paddy Freaney und seinen Wandergenossen und den beiden unbekannten deutschen Touristen gesehen wurden? In Neuseeland sorgten die Sichtungen für einige Aufregung. Das verwackelte Bild des flüchtenden Moas, das Freaney geschossen hatte, überzeugte wenig: Kritiker meinten, die Aufnahme zeige nur einen der vielen Rothirsche. Die Fotos der Moaspuren waren ebenfalls nicht eindeutig. Dennoch wurde die Naturschutzbehörde nach den Sichtungen öffentlich heftig kritisiert, weil sie nicht sofort Nachforschungen im betreffenden Gebiet eingeleitet hatte.

Bald aber wurde bekannt, dass Freaney ein ausgesprochener Scherzbold ist, der einige Monate vor der Moasichtung einem Bekannten andeutete, demnächst etwas Besonderes zu planen. Zudem war er auch Besitzer des Bealey-Hotels ganz in der Nähe des Sichtungsortes. Und damit profitierte er durchaus von der Medienpräsenz, die dieser Ort durch den vermeintlichen Moa erhielt.

Nur – was ist mit den beiden Deutschen, die einen solchen Vogel Monate zuvor erblickt haben wollen? Bis heute konnte kein deutscher Tourist ausfindig gemacht werden, der einen Moa gesichtet hat – und das, obwohl sogar die deutsche Nachrichtenagentur DPA über diesen Vorfall berichtete. Per Serienbrief wurde nach den Touristen gesucht – vergeblich. Nachforschungen ergaben schließlich, dass zu jener Zeit wirklich ein Deutscher namens Holger Umbreit in dieser Gegend unterwegs war – doch einen Moa hat er nicht gesehen. Könnte es nicht sein, dass auch der Eintrag im Hüttenbuch aus einem ausgeklügelten Drehbuch stammt, das Paddy Freaney als PR-Aktion für sein Hotel ausgearbeitet hatte?

12. Der große Stinker vom Amazonas

In den Regenwäldern Südamerikas haust ein riesiges Tier, einäugig und mit rotem Fell, so erzählen es verschiedene Indianerstämme. Sie nennen es Mapinguari, Pelobo oder Samaumeira. Berichte über dieses Tier kommen aus dem gesamten Amazonasgebiet. Das Vieh hat das Maul auf seinem Bauch, seinen Opfern beißt es die Köpfe ab, und Eindringlinge vertreibt es mit einer Wolke giftiger, stinkender Gase – zumindest nach den Legenden der Indianer.

Der amerikanische Biologe David Oren will das Rätsel um dieses Fabelwesen lüften. Erstmals berichteten ihm 1985 Goldschürfer von dieser Schrecken erregenden Kreatur – zwei Meter groß, bestimmt 600 Pfund schwer. Mittlerweile hat Oren über 100 Berichte von Augenzeugen gesammelt, die den Mapinguari gesehen haben wollen.

So wie der Kautschukzapfer, der gerade auf der Jagd war. Hinter sich hörte er menschenähnliches Geschrei, drehte sich um – ein wütendes Tier stand erregt auf seinen Hinterbeinen. Der Mann schoss und tötete das riesige Wesen. Der überwältigende Gestank benebelte ihn derart, dass er stundenlang umherirrte. Als er doch noch zum Kadaver zurückfand, schnitt er einen Vorderfuß ab und nahm den mit zu seinem Bruder. Doch roch auch diese Tatze so bestialisch, dass er sie in den Wald zurückwarf. David Oren glaubt zu wissen, was diese mysteriösen Stinker sein könnten: Riesenfaultiere, die auf dem Boden leben. Der Haken dabei: Sie sollen seit Jahrtausenden ausgestorben sein.

Am subtropischen Rand der ecuadorianischen Anden, dort, wo das Gebirge ins Amazonasbecken übergeht, hatte ein *huaquero* aus Quito, ein Grabräuber, eine verwirrende Begegnung: Aus einer Höhle trat ein großes Tier heraus, das er noch nie zuvor gesehen hatte, etwa drei Meter lang, mit zotteligem Fell und einer recht großen Nase. Der Mann erschrak zutiefst: «Das Monster kam direkt auf mich zu, immer weiter. Ich flehte die Jungfrau um Hilfe an, sie solle mir beistehen, dass mir das Tier nichts tut.» Das aber stellte sich bloß auf seine Hinterbeine und begann, genüsslich die Vegetation ringsum zu verspeisen. Später besuchte der *huaquero* die Höhle nochmals, das unbekannte Tier aber blieb verschwunden.

«Das Zusammentreffen hat den Mann anscheinend sehr verstört und beschäftigt», sagt Richard Greenwell von der International Society of Cryptozoology. «Sonst hätte er sich wohl nicht die Mühe gemacht, unsere Adresse herauszufinden und von dieser Begegnung zu berichten.» Greenwell hält die Beschreibung des Grabräubers für verlässlich, denn das Leben des Mannes, der – sozusagen im Nebenberuf – Stierkämpfer ist, hängt immer wieder davon ab, dass er die Größe eines Tieres und die Entfernung zu ihm richtig einzuschätzen vermag. Nach Greenwells Vermutung könnte das mysteriöse Wesen, das der *huaquero* aus der Andenhöhle kommen sah, ein bodenlebendes Riesenfaultier gewesen sein.

Bis vor 10000 Jahren, vielleicht sogar noch ein wenig länger, waren in Südamerika mehrere Arten dieser großen Geschöpfe heimisch. Das größte von ihnen, das *Megatherium,* war bis zu sechs Meter lang – so groß wie ein Elefant. Es bewohnte trockene Waldstep-

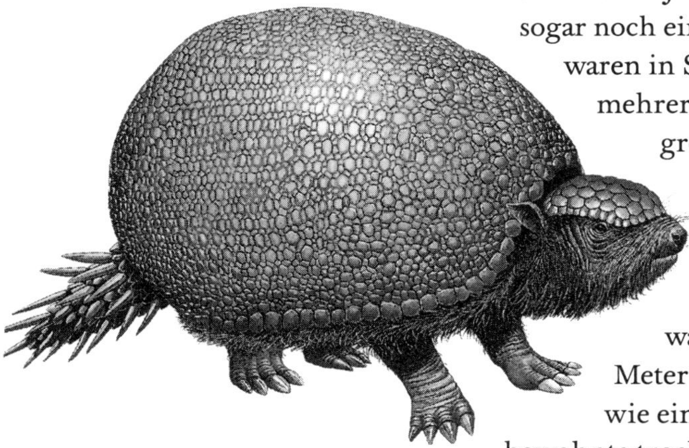

Auch gewaltige Rüstungen verhinderten nicht das Aussterben des Riesengürteltiers *Glyptodon*. Die Panzer konnten eine Größe von 2 × 1,5 Meter erreichen und einen Meter hoch werden.

pen und fraß Blätter, Gräser und krautige Wermutgewächse. Die gewaltigen Tiere kletterten nicht durch die Bäume wie heutige Zwei- und Dreifingerfaultiere, sondern richteten sich wie Bären auf die Hinterbeine und rissen mit den krallenbewehrten Vorderpfoten Laub und Zweige aus den Bäumen. Zahllose kleine Knochenplatten in der Haut schützten die Tiere vor Angriffen durch Feinde.

Andere Riesenfaultierarten waren kleiner – wie ein Nashorn, ein Bär oder ein Hund. Sie alle gehörten zur untergegangenen Megafauna Südamerikas, die Geschöpfe hervorgebracht hat, die heute unheimlich fremd anmuten. Vor etwa 90 Millionen Jahren hatte sich die Landmasse vom Ursüdkontinent Gondwana abgetrennt, und die damals schon vorhandenen frühen Säugerspezies entwickelten sich hier isoliert zu eigenständigen Formen weiter: zum nashorngroßen *Toxodon* mit seltsamen Höckern auf dem Schädel, zur raubkatzenartigen Beutelkatze *Thylacosmilus* oder zur zusammengepuzzelt wirkenden *Macrauchenia*, einem kamelgroßen Pflanzenfresser mit Giraffenhals und einem Rüssel wie ein Tapir. Aus den ersten Primaten entstanden die südamerikanischen Affen – vom Klammeraffen bis zum Krallenäffchen; hier entwickelten sich die eigentümlichen Nebengelenktiere – Gürteltiere, Faultiere und Ameisenbären, benannt nach den zusätzlichen Gelenken an der Wirbelsäule, die andere Säuger nicht besitzen. Auch unter den Gürteltieren gab es Riesen – das *Glyptodon* etwa, ein gewaltiges Panzertier, um die zwei Tonnen schwer und mit einem hohen Rückenschild, gewölbt wie eine Halbkugel. Manche Arten besaßen Schwänze, die an mittelalterliche Morgensterne erinnern: am Ende mit einem kugelartigen Fortsatz voller spitzer, schlimmer Stacheln, die sie gegen Feinde einsetzten, aber wohl auch bei Kämpfen untereinander.

Als sich vor etwa drei Millionen Jahren eine Landverbindung zwischen Nord- und Südamerika bildete, vermischten sich die beiden unterschiedlichen Faunen. Aus dem Norden wanderten Huftiere, Katzen, Bären und Wildhunde in den Süden ein. Die «nördlichen» Arten waren «fortschrittlicher» und verdrängten einen großen Teil der Tierwelt im Süden, denn viele Spezies waren dort der «moderneren» Konkurrenz nicht gewachsen. Sie starben aus. Nur wenige Arten – darunter Gürteltiere, Riesenfaultiere und Opossums – wanderten in die umgekehrte Richtung und konnten im Norden bestehen. Das Spektrum der südamerikanischen Säuger besteht noch heute rund zur Hälfte aus nördlichen Einwanderern wie Puma und Jaguar, zur anderen Hälfte aus alteingesessenen Formen wie Tapir, den Neuweltaffen und dem Faultier.

Gemeinsam mit den Neusiedlern waren Riesenfaultier und Riesengürteltier Zeitgenossen der ersten Menschen, die vor mehr als 10 000 Jahren Südamerika besiedelten. Das beweisen nicht zuletzt Felszeichnungen, die *Glyptodon* und *Mylodon* – eine andere Spezies riesenhafter Faultiere – zeigen. Bald nachdem der *Homo sapiens* den amerikanischen Kontinent betrat – vor schätzungsweise 12 000 bis 15 000 Jahren –, starben schlagartig fast alle Großtiere aus, im Norden wie im Süden: Mammuts und Mastodonten, eine andere Elefantenart, Säbelzahntiger, gewaltige Mähnenlöwen und Geparden, Kamel- und Pferdearten, Riesenbiber und auch die großen Faultiere und Gürteltiere. Sie alle verschwanden in einem – erdgeschichtlich gesehen – kurzen Augenblick.

Ähnliches geschah überall, wo der anatomisch moderne Mensch auftrat – zu prähistorischen Zeiten in Australien genauso wie in Amerika und noch in den vergangenen Jahrhunderten auf Inseln wie Madagaskar oder Neuseeland. Paul S. Martin von der University of Arizona erklärte in den siebziger Jahren das Massensterben mit einem «Blitzkrieg», der mehrere Jahrhunderte dauerte: Die unbedarften Arten waren dem Räuber Mensch nicht gewachsen; sie hatten die harmlos wirkenden Zweibeiner bislang nicht gekannt und noch keine Furcht vor ihnen entwickeln können. Für die prähistorischen, erfahrenen Jäger mit ihrer bereits weit entwickelten Waffentechnologie waren sie daher eine äußerst leichte Beute. Die Menschen lebten im Überfluss, so Martin, gingen verschwenderisch mit dem Reichtum um und breiteten sich schnell auf den neuen Landmassen aus – die großen Tiere verschwanden auf allen Kontinenten, sobald *Homo sapiens* auftauchte. Mit einer Ausnahme: Nur in Afrika blieb nahezu die gesamte Großtierfauna bis in die Neuzeit erhalten, denn hier hatten sich Mensch und Tierwelt über Jahrmillionen gemeinsam entwickelt; die Tiere hatten gelernt, auf die Waffen tragenden Wesen zu achten und vorsichtig zu sein.

Martins These allerdings ist umstritten: «Wie sollen einige tausend frühe Indianer mit spitzen Lanzen innerhalb von ein paar hundert Jahren auf einem riesigen Kontinent fast alle großen Tieren vernichten können – und dabei 135 Arten ausrotten?», so kritisiert Ross MacPhee vom American Museum of Natural History die Idee vom «Blitzkrieg». Nach seiner Ansicht könnten Krankheitserreger, die mit dem Menschen und den ihn begleitenden Tieren – Hunden oder Ratten – auf die neuen Kontinente kamen, mit dazu beigetragen haben, so viele Spezies in kurzer Zeit auszulöschen. Auch hierfür gibt es Beispiele aus der Geschichte – in unserer eigenen Art: Als die Spanier unbekannte Krankheiten nach Amerika einschleppten, rotteten sie so ungewollt viele Indianervölker aus, deren Immunsystem gegen die neuen Krankheiten nicht gewappnet war. Nach Ansicht anderer Wissenschaftler ist dagegen der Klimawechsel am Ende der Eiszeit für das Sterben der Megafaunen verantwortlich. Es wurde wärmer, Wälder und Grassteppen verschoben sich rasch nach Norden, der Lebensraum vieler kälteliebender Arten schwand. Was nun letztlich das weltweite Massensterben am Ende des Pleistozäns bewirkte, ist bis heute unklar.

Im Februar 1885 fand der deutsche Auswanderer Herman Eberhard in einer Höhle im Süden Patagoniens an der Bucht

Ultima Esperanza, der Bucht der letzten Hoffnung, ein großes Stück recht frisch aussehender, dicker, ledriger Haut. Die Fellseite war mit langen, rötlichen Borsten besetzt, an der Innenseite waren Knochenstücke angelagert. Später zeigte sich, dass dieses Fell einem Riesenfaultier, einem *Mylodon*, gehört hatte. Wann das Tier gelebt hatte, war nicht eindeutig: Die Überreste konnten sehr alt sein, doch auch von einem in jüngster Zeit gestorbenen Tier stammen. In den folgenden Jahren wurden hier weitere Knochen von Mylodonten gefunden – und eine etwa meterdicke Schicht vorzüglich erhaltenen Faultierkots, bestehend aus Blättern und Gras. Im hinteren Teil der Höhle stand eine Steinmauer, die ganz offensichtlich von frühen menschlichen Bewohnern Patagoniens errichtet worden war. Einige Forscher hielten die Höhle nun für einen Urzeitstall, in dem die riesigen Tiere wie Haustiere gehalten und gemästet worden seien. Später jedoch wurde diese Ansicht korrigiert, und man sah in der Höhle eine Falle für die großen Tiere.

Immer wieder gingen nun Gerüchte um, in der weiten Pampa Patagoniens könnten Riesenfaultiere überlebt haben. Schon lange berichteten patagonische Einheimische, dass in unterirdischen Höhlen ein ochsengroßes Tier mit Knochenpanzer unterm Fell wie ein Maulwurf lebe. Ein Forschungsreisender glaubte, «aufrecht gehende Bären mit menschenähnlichen Gesichtern» gesehen zu haben. Kotballen von

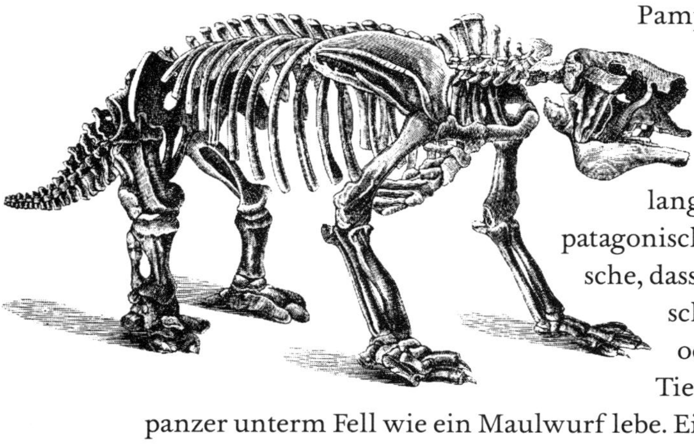

Skelett des Riesenfaultieres *Megatherium* aus der südamerikanischen Pampa.

Riesenfaultieren wurden gefunden, die so frisch schienen, dass die Reste halb verdauter Korb- und Kreuzblütler zu erkennen waren. Und der argentinische Staatssekretär Ramon Lista wollte ein riesiges «Schuppentier» – vielleicht ein überlebendes *Glyptodon* – mehrfach beschossen haben, doch das Tier verschwand unbeeindruckt vom Kugelhagel im Busch. Vielleicht hatten diese Urzeittiere also doch überlebt? Mehrere Expeditionen wurden ausgerüstet; auch der englische «Daily Express» schickte einen Suchtrupp in den Busch, um verbliebene Riesenfaultiere aufzuspüren – vergebens.

Inzwischen wurden die Überreste der Mylodonten aus der Bucht der letzten Hoffnung mittels der Radiocarbonmethode datiert: Der Faultierdung wurde auf ein Alter von etwa 10 000 Jahren geschätzt, die Haut soll demnach etwa 5000 Jahre alt sein. Es scheint so, als seien die Riesenfaultiere wirklich ausgestorben – zumindest in der südamerikanischen Pampa.

«Sie haben doch überlebt», war David Orens erster Gedanke, als er 1985 vom Mapinguari hörte. Während andere in der mysteriösen Kreatur einen unbekannten Primaten sehen wollten, erkannte der amerikanische Biologe – Absolvent der Elite-Universitäten Harvard und Yale und Naturforscher am Emilio-Goeldi-Museum im brasilianischen Belem – im riesigen Stinker vom Amazonas sogleich ein überlebendes Riesenfaultier. Schon Bernard Heuvelmans, der «Vater der Kryptozoologie», hatte vermutet, dass Überlebende dieser Tiergruppe heute wohl kaum noch in der offenen Pampa zu finden seien, sonst wären sie längst entdeckt. Wenn irgendwo noch gigantische Faultiere existierten, dann nur in der wenig erforschten grünen Hölle Amazoniens.

Doch der Riese, den Oren sucht, ist kleiner als die gewaltigen prähistorischen Megatherien oder Mylodonten: Seiner Schätzung nach wird der Mapinguari «nur» zwei bis drei Meter lang, bis zu 300 Kilogramm schwer – und hätte damit immer noch die Größe eines Grizzlybären. Aufgerichtet auf die Hinterbeine, wäre es für ein solches Tier ein Leichtes, mit seinen starken Klauen Palmenstämme aufzubrechen, um an seine Leibspeise – Palmenherzen – zu gelangen. Die Indianer berichten, der Mapinguari habe eine extrem dicke, zähe Haut. Ein Hinweis auf eingelagerte Knochenplättchen? Auch für das «Maul auf dem Bauch» hat Oren eine Erklärung: Es könnte sich dabei um eine große Drüse handeln, die übel riechende, abschreckende Gase ausstößt.

Nach allem, was er über das unbekannte Wesen gehört hat, glaubt Oren: «Es wäre unverantwortlich für einen Wissenschaftler, all diesen Hinweisen und Spuren nicht zu folgen.» Viele seiner Kollegen aber sind skeptisch: «Ich bezweifle, dass solche Tiere noch existieren», sagt der Paläontologe Malcolm McKenna vom American Museum of Natural History in New York, «auch wenn ich mich sehr darüber freuen würde.» Und Paul S. Martin, der Begründer der «Blitzkrieg-Theorie», meint spöttisch: «Wenn dieses Faultier wirklich noch lebt, dann esse ich von seinem Kot.»

Prähistorische Riesenfaultiere stellten sich zum Fressen auf ihre Hinterbeine – wie es auch der Mapinguari tun soll.

Unbeeindruckt von solchen Stimmen, machte sich David Oren im März 1994 auf die Suche nach dem riesenhaften «Stinktier». In dieser Jahreszeit, so die Einheimischen, steige der Mapinguari aus den Vorbergen der Anden ins Amazonasbecken herab. Ausgestattet mit Gasmasken und Betäubungsgewehren und unterstützt von einer zehnköpfigen Indianertruppe, durchstreifte Oren über einen Monat lang den Urwald im brasilianischen Bundesstaat Acre, nahe der peruanischen Grenze. Mittlerweile hat er sechs Expeditionen unternommen, um nach dem unbekannten Mapinguari zu fahnden – über vier Monate war er ihm im Dschungel auf der Spur.

Seine Ausbeute bislang: ein Büschel roter Haare, das sich später als Fell von Agutis, hasengroßen Urwaldnagern, herausstellte, und 22 Pfund Kot unbekannter Herkunft, in dem leider keine Erbsubstanz nachweisbar war, die Auskunft über den Ursprung geben könnte. Oren goss die Abdrücke großer Fußspuren eines unbekannten Wesens in Gips ab, doch damit – das weiß der Wissenschaftler selbst – kann er natürlich die Existenz des Mapinguaris nicht beweisen. Zu leicht sind solche Fährten zu fälschen.

Dennoch bleibt er überzeugt, dass es dieses Wesen gibt: Mit einer Videokamera filmte er Palmenstämme, die das starke Tier aufgerissen haben soll, und er nahm das minutenlange, donnernde Röhren des Urwaldmonsters auf. «Dieses Geräusch ist absolut erschreckend. Wer es hört, möchte auf der Stelle umdrehen und wegrennen.» Doch bislang ist es dem Mapinguari – jenem unbekannten, aber durch seine speziellen Ausdünstungen gut zu riechenden, im Falle seiner Existenz sogar größten Säugetiers Südamerikas – gelungen, sich immer wieder vor seiner offiziellen wissenschaftlichen Entdeckung in der «grünen Hölle» Amazoniens zu verdrücken. Er blieb unsichtbar.

13. Kröten vom Ballermann

Es war im April 1980 in der Bar des Hotels Acapulco in El Arenal auf Mallorca, gar nicht weit vom heute so berühmt-berüchtigten «Ballermann 6» entfernt, als der Mainzer Zoologe Helmut Hemmer den mallorquinischen Naturschützer Joan Mayol eindringlich beschwor: «Ihr *müsst* nach dieser Kröte suchen, unbedingt. Es gibt sie noch.» Der deutsche Wissenschaftler war fest davon überzeugt, dass selbst im dicht besiedelten Europa, wo jeder Stein bereits mehrfach umgedreht scheint, noch Entdeckungen gemacht werden konnten, die kaum einer für möglich hielt – wenn auch kleinerer Art.

Hemmer war eigentlich auf der Balearen-Insel, um Wechselkröten zu studieren; doch bei den vorbereitenden Literaturstudien zur Exkursion war er sich zunehmend sicherer geworden, dass die beliebte Ferieninsel noch ein zoologisches Geheimnis bergen könnte. Erst 1977 waren hier die spanischen Wissenschaftler Sanchiz und Adrover auf fossile Knochen eines bislang unbekannten Lurchs gestoßen, der an Geburtshelferkröten erinnerte, aber deutlich anders aussah. Die Forscher glaubten daher, nicht nur eine Art, sondern eine bislang unbekannte Gattung gefunden zu haben und tauften das Amphibium *Baleaphryne muletensis*. Das Krötengebein entdeckten sie im Fundmaterial bronzezeitlicher Kulturen – die kleinen Knochen waren schon einige tausend Jahre alt, der Lurch gehörte zur ganz eigenen Fauna Mallorcas. Denn damals beherbergte das Eiland, wie viele andere Mittelmeerinseln auch, eine ganz spezielle inseltypische Fauna, die häufig bald nach der ersten Besiedlung durch Menschen ausgerottet war. So lebte hier – neben einer großen Ratte und einer besonderen Spitzmaus – auch ein ziegenartiges Wesen – *Myotragus balearicus*. Dieses kaum 50 Zentimeter große Huftier war von den ersten menschlichen Bewohnern vielleicht sogar als Haustier gehalten worden; darauf deuten zumindest einige Schädel hin, deren Hörner deutlich abgefeilt sind. Vor etwa 5000 Jahren war dieses Tier ausgestorben – es wäre damit die erste Art, die nach ihrer Haustierwerdung von der Erde verschwunden ist. Auch die kleine Kröte *Baleaphryne* wurde zunächst als Teil dieser untergegangenen Tierwelt angesehen.

Bei seinen Literaturstudien hatte Hemmer aber gelesen, dass um 1900 herum Kaulquappen von Geburtshelferkröten auf Mallorca gefunden und beschrieben worden waren, nie jedoch ausgewachsene Kröten. «Ich gehe davon aus, dass *Baleaphryne* noch lebt», das machte Hemmer an jenem Abend Mayol immer wieder klar. «Sie *müssen* einfach nach dem Tier suchen.» Weil zuvor schon die Entdecker der fossilen Knochen eine solche Vermutung geäußert hatten, gab Mayol diesen nun äußerst begründeten Verdacht an alle engagierten Naturfreunde auf der Insel weiter.

Mit Erfolg, denn schon einige Wochen später war die erste Kröte gefunden. Das Exemplar lag – von niemandem beachtet – schon seit Jahren in Alkohol, bis sich nun seine wahre Identität zeigte: Es war wirklich jenes nur ein paar Zentimeter große Krötchen, das Hemmer erwartet hatte. Und noch ein paar Monate später wurden die ersten lebenden Tiere aufgespürt – und sogleich war klar, weshalb der kleine Lurch im dicht besiedelten Mallorca so lange verborgen bleiben konnte. Das Amphibium nämlich lebt abgeschieden in den tiefen Schluchten der Kalksteinberge der Sierra Tramuntana im Norden der Insel, entlang temporärer Pfützen an Wasserfällen.

Wie alle Geburtshelferkröten – die mitteleuropäische Art *Alytes obstetricans* und die spanische *Alytes cisternasii* – besitzt auch die neue Spezies ein außergewöhnliches, ausgesprochen «emanzipiertes» Fortpflanzungsverhalten: denn nach der Eiablage kümmert sich der Kröterich um den Nachwuchs. Die Eier treten in langen, gallertigen Schnüren aus dem Weibchen aus, werden besamt, und sogleich wickelt sich der männliche Lurch die Laichschnüre um die Hinterbeine. Von einer gummiartig elastischen Substanz umgeben, werden die Eier zusammengehalten und sind so vor dem Austrocknen geschützt. Erst wenn die Kaulquappen schlupfreif sind, trägt das Männchen sie zum Wasser, setzt sich mit seinem Hinterteil und den anhängenden Eischnüren ins Nasse und überlässt die Quappen zur weiteren Entwicklung sich selbst. Seine Aufgabe als «Geburtshelfer» ist damit erfüllt.

Schon kurz nach der Entdeckung erhielt Hemmer einige Quappen des neuen Lurchs und beobachtete erstmals die Metamorphose zum kleinen Krötchen. «Die Larven sehen deutlich anders aus als bei unseren einheimischen Geburtshelferkröten, die eher in Pfützen leben. Denn die mallorquinischen Quappen sind an strömendes Wasser angepasst.» Auch nach der Verwandlung verhielten sich die Mallorca-Geburtshelferkröten anders: Äußerst lebhaft sprangen sie im Terrarium herum und kletterten behände umher, mehr wie ein Laubfrosch, weniger wie bodenlebende Kröten. «Aber das ist keine Überraschung, bedenkt man, wo die Tiere leben – in tiefen Schluchten nämlich», sagt Hemmer. Trotz deutlicher Unterschiede wird die Mallorca-Geburtshelferkröte heute ebenfalls zur Gattung *Alytes* gezählt, der Name *Baleaphryne* wird als Untergattung weitergeführt. Manchmal sind solche Namensüberlegungen einfach nur noch Geschmacksfragen.

Noch vor 2000 Jahren war die mallorquinische Kröte in vielen ähnlich gestalteten Regionen der Insel beheimatet, doch eingeführte Reptilien und Amphibien – vor allem Ringelnattern und Grünfrösche – haben sie aus ihren angestammten Lebensräumen zunehmend verdrängt. Schon bei der Entdeckung war der neue Lurch bedroht; die abgelegenen Schluchten waren sein letztes Rückzugsgebiet. Zu Beginn der achtziger Jahre lebten vielleicht 1000 bis 1500 Krö-

Emanzipierte Lurche: Die männliche Geburtshelferkröte wickelt sich bis zum Schlupf der Kaulquappen die Eischnüre um die Hinterbeine.

ten, in der zweiten Hälfte der achtziger Jahre wurde ihr Bestand auf nur noch 280 bis 730 erwachsene Tiere geschätzt.

Daher wurden 1985 einige Kröten und Quappen auf die englische Kanalinsel Jersey gebracht, wo der weltweit anerkannte Jersey Wildlife Preservation Trust – heute nach seinem Gründer Gerald Durrell Preservation Trust genannt – einen der besten Zoos der Welt unterhält. Auch die Stuttgarter Wilhelma erhielt einige Exemplare. Auf Jersey wurden die Kröten drei Jahre später erstmals gezüchtet, die ersten Kaulquappen 1989 an geeignet scheinenden Plätzen Mallorcas wieder ausgesetzt. Bis 1994 waren etwa 13 Vorkommen mit ungefähr 3000 Kröten auf der Insel bekannt, die allerdings kaum miteinander in Verbindung stehen, sodass der aus genetischen Gründen wichtige Austausch unterbleibt und auf Dauer Inzucht droht. Daher wird *Alytes muletensis* von der International Union for the Conservation of Nature

(IUCN) auch als «besonders gefährdet» eingestuft. Dennoch steht es um den kleinen Lurch nicht schlecht. Innerhalb weniger Jahre wurde die bislang unbekannte Kröte zu einer der am besten untersuchten Amphibien Europas.

Was in Europa Erstaunen auslöste, geschieht in anderen Teilen der Welt durchaus häufiger. Gerade bei urwaldlebenden Fröschen werden andauernd neue Arten entdeckt: In der amerikanischen Familie der Pfeilgiftfrösche etwa kamen in den vergangenen Jahrzehnten viele poppig bunte Arten dazu, darunter der giftigste Frosch der Welt, der drei bis vier Zentimeter große, gelbe *Phyllobates terribilis.* Das Gift einer weiteren, nahe verwandten Art – *Epipedobates tricolor* – erwies sich in Versuchen als hervorragendes Schmerzmittel – 200-mal wirksamer als Morphium. Gerade die Pfeilgiftfrösche weisen zudem ein hochkomplexes, interessantes, fast wundersames Brutpflegeverhalten auf. Manche Arten legen ihre Eier an besonders geschützten Stellen an Land ab, bewässern das Gelege regelmäßig, schleppen nach dem Schlupf die Kaulquappen auf dem Rücken in spezielle «Aquarien» – Blattachseln von Bromelien, in denen sich Regenwasser ansammelt – und füttern dort die Quappen mit eigens produzierten Bruteiern, bis kleine, bunte Fröschlein aus den Blättern heraushüpfen.

Auf Kuba wurde 1997 einer der winzigsten Frösche der Welt entdeckt: *Eleutherodactylus iberia* wird gerade einen Zentimeter lang. Der Minilurch legt nur ein einziges Ei, aus dem am Ende der Entwicklung ein noch winzigeres, bereits voll ausgebildetes Fröschlein krabbelt. Aus der gleichen Gattung fand man im selben Jahr einen fast gänzlich weißen, beinahe geisterartig wirkenden Frosch, der *Eleutherodactylus phasma* getauft wurde und aus Costa Rica stammt.

Doch all das kann nicht darüber hinwegtäuschen, dass es um die Frösche immer schlechter bestellt ist. Von überall her kommen Hiobsbotschaften, manchmal verschwinden ganze Arten innerhalb eines Jahres. Wo einst laute Quakkonzerte erschollen, bleibt es heute still – das Schweigen der Frösche hat vielerorts begonnen. Gerade aus Costa Rica kam eines der ersten, deutlichen Warnzeichen: 1987 wurden während der Paarungszeit noch 1500 Exemplare der orange leuchtenden Goldkröte *Bufo periglenes* gezählt; 1988 sind keine mehr aufgetaucht. Seit 1990 gelten die schönen Tiere als ausgestorben, verschollen sind 19 weitere Lurche aus der Region, darunter der hübsche Harlekinfrosch *Atelopus varius*.

In den vergangenen Jahren häuften sich in den Vereinigten Staaten Meldungen über missgebildete Amphibien – Frösche mit fehlenden oder verdoppelten Gliedmaßen etwa. Erstmals hatten Schulkinder 1995 während einer Exkursion auffällig viele verkrüppelte Leopardenfrösche gefunden – mittlerweile kommen ähnliche Meldungen aus vielen Teilen der USA. In Jamestown wurde eigens ein Zentrum eingerichtet, dem solche Missbildungen gemeldet werden.

Weshalb die Lurche in dicht besiedelten, industrialisierten Regionen stark abnehmen, ist noch leicht zu erklären: Die Lebensräume werden knapper, weil Feuchtgebiete trocken gelegt werden. Die drüsenreiche, poröse Haut der Amphibien ermöglicht nicht nur den Gasaustausch, sodass viele Arten ihren Sauerstoffbedarf auch durch Atmung über die Körperhülle decken; zugleich passieren auch viele Umweltchemikalien die «dünne Haut» der Frösche leichter als die anderer Arten. Doch weshalb trifft das große Amphibiensterben auch Gebiete abseits der Zivilisation? Warum verschwinden auch in der Wildnis, in Schutzgebieten die Amphibien?

Vielleicht schädigt die dünner werdende Ozonschicht der Atmosphäre die Lurche. Immer mehr ultraviolette Strahlung dringt auf den Erdboden durch und kann das Erbgut schädigen; gerade Amphibien, die in höheren Lagen leben, wo die UV-Belastung ebenfalls größer ist, sind von dem mysteriösen Sterben betroffen. Der amerikanische Zoologe Andrew Blaustein deckte einige Laichplätze mehrerer Lurcharten mit UVundurchlässiger Folie ab. Bei einigen Arten starben daraufhin deutlich weniger Embryonen in den Eiern als bei Laichballen, die dem vollen Sonnenlicht zugänglich waren.

Doch auch andere Möglichkeiten werden diskutiert: Ein Virus könnte das globale Froschsterben ausgelöst haben. Auch ein Pilz wird verdächtigt, manche Amphibienvorkommen auszulöschen. Und was besonders tragisch ist: Es scheint sogar so, dass solche Krankheitserreger gerade von Wissenschaftlern um die Erde verteilt werden, die das Rätsel um das Massensterben aufklären wollen. Auch bislang nicht befallene, isoliert liegende Vorkommen würden dann natürlich infiziert. Es ist durchaus denkbar, dass die UV-Strahlung das Immunsystem der Frösche so geschwächt hat, dass ein Hautpilz nun verheerender wüten kann. Jüngst gab es Anzeichen dafür, dass ein Parasit – ein Plattwurm namens *Ribeiroia* – verantwortlich für viele Missbildungen an Amphibienbeinen ist.

Die große Zeit der Amphibien war vor etwa 350 Millionen Jahren, als sie als erste Wirbeltiere das Land eroberten. Doch wenn der Erde die Frösche ausgingen, würde das auch heute weit reichende Konsequenzen haben, denn letztlich sind es oft Amphibien, die in vielen Regionen lästige Insekten in Schach halten. Seit etwa in Bangladesch Millionen von Fröschen für französische und amerikanische Gourmets abgeschlachtet wurden, hat sich dort die Stechmücke *Anopheles* wieder weit verbreitet – die Überträgerin der Malaria.

Besonders drastisch ist der Rückgang der Lurche in Australien. Innerhalb der letzten Jahre schrumpften die Bestände von mindestens 57 der 194 bekannten Amphibienarten enorm, sieben Spezies sind völlig verschwunden – darunter auch jene Frösche, die wohl zu den eigentümlichsten und skurrilsten Amphibien dieser Welt überhaupt gehörten. Erst 1973 entdeckte Michael Tyler, ein Spezialist für Lurche von der Universität Adelaide in einem Bergbach im südöstlichen Queensland einen unbekannten Lurch. Das Amphibium war

Der Frosch im Frosch: Beim australischen Lurch *Rheobatrachus* wachsen die Jungen im Magen der Mutter heran.

schon allein deshalb etwas Besonderes, weil *Rheobatrachus silus*, so nannte Tyler die neue Art, der einzige Frosch Australiens war, der sein ganzes Leben im Wasser verbringt.

Doch das eigentlich Erstaunliche geschah am 23. November 1973, nur wenige Monate nach der Entdeckung, als einer der Frösche in Tylers Aquarien sein Maul öffnete – und ein paar voll entwickelte Jungfrösche herauskrabbelten. Bald kamen die Wissenschaftler hinter das Geheimnis des kleinen Lurchs: Nach der Eiablage verschlangen die Weibchen ihr Gelege und «brüteten» es im Magen aus. Auch nach dem Schlupf blieben die Kaulquappen dort, bis sie sich zu fertigen Fröschlein verwandelt hatten. Zu futtern bekamen sie im Muttermagen nichts, sondern zehrten während ihrer ganzen Jugendentwicklung von einem großen Dottersack.

Auch die Froschmutter musste die ganze Zeit über fasten – etwa acht Wochen lang. Das «Magenbrüten» war natürlich eine große Sensation: Weshalb wurden die Kaulquappen nicht im Magen der Mutter verdaut?

Bald fanden die Wissenschaftler heraus, dass die Kaulquappen eine besondere Substanz ausscheiden, ein spezielles Hormon, das die Absonderung von zersetzenden Magensekreten verhindert. Das Verdauungsorgan wurde so zum Brutraum umfunktioniert – eine der wohl ungewöhnlichsten Fortpflanzungsweisen überhaupt. Erste Untersuchungen mit Hormonextrakten, die aus solchen Tieren gewonnen wurden, legten nahe, dass eine solche Substanz bei der Behandlung menschlicher Magengeschwüre äußerst hilfreich sein könnte.

Doch dann geschah, was wohl nur als eine der größten zoologischen Tragödien der vergangenen Jahrzehnte bezeichnet werden kann: Als man 1980 nach weiteren Exemplaren des magenbrütenden Frosches am ursprünglichen Fundort suchte, da gab es dort keine mehr – der magenbrütende Frosch war verschwunden, wo er noch vor einigen Jahren vorkam. Und noch schlimmer: Auch in Gefangenschaft konnte die Art nicht erhalten werden – im November 1983 starb das letzte bekannte Exemplar dieser Art.

Dennoch war verrückterweise das ungewöhnliche Phänomen des Magenbrütens noch nicht endgültig verloren. Nur drei Monate später wurde eine weitere magenbrütende Froschart in Queensland entdeckt – *Rheobatrachus vitellinus*. Das Verbreitungsgebiet dieser Art war ebenfalls sehr begrenzt, weshalb nur wenige Tiere zu Untersuchungszwecken der Natur entnommen wurden. Doch das Schicksal der ersten Art wiederholte sich: Seit 1985 fand man keine weiteren Exemplare mehr in der Natur – und so scheinen jene Frösche mit einer der merkwürdigsten Formen der Brutpflege überhaupt endgültig von der Erde verschwunden zu sein, kurz nachdem sie entdeckt waren.

14. Eine Flitterwochenüberraschung

Der unerwartete Höhepunkt der Flitterwochen wurde in einem Handkarren über den Markt von Manado geschoben, einer Hafenstadt im Norden der indonesischen Insel Sulawesi: ein etwa 1,20 Meter langer Fisch, den so mancher eher hässlich nennen würde. Sein Körper war mit großen, panzerartig wirkenden Schuppen bedeckt; wo andere Fische normale Flossen besitzen, hatte dieses Tier merkwürdig lappenartig geformte Anhängsel. Noch nie hatte Arnaz Mehta Erdmann einen so seltsamen Fisch gesehen; sie machte ihren frisch angetrauten Mann Mark, einen Meeresbiologen, auf das ungewöhnliche Tier aufmerksam. Und dem blieb vor lauter Ehrfurcht der Mund offen stehen.

Denn was dort lag, erkannte Mark Erdmann sofort als große Seltenheit: «Das ist ein Quastenflosser, ein lebendes Fossil.» Es gelang ihm gerade noch, ein paar Fotos von dem Tier zu schießen und den Fischer kurz zu interviewen, dann war der Fisch auch schon verkauft. Der Wissenschaftler wunderte sich, noch nichts davon gehört zu haben, dass Quastenflosser, deren Bauplan sich seit mehreren hundert Millionen Jahren nur wenig verändert hat, nun auch aus Indonesien bekannt waren. Seines Wissens waren sie bislang nur vor den Komoren gefunden worden – einer Inselgruppe, die zwischen dem afrikanischen Kontinent und dem nordwestlichen Madagaskar liegt. Seit sieben Jahren schon arbeitete Erdmann hier in der Region, um den Zustand der Korallenriffe zu erforschen. Wahrscheinlich, so glaubte er, hatte er es einfach nicht mitbekommen, dass nun auch hier Quastenflosser entdeckt worden waren. Er kam überhaupt nicht auf den Gedanken, dass er selber gerade eine wichtige und großartige zoologische Entdeckung gemacht haben könnte, als er hier – mitten in seinen Flitterwochen – aus dem Taxi stieg, um über den Markt von Manado zu schlendern.

Das war im September 1997 gewesen – und schon im Oktober des gleichen Jahres hätte die ganze Welt ihren Blick auf die Neuentdeckung werfen können. Denn Mark Erdmann hatte sich nichts weiter dabei gedacht, als er auf seiner Homepage im Internet neben einigen Hochzeitsfotos und Flitterwochenbildern auch den Schnappschuss vom Quastenflosser zur Schau stellte. Kurz darauf erhielt Erdmann einen Anruf von Eugene Balon, der an der University of Guelph im kanadischen Ontario den urtümlichen Fisch erforschte. Und Balon machte ihm sofort klar, von welcher Bedeutung dieser Fund sein könnte: Niemand hatte bislang vermutet, dass es vor Indonesien Quastenflosser geben könnte – über 9000 Kilometer entfernt von den Komoren, dem bislang einzigen bekannten Verbreitungsgebiet dieser Fische.

«Plötzlich waren wir alle sehr aufgeregt», erinnert sich Mark Erdmann. Doch schon bald schlug die Aufregung in Skepsis um: Konnte das wirklich möglich sein – Quastenflosser vor Indonesien? Leicht hätte Erdmann in Verdacht geraten können, das Ganze inszeniert, gefälscht zu haben. Es war nun wichtig, weitere Beweise dafür zu finden, dass dieser geheimnisvolle Fisch hier auch existierte. Die Smithsonian Institution in Washington und die National Geographic Society unterstützten Erdmann bei der Suche: Sofort wurde eine Nachrichtensperre über die sensationelle Entdeckung verhängt – eine Vorgehensweise, die in der wissenschaftlichen Welt später durchaus kritisiert wurde. Das Bild jenes urtümlichen Fisches, der schon einmal die Wissenschaft – und die ganze Welt – in Staunen versetzt hatte, verschwand jedenfalls schnell wieder aus dem Internet.

Es war zwei Tage vor Weihnachten gewesen, am 22. Dezember 1938, als ein Telefonanruf morgens um 9.45 Uhr die wohl größte zoologische Sensation dieses Jahrhunderts einleitete. «Frau Latimer? Wir haben hier anderthalb Tonnen Fisch für Sie an Bord. Sind Sie daran interessiert?» Marjorie Courtenay-Latimer, die im südafrikanischen East London ein kleines naturhistorisches Museum unterhielt, eilte sofort zum Hafen, um den Männern, die ihre Arbeit immer wieder mit interessanten und kuriosen Fängen unterstützten, zumindest ein frohes Fest zu wünschen. Und dabei ließ sie es sich nicht nehmen, an Deck den Fang zu begutachten: Haie, Rochen, Schwämme, Gorgonenkorallen – das Übliche, all das hatte sie schon in ihrer Sammlung. Dann aber sah sie eine Flosse, die aus der Masse herausragte.

«Und da lag der wundervollste Fisch, den ich jemals gesehen habe. Er war dunkel, stahlblau, übersät mit schwach weißlich leuchtenden Flecken; ein irisierender silberblaugrüner Schimmer lag über seinem ganzen Körper. Der Fisch war vielleicht 1,50 Meter lang. Noch nie hatte ich ein solches Tier gesehen», so beschreibt Frau Latimer den Augenblick, in dem sie das Wesen aus längst vergangener Zeit, den unglaublichen Fisch, zum ersten Mal erblickte.

«Ein seltsamer Fisch, Miss, nicht wahr?», sagte damals der

Ein besonderes «Hochzeitsgeschenk» auf dem Markt von Manado: der Sulawesi-Quastenflosser.

Seemann, der ihr die Ladung zeigte. «Seit 30 Jahren fische ich in dieser Gegend, aber so einer ist mir noch nie untergekommen. Als der Captain ihn im Schleppnetz anschaute, hat dieser Kerl sogar noch nach seinem Finger geschnappt.» Frau Latimer war sich sofort sicher, dass dieser Fang etwas Besonderes war.

Zurück im Museum, blätterte sie in einem Lehrbuch über Fische – und fand staunend ihre Vermutung bestätigt. Wenn das alles stimmte, dann lag hier ein Tier vor ihr, das es schon seit Ewigkeiten nicht mehr geben sollte: Zusammen mit den Dinosauriern, so hieß es, waren diese Fische seit 65 Millionen Jahren ausgestorben – Quastenflosser.

Am gleichen Tag noch benachrichtigte sie James L. B. Smith, einen bekannten Fischspezialisten der Rhodes University in Grahamstown, am nächsten Tag schickte sie eine Zeichnung hinterher. Weil sie keine Möglichkeit fand, das geheimnisvolle Tier einzufrieren, umwickelte sie den Fisch mit Zeitungspapier, das mit Formalin getränkt war.

Am 16. Februar 1939 erst konnte Smith nach East London kommen. Frau Latimer zeigte ihm den Fisch, der mittlerweile präpariert war. «Es war, als wäre mir plötzlich ein Dinosaurier auf der Straße begegnet», erinnerte sich Smith später. Zweimal umrundete der Wissenschaftler still den Tisch, auf dem der merkwürdige Fisch aufgebaut war, dann sagte er ehrfurchtsvoll: «Diese Entdeckung wird im Munde aller Wissenschaftler der Erde sein. Ich habe immer daran geglaubt, dass eines Tages einer dieser primitiven Fische auftauchen würde.» Und er bestätigte sofort, was Marjorie Courtenay-Latimer vermutet hatte: Das Tier war wirklich ein Quastenflosser, ein «Hohlstachler» aus der Ordnung der Crossopterygier. Erstmals waren diese Fische im Devon, vor über 350 Millionen Jahren, aufgetreten und seit dem Ende der Kreidezeit vor 65 Millionen Jahren nicht wieder aufgetaucht.

Smith taufte den Fisch bald darauf *Latimeria chalumnae*,

seiner Entdeckerin zu Ehren und nach dem Chalumna River, vor dessen Mündung er aus dem Wasser gezogen worden war. Und wirklich ging die Nachricht schnell um die ganze Welt, der Quastenflosser wurde rasch populär: nicht nur, weil er ein Überlebender aus der Ära des *Tyrannosaurus* ist, er wurde auch zu einer Zeit gefunden, als man nur allzu begierig darauf war, «missing links» – fehlende Glieder im Stammbaum der Tierarten – zu entdecken. Und eine gängige Theorie besagte, dass es einst Quastenflosser waren, die – in Süßwassertümpeln lebend – als erste Wirbeltiere den Schritt an Land gewagt hatten.

Latimeria wurde nun als Bindeglied zwischen den Fischen und den Vierfüßern gefeiert: Seine quastenförmigen, paarigen Bauch- und Brustflossen haben eine kräftige, fleischige Basis, aus der zahlreiche Flossenstrahlen sprießen, die durchaus an beinartige Stümpfe, muskulöse Stummelfüße, erinnern. Mittlerweile weiß man, dass *Latimeria* einer Untergruppe der Quastenflosser angehört, die wohl nicht die direkten Vorfahren der landlebenden Wirbeltiere waren. Zudem legen molekulargenetische Untersuchungen nahe, dass die Lungenfische den Vierfüßern und damit uns Menschen näher stehen als die Quastenflosser. Vielleicht war es aber auch ein gemeinsamer Vorfahre von Lungenfischen und Quastenflossern, der zum Landleben übergegangen war.

Natürlich brannte Smith nun darauf, weitere Exemplare des Urzeitfisches studieren zu können – und er suchte mit einer bis dahin einzigartigen Methode: Entlang der ganzen südostafrikanischen Küste ließ er dreisprachig verfasste Flugblätter mit einem Steckbrief von «Old Fourleg» verteilen, wie er den «alten Vierbeiner» scherzhaft-liebevoll nannte. Und er setzte eine Belohnung von hundert Pfund für die nächsten beiden Exemplare aus. Dennoch musste er lange warten.

Erst am Weihnachtsabend des Jahres 1952 erhielt er die lang ersehnte Botschaft: Der Skipper Eric Hunt, der regelmäßig mit seinem Handelsschiff auf den Komoren tätig war, berichtete ihm, hier – 3000 Kilometer vom Chalumna River entfernt – sei am 20. Dezember ein Quastenflosser gefangen worden, 44 Kilogramm schwer. Hunt hatte auf den Inseln Poster aufgehängt, um nach dem Quastenflosser zu fahnden. Schon bald hatten Einheimische ihn darauf aufmerksam gemacht, dass auf dem Markt gerade ein solcher Fisch feilgeboten werde. Der Skipper kaufte den Fisch sofort, legte ihn auf Eis und spritzte ihm Formalin zur Erhaltung der inneren Organe ein.

Unverzüglich flog Smith nach Erhalt der Nachricht auf die Inselgruppe: Die Suche nach dem Quastenflosser war so prestigeträchtig, dass die südafrikanische Regierung hierfür sogar ein Flugzeug bereitstellte. Und wirklich: Als er dort am 29. Dezember den zweiten Quastenflosser fand, kniete er nieder und brach vor Freude in Tränen aus. Den Einheimischen auf den Komoren war dieser so lang gesuchte Fisch bestens bekannt: Sie nennen ihn «gombessa», doch schätzen sie ihn nicht sonderlich; regelmäßig gerät er Fischern an die Angel, doch besonders glücklich sind sie darüber nicht, denn sein Fleisch schmeckt tranig. Einzig seine rauen Schuppen nutzen sie als Schmirgelpapier – etwa, um Fahrradschläuche vor dem Flicken aufzurauen.

Vor Südafrikas Küste hingegen, wo Majorie Courtenay-

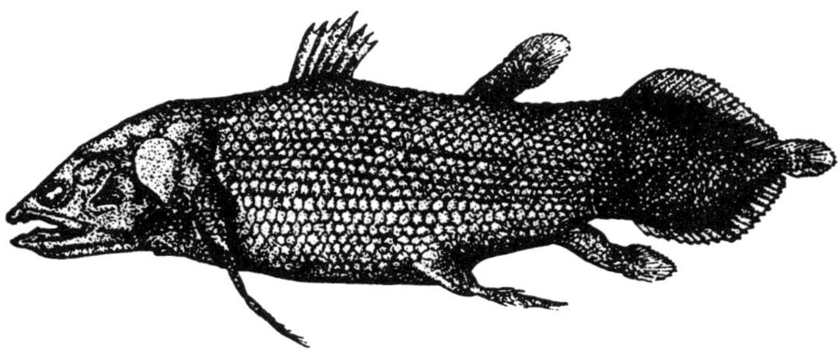

Die Entdeckung des ersten Quastenflossers im Jahr 1938 war *die* zoologische Sensation des Jahrhunderts.

Latimer den ersten Quastenflosser fand, ist bislang nie wieder ein Exemplar aufgetaucht. Wahrscheinlich, so nimmt man an, wurde der erste Quastenflosser von Meeresströmungen hierher verdriftet. Auch mehrere Expeditionen, die in den folgenden Jahrzehnten an die Komoren zogen, um dort den «unmöglichen Fisch» in seinem Lebensraum zu fotografieren, zu filmen oder gar für Aquarien zu fangen, suchten vergeblich. Regelmäßig aber zogen Fischer vor den Komoren-Inseln Grande Comore und Anjouan die urtümlichen Tiere aus dem Wasser, wenn sie in 150 Meter Tiefe angelten, und stellten sie der Wissenschaft zur Verfügung. Es scheint eine besondere Ironie der Erdgeschichte zu sein, dass einer der nächsten lebenden Verwandten jener Tiere, die wohl erstmals auf vier Beinen an Land gingen, sich heute in 150 bis 300 Meter Meerestiefe zurückgezogen hat.

Erst 1987 gelang es Hans Fricke vom Max-Planck-Institut in Seewiesen, mit dem Zwei-Mann-Tauchboot Geo den urtümlichen Fisch erstmals unter Wasser zu beobachten. Wochenlang schon waren Fricke und sein Team tagsüber vor den steilen Lavahängen der Küste erfolglos getaucht; sie waren entsetzt, denn die Wasser waren fast leer gefischt. Aber vielleicht war der Quastenflosser nachtaktiv.

Und wirklich – am 17. Januar 1987 gegen 21 Uhr hatte Frickes Team endlich Erfolg: Im Halbschatten des Tauchboots schwamm der erste Quastenflosser, der jemals von einem Menschen in seinem Lebensraum beobachtet werden konnte. Der Lärm des kleinen Bootes beeindruckte den Fisch überhaupt nicht – gemächlich schwamm er durch das Dunkel. Und wider alle Erwartung lief der Fisch nicht mit seinen Beinen über den Boden; er nutzte die Strömungen und ließ sich in stoischer Ruhe treiben. Langsam schwingt dabei seine rechte Brustflosse nach vorn und die linke zurück. Gleichzeitig wird die linke Bauchflosse nach vorn und die rechte zurückbewegt. Er schwimmt also über Kreuz, bei Pferden würde man die Bewegung «Trab» nennen.

In den nächsten Jahren erforschte Fricke mit dem noch tiefer tauchenden Boot «Jago» das heimliche Leben der Urzeitfische: Tagsüber leben die bis zu zwei Meter langen Quastenflosser gruppenweise in Lavakavernen in etwa 200 Meter Tiefe, wo sie vor ihren Feinden – den Haien – sicher sind. Erst nach Sonnenuntergang gehen sie selber auf Jagd: Schwimmt ein kleinerer Beutefisch vorbei, so sprintet der sonst so behäbige, massige Fisch schnell wie ein Hecht los und schnappt zu.

Niemals bekam Fricke bei seinen Tauchfahrten junge Quastenflosser zu Gesicht. Wie die Tiere ihre Jugend verbringen, bleibt noch immer rätselhaft. Einmal allerdings konnte Fricke beobachten, wie ein offensichtlich trächtiges Weibchen, das mit einem Peilsender ausgestattet war, abtauchte und längere Zeit in einer Tiefe von 700 Metern verweilte. Daher vermutet der Forscher, dass sich die Geburt von Quastenflossern nahe dem Meeresgrund abspielt. *Latimeria* bringt nämlich lebende Jungtiere zur Welt. Das weiß man von zwei trächtigen Weibchen, die aus dem Meer geholt wurden, von denen eines sogar 26 Embryonen barg, die immerhin ein Achtel seines Körpergewichts ausmachten.

Auch wie sich die Urtiere in der Dunkelheit orientieren, ist noch ein Geheimnis: Wahrscheinlich jagen sie nachts mit Hilfe des «Rostralorgans», eines elektrischen Sinnes, mit dem sie ihre Beute orten können. Um das zu testen, baute Fricke eine Attrappe, die dem Fisch elektrisch erzeugte Beutefelder vorgaukelte. Die Quastenflosser ließen sich täuschen und an das Boot heranlocken. Die Forscher konnten die Fische unter Wasser regelrecht spazieren führen – es wäre eine geeignete und relativ schonende Methode gewesen, Quastenflosser lebend zu fangen, um sie in Aquarien zur Schau zu stellen.

Doch sollte man das überhaupt tun? Fricke ist sich mittlerweile sicher, dass die Tiere den Transport nicht überstehen würden. Und wenn es gelänge, dann würden weitere Aquarien ebenfalls solche urtümlichen Fische besitzen wollen. Bei den Tauchfahrten wurde den Wissenschaftlern aber klar, wie selten der Quastenflosser ist. Jegliche Versuche, die Fische zu fangen, würden daher zu ihrer Ausrottung beitragen. Gerade die Japaner aber waren lange hinter dem Urzeitfisch her: weil sie vermuten, dass ein so «alter» Fisch im Besitz einer besonderen Langlebigkeitssubstanz sein muss. 1989 war eine drei Millionen Mark teure, von Mitsubishi gesponserte Expedition unterwegs, die drei Quastenflosser für das japanische Toba-Aaquarium fangen sollte. Fricke war entsetzt, als er davon hörte, und organisierte weltweit Proteste; der Präsident der Komoren verbot schließlich sogar den Export lebender Quastenflosser.

Die Japaner ließen aber von ihrem Ansinnen nicht ab und brachten dennoch Reusen ins Meer. Mit seinem Tauchboot näherte sich Fricke den Fallen und brachte dort ein Schild an: «Lasst die Quastenflosser, wo sie sind!» Der japanische

Wagten Quastenflosser als erste Wirbeltiere den Schritt an Land?

Expeditionsleiter soll mehrere Tage später die Fangversuche wütend abgebrochen haben.

Schon ohne solch gezielte Fänge gerät das lebende Fossil vor den Komoren zunehmend in Bedrängnis. Das zeigen zumindest die regelmäßigen Populationszählungen von Frickes Team. 1989 und 1991 schien die Population vor Grande Comore noch stabil zu sein: etwa 650 Tiere. Schon 1994 schätzten die Forscher den Bestand nur noch auf 450, 1995 sogar nur auf 300 Fische. Der Quastenflosser scheint aufs höchste bedroht zu sein.

Die Wissenschaftler führen das auf den Einfluss der Fischerei zurück. Die küstennahen Gewässer werden hier – wie eigentlich überall – stark befischt. Und der tranig schmeckende Quastenflosser gerät immer wieder an Haken, die eigentlich für den begehrten Ölfisch *Ruvettus pretiosus* bestimmt sind. Um dem bedrängten Urzeitfisch Schutz zu gewähren und den Fischern neue Nahrungsgründe zu erschließen, wurden Ende der achtziger Jahre mit Unterstützung der Europäischen Gemeinschaft etwa 20 Kilometer vor der Küste «fischanziehende Geräte» installiert, große Plastikbahnen, die in der Tiefsee verankert wurden, um Fischschwärme anzulocken. Zusätzlich zu diesen «FAGs», wie die Bahnen im schönsten EU-Deutsch genannt werden, hatten die Fischer Motorboote geschenkt bekommen, um die neuen Fanggründe überhaupt aufsuchen zu können. Zunächst stiegen auch die Fänge der Fischer deutlich, und die Quastenflosser hatten ihre Ruhe. Inzwischen aber sind die meisten Motoren kaputt, und niemand vor Ort kann sie reparieren. So paddeln die Einheimischen wieder mit ihren Kanus in Küstennähe und angeln gerade dort, wo die Quastenflosser leben.

Wie viele der bedrohten Fische sie an Land holen, weiß heute niemand genau. Früher gaben die Fischer die eher lästigen Beifänge gerne ab, heute aber fürchten sie, mit dem Gesetz in Konflikt zu kommen, denn der Quastenflosser ist mittlerweile streng geschützt. Also töten sie lieber die wertvollen Tiere und werfen sie ins Meer zurück – wissenschaftlich unersetzbares Material geht verloren. Und die Zahl der Quastenflosser sinkt weiter.

Immer wieder gab es indes Hinweise, dass auch außerhalb der Komoren Quastenflosser leben könnten: 1991 wurde ein Fisch bei Quelimane vor der Küste Mosambiks aus dem Wasser gefischt. Die Erbsubstanz dieses Tieres unterschied sich kaum von der von Quastenflossern, die vor den Komoren gefangen wurden. Fricke nahm daher an, dass der Fisch wahrscheinlich von Meeresströmungen mitgerissen und nach Mosambik verdriftet wurde – wie man es auch von dem ersten Quastenflosser vor Südafrikas Küste vermutet. 1995 und 1997 aber wurde jeweils ein weiteres Tier vor der südwestlichen Küste Madagaskars gefangen – über 1300 Kilometer von den Komoren entfernt. «Wenn zwei Exemplare in fast der gleichen Region gefangen werden, dann spricht das dafür, dass es auch außerhalb der Komoren Quastenflosser geben muss», sagt Karen Hissmann aus Frickes Forschungsteam.

Auch aus anderen Teilen der Welt kamen Indizien, dass der Urzeitfisch überlebt hat: 1949 schickte eine Souvenirshop-Besitzerin eine Schuppe an Isaac Ginsburg vom US Fish and Wildlife Laboratory. Die Frau gab an, eine ganze Kanne dieser Schuppen gekauft zu haben, jede einzelne etwa vier Zentimeter groß – und sie wollte wissen, von wem sie stammen. Ginsburg erkannte, dass die Schuppe keinem bekannten nordamerikanischen Fisch gehörte – aber sie erinnerten ihn an Quastenflosser. Konnte es sein, dass sich dieser Fisch auch vor Amerikas Küsten verbarg? Leider ging die Schuppe verloren.

1964 kaufte der brasilianische Priester Ladislao Reti eine kleine, vielleicht zehn Zentimeter lange silberne Fischfigur in einer Kirche eines kleinen Dorfes nahe der spanischen Stadt Bilbao. Reti glaubte, in dem Amulett sogleich einen Quastenflosser zu erkennen. Im darauf folgenden Jahr tauchte ein ähnliches Schmuckstück auf, 35 Zentimeter groß, das der belgische Molekularbiologe Maurice Steinert in einem Antiquitätengeschäft Toledos gekauft hatte. Beide «Silberfische» stammten offensichtlich aus dem neunzehnten Jahrhundert – aus einer Zeit also, in der noch niemand wusste, dass solche Fische aus der Saurierzeit überlebt hatten. Hans Fricke, der diese Exemplare einmal begutachtete, erkannte deutliche Unterschiede zu den Fischen vor den Komoren. Es könnte sich also um eine weitere Art handeln. Der Silberexperte Professor Valdavinus aus Madrid glaubt, dass die beiden Quastenflosser aus Mexiko stammen könnten – und irgendwie den Weg nach Spanien gefunden haben.

Dann berichtete das angesehene britische Wissenschaftsmagazin «Nature» am 24. September 1998 von der Entdeckung einer neuen Population von Quastenflossern, wo sie bislang nun wirklich niemand vermutet hatte: vor der indonesischen Insel Sulawesi. Mark Erdmann hatte nach seinem ersten Zufallsfund dort versucht, den Fischer wieder zu finden, der 1997 den Quastenflosser verkauft hatte. Über 200

Der zweite indonesische Quastenflosser – im Juli 1998 entdeckt – konnte noch lebend unter Wasser beobachtet werden.

Fischer befragte er – und drei von ihnen gaben überzeugend an, schon einmal solche Fische gefangen zu haben. Mittlerweile hatte ihn die Washingtoner Smithsonian Institution mit ausreichend Formalin und Alkohol ausgestattet, um einen möglichen Fund zu präparieren, und mit flüssigem Stickstoff, um Gewebeproben einfrieren zu können. Erdmann hatte inzwischen erfahren, dass der Quastenflosser bei den Einheimischen wohl bekannt ist und «raja laut» – «König des Meeres» – genannt wird. Zwei bis drei, so hieß es, werden alljährlich gefangen.

Am Morgen des 30. Juli 1998 stand der Fischer Om Lameh Sonatham vor Mark Erdmanns Haus – und brachte einen noch lebenden Quastenflosser, 29 Kilogramm schwer, 1,24 Meter lang. Er hatte ihn in einer Tiefe von etwa 120 Metern mit Haifischnetzen aus dem Meer gezogen. Der Fangort lag an einem vulkanischen Abhang, der für seine Lavahöhlen bekannt ist – ein Lebensraum also fast wie vor den Komoren. Mark Erdmann und seine Frau Arnaz setzten den Fisch wieder ins Wasser, wo er noch drei Stunden lang lebte und beobachtet werden konnte. So konnten sie Unterwasseraufnahmen von ihm machen – er bewegte sich genauso, wie es auch schon von den Quastenflossern vor den Komoren bekannt war. Nur seine Farbe unterschied ihn: Der indonesische Fisch war nicht stahlblau, sondern eher braungrau. Zunächst dachten die Wissenschaftler, dass es sich wahrscheinlich um die gleiche Art handelte, doch mittlerweile ergaben molekulargenetische Untersuchungen, dass der Quastenflosser vor Indonesien eine neue Art darstellt: *Latimeria menadoensis*. Nach diesen Untersuchungen wird angenommen, dass sich die beiden Populationen vor etwa 1,5 Millionen Jahren getrennt haben müssen – gemessen an den 400 Millionen Jahren, die diese Fischgruppe schon auf der Erde verbracht hatte, ein kurzer Augenblick. Seither kommen von mehreren Stellen Indonesiens unbestätigte Berichte über weitere Vorkommen von Quastenflossern.

«Seit über hundert Jahren erforschen Fischkundler intensiv die Gewässer um Sulawesi: Dass ihnen hier dieser Fisch entgehen konnte, ist mehr als erstaunlich – und es zeigt, wie wenig der Mensch noch über die Ozeane und seine Bewohner weiß», so kommentierte Mark Erdmann seine großartige Entdeckung. «Dieser Fund gibt daher all unseren Vorstellungen von noch nicht entdeckten ‹Seemonstern› und anderen Merkwürdigkeiten in der Tiefsee Auftrieb.»

Wer weiß, was noch alles möglich ist.

15. Tiger – verzweifelt gesucht

Es mag paradox klingen, aber am 25. Januar 1995 beobachtete der Wildhüter Charlie Beaseley eines der am häufigsten gesichteten ausgerotteten Tiere der Welt. Es war gegen 20.15 Uhr, kurz vor Anbruch der Dämmerung, in der Nähe der Ortschaft St. Helens an der Ostküste der australischen Insel Tasmanien. Ein Tier mit schmutzig braunem Fell und schwarzen Streifen, etwa halb so groß wie ein deutscher Schäferhund, das Gesicht ähnlich wie ein Staffordshire-Bullterrier, nur länglicher, kam aus dem Gebüsch heraus. Es streckte sich, drehte sich um die eigene Achse und verschwand nach zwei Minuten wieder dorthin, woher es gekommen war. Sein schwerer und irgendwie känguruartiger Schwanz hatte eine leichte Biegung. Beaseley ist sich sicher: Er hat einen Beutelwolf gesehen, jenen berühmten «tasmanischen Tiger», der seit dem 7. September 1936 als ausgerottet gilt.

Damals starb Benjamin, der Letzte seiner Art, im Zoo von Tasmaniens Hauptstadt Hobart – zwei Monate nachdem die Spezies endlich unter Schutz gestellt worden war. Doch da war es schon zu spät für dieses einzigartige Raubtier, das seine Jungen in einem Beutel austrug: Das größte Fleisch fressende Säugetier des australischen Kontinents war Opfer einer gezielten Ausrottungskampagne geworden.

Wahrscheinlich war *Thylacinus cynocephalus* – der «Beutelhund mit dem hundeartigen Kopf», so die Bedeutung des wissenschaftlichen Namens – schon selten gewesen, als 1803 die ersten Europäer Tasmanien besiedelten; schon damals dürften kaum noch mehr als 1500 bis 2000 der Tiere dort gelebt haben. Denn die Aborigines der Insel jagten den bis zu 35 Kilogramm schweren Raubbeutler – wohl um ihn zu verzehren. Nachdem die Urbevölkerung von den europäischen Siedlern schon um 1830 weitgehend ausgerottet oder umgesiedelt worden war, stellten Pelzjäger dem Beutelwolf nach. Denn in Fallen geratene Kängurus, Fuchskusus und andere plüschige Beutler waren für den «Tiger» ein leicht zu überwältigendes Mahl, die Felle der gefressenen Tiere blieben unbrauchbar zurück, und der Beutelwolf hatte die Arbeit der Trapper zerstört.

Das endgültige Unheil aber kam mit der Schafzucht, die ab 1820 auf Tasmanien zunehmend an Bedeutung gewann; das Land war bestens zur Woll- und Fleischgewinnung geeignet. Kängurus wurden als Nahrungskonkurrenten der Schafe dezimiert; der Beutelwolf, so wird berichtet, stellte sich indes rasch auf die veränderte Lage ein und soll von nun an auch Schafe und Lämmer gerissen haben. Forschungen australischer Wissenschaftler lassen heute jedoch Zweifel daran aufkommen, ob der Beutelwolf wirklich ein so großer

Gibt es noch Beutelwölfe? Der letzte «tasmanische Tiger», dessen Existenz verbürgt ist, starb 1936 im Zoo von Hobart.

Schafkiller war. Denn Skelett und Gebiss des ausgestorbenen Tieres legen nahe, dass die Beute des «Tigers» kaum mehr als fünf Kilogramm gewogen haben kann. Somit entsprach das Nahrungsspektrum des Beutelwolfes von der Größe her eher dem von Kojote oder Fuchs als dem von Wölfen. Schafe, so glauben die Wissenschaftler, habe der Raubbeutler daher wohl nur selten gerissen.

Dennoch: Das Tier kam schnell in den Ruf, ein erbarmungsloser Schafmörder zu sein; sogar von einer «Tigerplage» war die Rede. Dabei töteten wildernde Hunde nachweislich mehr Schafe als der Beutelwolf; von Menschen begangene Viehdiebstähle waren wohl für die größten Verluste in den Schafherden verantwortlich. Doch der Raubbeutler – zum Teil auch als «Hyäne» bezeichnet – war geeignetes Hassobjekt für wütende Farmer: 1830 wurden erstmals Belohnungen auf tote Beutelwölfe ausgesetzt. Auch der typische Lebensraum des «Tigers» schwand schnell dahin; trockene Baumsavannen und lichte Wälder wurden in Weideflächen umgewandelt. Schon 1863 warnte daher der Naturforscher John Gould: «Wenn die verhältnismäßig kleine Insel Tasmanien stärker bevölkert sein wird, werden sich die Bestände dieses einzigartigen Tieres rasch verringern, und es wird dann über es gesprochen werden als von einem Tier der Vergangenheit.»

Doch darauf wollte noch niemand hören. Von 1886 bis 1909 wurden mehr als 2000 Prämien für erlegte Beutelwölfe bezahlt. Bis 1905 wurden alljährlich noch etwa 100 Tiere eingeliefert, dann kam der plötzliche Einbruch: 1909 wurde die letzte Prämie ausgegeben. Manche Forscher glauben, dass eine Seuche die verbliebenen Beutelwölfe so dezimierte, dass die schon angeschlagene Population sich nie wieder erholte. Für alle muss ersichtlich gewesen sein, dass nun eine einzigartige Spezies unwiederbringlich ihrer Ausrottung entgegeneilte – doch die Jagd auf die verbliebenen Tiere ging weiter. Schließlich erschoss 1930 ein junger Farmer namens Wilfried Batty im Nordwesten Tasmaniens den letzten Beutelwolf in freier Wildbahn.

Je seltener der «tasmanische Tiger» wurde, desto begehrter war er als Exportobjekt. Der Zoo in Hobart jedenfalls betrieb zeitweise einen regen Tauschhandel mit dem Tier, für das er ein weltweites Monopol besaß, und so konnten selbst Eisbären und Elefanten in dem kleinen Tierpark am Ende der Welt bestaunt werden. Mindestens 68 Beutelwölfe fanden auf diese Weise den Weg in Zoos rund um den Globus; auch in Köln und Berlin haben insgesamt sechs der gestreiften Raritäten gelebt – zu jener Zeit vom Publikum kaum beachtet. Mehrfach kamen Weibchen mit Beuteljungen in die Zoos – etwa in Washington –, bei denen die Besucher beobachten konnten, wie die hübsch gezeichneten kleinen «Wölfe» den nach hinten geöffneten Beutel ihrer Mutter verließen. Allerdings gab es in keinem Zoo je Nachwuchs; um bedrohte Arten kümmerte man sich zu dieser Zeit noch nicht sonderlich. Den zoologischen Gärten kam es auf eine möglichst vollständige Sammlung an, sie waren mehr lebendes Museum als Arche Noah für bedrohte Arten. Heute wäre *Thylacinus* eine der größten Attraktionen eines jeden Zoos, denn die Ausrottung hat den «Tiger» populär gemacht.

Als man auf Tasmanien erkannte, wie es um den Beutelwolf stand, war es schon zu spät: 1930 stellte man den Raubbeutler während seiner vermuteten Fortpflanzungsperiode teilweise unter Schutz, 1936 dann endlich vollständig. Doch da lebte Benjamin, der letzte Beutelwolf, dessen Existenz sicher verbürgt ist, nur noch zwei Monate lang im Zoo von Hobart, bis auch er starb und mit ihm wahrscheinlich seine ganze Art.

Nun begann die Zeit der Gerüchte und Spekulationen. Mit größerem Eifer als je zuvor versuchten schon in den dreißiger und vierziger Jahren Expeditionen, irgendwo in der unberührten tasmanischen Wildnis versprengte Exemplare

Der englische König George V. stiftete 1917 das Staatswappen von Tasmanien mit Beutelwölfen als Schildhalter. Zu diesem Zeitpunkt war das Tier dank staatlicher Abschussprämien schon beinahe ausgerottet.

des «Tigers» aufzustöbern oder zumindest Beweise für sein Überleben zu finden – vergebens.

1961 machte die Nachricht von einem getöteten Beutelwolf Schlagzeilen: Die Fischer Bill Morrison und Laurie Thompson hatten nachts vor ihrem Zelt an der Westküste der Insel ein Geräusch gehört; ein Tier machte sich am Korb mit den Ködern zu schaffen. Thompson schlug mit einem Knüppel auf das Wesen ein, das aber im Dunkel verschwand. Am nächsten Morgen fanden sie in der Nähe ihres Zeltes ein totes junges, männliches Tier, das sie für einen Beutelwolf hielten. Sie legten es in ihr Zelt, um es nach dem Fischen bei einem Museum abzugeben. Doch als sie ins Lager zurückkamen, war der tote «Wolf» verschwunden; offensichtlich hatte ihn jemand in ihrer Abwesenheit gestohlen. Die beiden sammelten eingetrocknete Blutspuren und Haare im Sand auf und schickten die Proben nach Hobart, um sie dort von Experten untersuchen zu lassen. Die Herkunft des Blutes konnte nicht mehr bestimmt werden; die Haare dagegen könnten durchaus einem Beutelwolf gehört haben. Was mit dem getöteten Tier geschehen war, bleibt bis heute ein Rätsel.

Dieses Ereignis gab der Suche wieder Auftrieb: Eric Guiler, einer der besten Beutelwolfkenner, wurde beauftragt, nach dem verlorenen Säuger zu fahnden: 1963 stellte er in den

Wäldern der Insel über 1500 Fußfallen auf, die gefangenen Tieren keine Verletzungen zufügen. Dabei erwischte er allerdings nur Beutelteufel, Wombats und kleine Kängurus. Eine Suchaktion mit vollautomatischen Kameras, Anfang der achtziger Jahre vom World Wildlife Fund (WWF – heute Worldwide Fund for Nature) finanziert, brachte keine anderen Ergebnisse. Dennoch blieb Guiler immer davon überzeugt, dass der «tasmanische Tiger» irgendwo auf der Insel ein letztes Rückzugsgebiet gefunden hat; der amerikanische Milliardär Ted Turner setzte sogar eine Prämie von 100 000 Dollar für denjenigen aus, der die Existenz des Beutelwolfes beweisen kann. Bis heute hat jedoch niemand die Belohnung eingelöst, sodass Spötter das verschollene Tier wegen der unzähligen erfolglosen Suchen schon «tasmanische Nessie» nennen.

Und dennoch führt der «Tiger» ein Leben nach seiner Ausrottung: Alljährlich gehen acht bis zwölf Berichte von Augenzeugen beim National Parks and Wildlife Service der Insel ein, die den Raubbeutler gesehen haben wollen. Die meisten Sichtungen dauerten nur Sekunden, oft nachts. Der Bericht von Charles Beaseley aus dem Jahre 1995 ist wegen der genauen Beschreibung des Tieres besonders glaubwürdig, nicht zuletzt weil Beaseley selbst Ranger des Wildlife Service ist. Doch Beweise, Fotos kann auch er nicht vorlegen. Der Boden war steinhart – es hatte lange nicht geregnet. Der vermeintliche Beutelwolf hinterließ auch dieses Mal keine Spuren – wie so oft.

Seit über 60 Jahren nun widersetzt sich der Beutelwolf hartnäckig seiner Wiederentdeckung auf der Insel Tasmanien. Keinerlei wissenschaftlich verwertbare Beweise seiner Existenz wurden dort gefunden. Es gibt aber immer wieder Hinweise dafür, dass er überlebt haben könnte, wo er nach herrschender Lehrmeinung seit langem ausgestorben sein soll: auf dem australischen Festland nämlich.

Zu Eiszeiten, als der Meeresspiegel etwa 160 Meter niedriger lag, bildeten Australien, Tasmanien, Neuguinea und viele kleinere Inseln eine einheitliche Landmasse – den Urkontinent Meganesien – mit einer ganz eigenen Säugetierfauna: Nicht nur die heute noch eigentümlich anmutenden Kängurus, Koalas und Schnabeltiere lebten hier, auch andere ungewöhnliche Beuteltiere – der nashorngroße Riesenbeutler *Diprotodon* etwa, das *Nototherium* mit dem Umfang eines Rindes und der *Phascolomus*, ein gewaltiger Wombat, so groß wie ein Tapir. Neben dem Beutelwolf bevölkerten noch andere Fleischfresser den damaligen Kontinent: mehrere Arten von Beutellöwen, so der leopardengroße *Thylacoleo*, der Aas fressende Beutelteufel, der Riesenbeutelmarder, der eine ähnliche ökologische Nische wie andernorts Schleichkatzen und Marder besetzte, und dazu *Ekaltadeta* – ein Fleisch fressendes Riesenratten-Känguru. Daneben besaß Australien gewaltige Reptilien: den Sieben-Meter-Waran *Megalania*, die fünf Meter lange Riesenschlange *Wonambi* und große Landkrokodile.

All diese Großtierarten – Säuger und Echsen – sind lange verschwunden: Viele starben während der Eiszeiten auf dem Kontinent aus, weil sich das Klima sehr änderte und die Niederschläge stark zurückgingen. Zuvor nämlich, vor fünf bis 25 Millionen Jahren, war Australien, wo heute fast nur Savanne und Wüste ist, beinahe durchgängig von Regenwald bedeckt. Die meisten Pflanzenfresser starben aus – und damit verschwand die Nahrungsgrundlage für die großen Fleischfresser.

Welche Rolle der Mensch dabei spielte, ist umstritten. Vielleicht beschleunigten die Ureinwohner, die vor etwa 60 000 Jahren erstmals nach Australien kamen, den Niedergang der Großtiere durch Jagd oder durch regelmäßig gelegte Steppenbrände. Wahrscheinlich ist aber, dass der *Homo sapiens* noch dem Beutellöwen und dem Fleisch fressenden Riesenkänguru begegnete, die vor 40 000 bis 50 000 Jahren ausstarben. Felszeichnungen im Westen Australiens zeigen jedenfalls, dass beispielsweise der Beutelwolf den Aborigines vertraut war. Auf Neuguinea starb er vor etwa 10 000 Jahren aus; die jüngsten australischen Funde werden auf etwa 2000 Jahre datiert.

Verdrängte der Dingo, ein Haushund, der vor etwa 4000 bis 8000 Jahren als Begleiter des Menschen nach Australien kam und dort verwilderte, den Beutelwolf aus seinem angestammten Lebensraum? Nach gängiger Theorie konkurrierten beide um die gleiche Beute. Der Beutelwolf war in der direkten Auseinandersetzung wohl deutlich stärker als der Dingo; dieser jedoch soll als «moderneres und intelligenteres» Säugetier, das im Familientrupp seine Beute verfolgt, dem «urtümlicheren» und eher einzelgängerischen Beutler bei der Jagd überlegen gewesen sein und so zum Aussterben des «Tigers» beigetragen haben. Auf Tasmanien indes konnte sich der *Thylacinus* halten, denn der Dingo hat die Insel nie erreicht; erst die weißen Siedler brachten Hunde hierher. (Auf Tasmanien haben bis heute auch Beutelteufel und Riesenbeutelmarder überlebt.)

Ob es aber wirklich der Dingo war, der den Raubbeutler aus Australien verdrängte, ist umstritten: Dingo und «Wolf» lebten schließlich mehrere tausend Jahre lang gemeinsam in Australien. Klima- und Vegetationsveränderungen allerdings scheiden als Gründe für das Aussterben auf dem Kontinent aus, denn die Lebensbedingungen waren mit denen auf Tasmanien vergleichbar. Was letztlich zum Verschwinden des Beutelwolfes aus Australien führte, ist nicht geklärt.

Dem Dingo droht nun das Schicksal des Beutelwolfes: Erbarmungslos wird er verfolgt; Prämien sind ausgesetzt auf getötete Dingos, denn sie sollen – und das ist das Schlimmste, was einem Tier in Australien nachgesagt werden kann – Schafkiller sein. Dazu kommt schleichende Ausrottung: Weil sie zur selben Art gehören, kreuzen sich Dingos und verwilderte Haushunde unbegrenzt. Die Folge – es gibt kaum noch reinrassige Dingos in Australien. Wahrscheinlich kann das Überleben dieser kulturgeschichtlich interessanten Rasse nur auf kleinen Inseln gesichert werden, auf denen keine anderen Hunde leben. Die Geschichte einer Ausrottung scheint sich zu wiederholen.

Im Jahr 1966 tauchte ein recht frisch wirkender Kadaver eines Beutelwolfs auf dem australischen Festland auf. «Der Leichnam war fast vollständig behaart und roch ganz modrig», so Athol M. Douglas, der viele Jahre lang als Naturforscher am Western Australian Museum in Perth arbeitete. «Er sah aus wie ein erst kürzlich ausgetrockneter Kadaver, kurz nachdem Maden das gesamte Fleisch gefressen hatten, aber bevor sich Motten und andere Insekten über Haut und Fell hermachen.» Der tote, fast völlig intakte Körper wurde von einem Team des Museums in einer Höhle bei Mundrabilla Station in Westaustralien gefunden, zusammen mit Überresten einer Reihe anderer Tiere – Reptilien, Fledermäuse, Katzen, Hunde (wahrscheinlich Dingos), Kängurus – und

Auch in Australien lebten bis vor etwa 2000 Jahren Beutelwölfe. Felszeichnungen von Aborigines – wie diese aus dem Kakadu-Nationalpark – belegen das.

Knochenresten von fünf weiteren Beutelwölfen. Das Team nahm damals alle tierischen Relikte – fast ausschließlich Knochen – zur weiteren Untersuchung mit. Als Douglas, der nicht mit in der Höhle war, den Beutelwolfkadaver erstmals sah, war er sich sicher: Dieses Tier war vor nicht allzu langer Zeit noch lebendig gewesen. Doch das Ergebnis der Altersbestimmung von Gewebe des Leichnams sagte anderes. Die Untersuchung nach der Radiocarbonmethode ergab ein Alter von etwa 4500 Jahren für den toten «Wolf». Athol M. Douglas begann an seinem ersten Eindruck zu zweifeln. Wie aber sollte der tote Körper Jahrtausende lang in einer Höhle gelegen haben, die regelmäßig überschwemmt wurde und in der Aas fressende Käfer lebten, ohne zu verwesen? In den Jahrzehnten seiner Arbeit am Western Australian Museum traf Douglas immer wieder Menschen, die ein beutelwolfähnliches Tier gesehen haben wollten. Jedoch schenkte er diesen Berichten keinen Glauben; mancher vermeintliche «Tiger» entpuppte sich als verwilderter Hund.

Douglas änderte im Februar 1985 seine Meinung, als ihm Kevin Cameron, ein Australier, der von Aborigines abstammte, fünf Fotos zeigte: Zu sehen war der hintere Teil eines hundeartigen Tieres mit dunklen Streifen über dem Rumpf und einer recht dicken Schwanzwurzel, der hinter einem Baum hervorragte. Cameron erzählte, wie er den Beutelwolf beim Graben erwischt und dabei diese Fotos geschossen habe. Dann habe das Tier ihn bemerkt und sei kurz darauf verschwunden.

Außerdem zeigte Cameron mehrere Abgüsse von Fußspuren vor – typische Beutelwolfabdrücke, fünf Zehen an den Vorder-, vier an den Hinterläufen. Mindestens vier Beutelwölfe will er gesehen haben – sogar ein Weibchen mit einem vollen Beutel, das von seinem Hund gestellt worden sei. Douglas, anderen Berichten gegenüber immer skeptisch, glaubte Cameron. Denn seine Beschreibungen waren einfach zu präzise. So schilderte er, dass die Männchen dunkler gefärbt waren als die Weibchen. Woher sollte ein Nachkomme australischer Ureinwohner, der nicht lesen und schreiben konnte, dieses Wissen über ein Tier besitzen, das angeblich seit 2000 Jahren auf dem australischen Festland ausgestorben sein soll – wenn nicht aus eigener Anschauung? Doch dieser Cameron war auch eine zwielichtige Figur. Warum wollte er nicht sagen, wo er die Fotos geschossen hatte? Ein Vergleich der Bilder zeigt, dass der Schatten des Baumes während der Aufnahmen gewandert ist – zwischen den «Schüssen» müssen mehrere Stunden gelegen haben. So schnell kann der Beutelwolf demnach nicht verschwunden sein. Zudem verharrte das Tier auf allen Fotos in der gleichen Position – was höchst unwahrscheinlich ist.

«Diese Fotos sind eine eindeutige Fälschung», sagt der Heidelberger Beuteltierexperte Heinz Moeller. «Der Fotograf hat doch nur ein ausgestopftes Tier, vielleicht sogar einen präparierten Hund mit aufgerichtetem Schwanz abgelichtet.» Cameron hat sich der Kritik an seinen Fotos nie gestellt. Er verschwand, ohne sich zu diesen Vorwürfen zu äußern – und Athol M. Douglas sah ihn nie wieder. Dennoch glaubt Douglas weiterhin an die Echtheit der Bilder. Seine Annahme: Nur das erste Foto zeigt den lebenden Beutelwolf, der bald darauf von Cameron erschossen wurde. Alle weiteren Fotos könnten mit der Leiche aufgenommen worden sein, die niemals aufgetaucht ist. Cameron habe sie aus Angst vor Strafe verschwinden lassen, so vermutet Douglas, denn schließlich habe er ein geschütztes Tier getötet.

Nach diesen Ereignissen untersuchte Douglas in den folgenden Jahren nochmals die Höhle bei Mundrabilla Station, in der 1966 der Beutelwolfkadaver entdeckt wurde. Dort lag jetzt eine weitere Leiche – der Körper eines Dingos nämlich. Keine zwanzig Jahre lang konnte dieser Kadaver dort gelegen haben, denn bei der ersten Untersuchung waren alle Überreste aus der Höhle geräumt worden. Der tote Dingo war völlig ausgetrocknet, geruchlos und ganz ohne Haare; seine Haut war wie Pergament. Der Beutelwolf, der 4500 Jahre in der gleichen Höhle gelegen haben soll, war bei seiner Bergung in einem viel besser erhaltenen Zustand gewesen. Douglas vermutet, dass die Radiocarbonuntersuchungen zur Altersbestimmung vielleicht durch kontaminiertes Grundwasser verfälscht worden waren, denn der Höhlengrund wurde regelmäßig überschwemmt. Nun war er endgültig überzeugt, dass die Beutelwolfleiche nur wenige Monate alt war, als sie gefunden wurde. «Es ist sehr wahrscheinlich, dass verborgene Restpopulationen dieses wichtigen australischen Säugers noch auf dem Festland des Kontinents überlebt haben», meint er. Dafür sprechen auch mehrere Schafe und Kängurus, die seiner Ansicht nach in typischer Beutelwolfmanier gerissen und angefressen waren. Heute bedauert er, dass er so viele Augenzeugen, die einen «Tiger» gesichtet haben wollen, nicht ernst genommen, sondern sie mitleidig lächelnd weggeschickt hatte.

Erst am 2. Juli 1993 sah Mike Tancock aus Narembeen in Westaustralien ein fremdes, hundeartiges Wesen über eine Landstraße laufen, «braun mit beigefarbenen Streifen», das aussah wie ein Beutelwolf. Holly Krokosz, die hinter ihm fuhr, beobachtete ebenfalls dieses Tier. «Es rannte, seinen Kopf nach unten gebeugt, ein bisschen wie eine Hyäne.» Was war das? Nicht vielleicht doch nur ein verwilderter Hund? Einer der Füchse, die wie viele andere Tiere in Australien ausgesetzt wurden und mittlerweile zur Landplage geworden sind? Oder ein Dingo? Das allerdings wäre heutzutage ja auch schon wieder eine Seltenheit.

Bislang wurden über 2000 solcher Sichtungen des «Tigers» vom Festland gemeldet. Doch damit nicht genug: Die ausgerotteten, verloren geglaubten Raubbeutler scheinen gerade dabei zu sein, sich unbemerkt wieder auszubreiten und ihr gesamtes ehemaliges Verbreitungsgebiet zurückzuerobern. Zumindest, wenn man Berichten Glauben schenkt, die jüngst aus Neuguinea kamen: Im wenig erforschten Lo-

Hoffnung auf Briefmarken: 1981 stufte die australische Post den Beutelwolf noch als «gefährdete Tierart» ein – und nicht als «ausgerottet».

rentz-Nationalpark Irian Jayas sollen wiederholt hundeartige Tiere mit schwarzen Streifen auf dem Rücken gesehen worden sein.

Sollte eine der am meisten gesuchten kryptischen Spezies der Welt gerade dort wieder entdeckt werden, wo sie schon seit Jahrtausenden ausgestorben sein soll? Oder ist das nur Wunschdenken derjenigen, die der Realität nicht ins Auge sehen wollen, sondern weiter gegen den Strom des Artensterbens anträumen?

16. Rätselaffen und Urwaldapotheker

Die Expedition war vom Unglück verfolgt. Die Schrecknisse des Urwalds – tropische Krankheiten, wilde Tiere und Angriffe der feindlich gesinnten Motilone-Indianer mit giftigen Pfeilspitzen – hatten viele Opfer gefordert: Nur eine Hand voll Überlebende war von dem Team aus 20 Männern übrig geblieben, das 1917 unter der Leitung des Schweizer Geologen François de Loys losgezogen war, um in den wenig erkundeten Bergdschungeln der Sierra de Perijáa an der kolumbianisch-venezolanischen Grenze nach schwarzem Gold – Erdöl – zu suchen. Das ganze Unternehmen war äußerst erfolglos verlaufen und lieferte doch der Nachwelt ein Rätsel, das bis heute geheimnisvoll geblieben ist: die Fotografie eines großen, unbekannten Affen.

Es geschah an einem Tag im Jahr 1920 – noch nicht einmal das genaue Datum ist bekannt. Die Expedition lagerte am Ufer des Tarra-Rivers, als plötzlich zwei merkwürdige Gestalten aus dem Dschungel hervortraten – ein «rotes Waldmenschenpaar», wie de Loys zunächst glaubte. Doch dann sah er: Das waren keine wilden Menschen, sondern zwei große, haarige und schwanzlose Affen, die auf den Hinterbeinen liefen und auf die Männer zustürmten. Beide waren ausgesprochen zornig, kreischten wild, rissen tobend Zweige von den Bäumen und bedrohten die verängstigten Geologen. Zu guter Letzt beschmissen die aufgebrachten Tiere den Trupp sogar mit Kot.

Nach allem, was sie bereits erlebt hatten, fürchteten die Männer um ihr Leben und beschossen die wilden Affen: Das Männchen trat zur Seite und entkam; das Weibchen jedoch, das seinen Partner mit dem Körper gedeckt hatte, wurde getroffen und starb. Die Geologen untersuchten den toten Körper – über anderthalb Meter groß, mit rötlichem Fell. Und irgendwie, so fand de Loys, sah dieser Affe menschenähnlicher aus als alle bislang bekannten südamerikanischen Primaten. Auch keiner der indianischen Begleiter der Expedition hatte ein ähnliches Tier je zuvor gesehen.

De Loys ahnte, dass dieses Wesen etwas Besonderes war, das er dokumentieren wollte. Und so setzten die Männer das tote Tier aufrecht auf eine Petroleumkiste, um es zu fotografieren, doch gingen die meisten Fotos verloren, als ein Boot auf einem Fluss kenterte. Ein Bild aber blieb erhalten: Es zeigt den mysteriösen Affen – auf der Kiste sitzend, das Kinn mit einem Knüppel abgestützt, den Mund weit geöffnet, die Augen aufgerissen.

Dieses unheimlich wirkende Foto ist das Einzige, was von dem rätselhaften Primaten erhalten blieb. Wie sollte auch eine geologische Expedition einen faulenden Kadaver in der tropischen Hitze präparieren? Dazu war sie nicht gerüstet. De Loys hatte zwar versucht, den Schädel des mysteriösen Affen zu retten, hatte den Kopf vom Rumpf getrennt, ausgekocht und in einem Gefäß, in dem Salz aufbewahrt wurde, gelagert. Doch der Schädel zerbröselte immer mehr, schließlich ging er verloren.

Die Expedition war nach einem weiteren Überfall der Motilone-Indianer noch im gleichen Jahr zu Ende; erschöpft und abgemagert kehrte de Loys in die Zivilisation zurück. Schon bald dachte er nicht mehr an die Begegnung mit den beiden aufgebrachten Tieren; das Foto des erlegten Affenweibes hatte er zur Erinnerung in ein Album geklebt.

Fast wäre es dort in Vergessenheit geraten, hätte nicht ein befreundeter Wissenschaftler, der französische Anthropologe Georges Montandon, im Album geblättert und sogleich geglaubt, in dem Affen etwas völlig Neues zu erkennen. De Loys erzählte ihm, was er noch über das Tier wusste – und das war so anders, als es von einem großen, südamerikanischen Affen zu erwarten war: denn alle Primaten des Kontinents besitzen Schwänze, zumeist ziemlich lange – dieser aber angeblich nicht. Außerdem hatte de Loys im Kiefer des

Affenweibes nur 32 Zähne gezählt – genau wie bei den Affen der Alten Welt und dem Menschen; alle anderen Neuweltaffen haben dagegen 36 Beißer im Mund, mit Ausnahme der kleinen Krallenäffchen. Diese zusätzlichen Informationen bestätigten Montandon in seiner ersten Vermutung, etwas ganz Besonderes vor sich zu haben – vielleicht sogar das Pendant zu den Menschenaffen der Alten Welt, zu Schimpanse, Gorilla und Orang-Utan. Ähnliche Wesen – menschenaffenähnlich, aufrecht und mit einer Größe von etwa anderthalb Metern – hatte man auch schon auf zwei steinernen Statuen aus der Maya-Epoche gesehen, doch bislang hielt man diese Darstellungen für zoologisch höchst unzuverlässig. Vielleicht aber gab es diese Tiere doch? Montandon publizierte 1929 den rätselhaften Affen unter dem wissenschaftlichen Namen *Ameranthropoides loysi* - «de Loys' amerikanischer Menschenaffe».

Nur ein einziges, höchst umstrittenes Foto zeugt vom mysteriösen «Affenmenschen» *Ameranthropoides.*

In der Zoologenwelt erntete er damit höchstes Unverständnis: ein Menschenaffe aus der Neuen Welt? Das war schlichtweg unmöglich, das widersprach allem, was bislang bekannt war. Denn die südamerikanischen Affen stammten von jenen Urprimaten ab, die schon existierten, als der Kontinent sich von der übrigen Landmasse abspaltete. Und nur dort, in der «Alten Welt», entwickelten sich später menschenaffenähnliche Primaten. Montandons abwegige These, dass *Ameranthropoides* ein Menschenaffe sein könnte, spielte daher schon bald keine Rolle mehr: Das Tier sah anderen Neuweltaffen einfach zu ähnlich. Auf dem Foto lassen sich auch die breit stehenden Nasenlöcher gut erkennen, weswegen die amerikanischen Primaten auch als «Breitnasenaffen» bezeichnet werden – im Gegensatz zu den «Schmalnasen» Afrikas und Asiens.

Die meisten Kritiker bezweifelten zudem die riesenhafte Größe des Primaten und hielten ihn für einen ganz normalen Klammeraffen. Diese Tiere, von denen die größten – die Goldstirnklammeraffen *Ateles beelzebuth* – knapp einen Meter groß werden können, gehen am Boden häufig aufrecht. Und der «*beelzebuth*» lebt sogar in der Region, in der der Riesenaffe geschossen wurde. Alle Klammeraffen besitzen aber einen langen Greifschwanz, den sie wie eine fünfte Hand benutzen. Akrobatengleich fliegen die Tiere so mit ihren «fünf Gliedmaßen» durch die Baumwipfel. Viele Wissenschaftler glaubten daher, auf dem Foto werde der Schwanz einfach durch die Kiste verdeckt. Oder sie verdächtigten de Loys, ihn abgeschnitten zu haben.

Warum aber sollte de Loys – ein Geologe, der im Urwald in Bedrängnis kam – sich die Mühe machen, einem unbekannten Affen den Schwanz zu amputieren, ohne zu wissen, dass ein schwanzloser, südamerikanischer Primat für die Wissenschaft von großem Wert sein könnte? Montandon verteidigte die Größe des Affen, die de Loys angegeben hatte: Die Petroleumkiste, auf der das Affenweib saß, hatte eine genormte

Größe – genau 45 Zentimeter. Daraus, so Montandon, berechne sich ganz leicht, dass das Tier anderthalb Meter groß gewesen sein muss – und damit größer als alle bekannten Affenarten Südamerikas.

Ist *Ameranthropoides* also nur ein Goldstirnklammeraffe? Oder doch eine neue, viel größere Art? Der größte Affe Südamerikas? Fossilfunde zeigen, dass es zumindest im Pleistozän, in jener Epoche der Erdgeschichte, die von den Eiszeiten geprägt wurde und vor etwa 10 000 Jahren zu Ende ging, ähnlich große Affen in Südamerika gab. Die ersten Überreste eines als *Protopithecus brasiliensis* bezeichneten Primaten wurden 1883 gefunden – ein Oberschenkel- und ein Oberarmknochen; 1992 wurde ein vollständig erhaltenes Skelett dieser Art entdeckt. Der Riesenprimat mag demnach etwa 25 Kilogramm gewogen haben – und war damit doppelt so schwer wie alle bis heute bekannten Neuweltaffen. Wahrscheinlich hatte das Tier einen speziell geformten Stimmbeutel, mit dem es ähnliche Laute wie die heutigen Brüllaffen erzeugen konnte. Die Gliedmaßen dagegen erinnerten an die der Spinnenaffen. *Protopithecus* war wohl eine Übergangsform zu den heute lebenden südamerikanischen Affen. Der Fundort jenes Skeletts allerdings lag weit entfernt von der Stelle, an der de Loys den beiden mysteriösen Affen begegnet war – in einer Höhle im brasilianischen Bundesstaat Bahia, 2800 Kilometer südöstlich der Sierra de Perijáa. Dennoch: Warum könnte nicht ein großer Affe im gewaltigen Dschungel bis heute unentdeckt überlebt haben? Die tropischen Wälder Asiens und Afrikas beherbergen große Affenarten – warum sollte das nicht auch in Südamerika so sein?

Noch längst ist die Primatenfauna des Kontinents nicht vollständig bekannt. Andauernd werden neue Affenarten entdeckt, beinahe jährlich werden es mehr. Brasilien ist das Land mit den meisten Primatenspezies überhaupt – etwa 80 der ungefähr 250 bislang bekannten Arten leben hier. Selbst

200 Kilometer von der brasilianischen 20-Millionen-Stadt São Paulo entfernt entdeckte man 1990 auf einer kleinen Insel eine neue Art der Löwenäffchen – *Leontopithecus caissara,* das Schwarzköpfige Löwenäffchen. Sein Vorkommen ist auf den atlantischen Wald der Insel beschränkt; gerade 500 Tiere dieser Art leben hier noch in einem winzigen Lebensraum in der Nähe der ausufernden Metropole – kaum entdeckt, ist die neue Art schon bedroht. Das gleiche Schicksal teilen zwei weitere südamerikanische Affenarten, die erst 1992 gefunden wurden: das schwarzköpfige Krallenäffchen und der Ka'apor-Kapuzineraffe. Beide leben in gut zugänglichen und dicht besiedelten Gebieten Amazoniens. Ihr Verbreitungsgebiet ist jedoch sehr beschränkt.

Immer wieder entpuppen sich auch «alte Bekannte» bei näherer Betrachtung als Vertreter verschiedener Arten. So stellten die südamerikanischen Nachtaffen – geheimnisvoll dreinschauende Tiere mit eulenartig großen Augen – viele Zoos lange vor ein schwieriges Problem: Aus Südamerika importierte Tiere bekamen zwar regelmäßig Junge, doch in der nächsten Generation klappte es mit der Vermehrung nicht mehr. Die Nachzuchttiere waren häufig unfruchtbar. Weshalb, war lange unklar – bis ein Blick durchs Mikroskop des Rätsels Lösung zeigte: Die Nachtaffen in den Tierparks, die oft aus ganz verschiedenen Ecken Südamerikas stammten, gehörten verschiedenen Arten an – obwohl sie sich zum Verwechseln ähnlich sahen. Sie unterschieden sich nur im Erbgut, in der Zahl ihrer Chromosomen oder «Erbfäden», in denen die genetische Information gespeichert ist. Besitzen die Eltern eine unterschiedliche Anzahl dieser Chromosomen, so können sie zwar unter Umständen gemeinsam Nachwuchs zeugen – wie Pferd und Esel auch. Doch meist sind die Kinder, die aus einer solchen Paarung hervorgehen, unfruchtbar.

Im Amazonasbecken mit seinen Tausenden von Strömen und Flüssen bilden sich leicht neue Arten. Die schnell fließenden Wasser sind für viele Tiere, die weder schwimmen noch fliegen können, eine nicht zu überwindende Barriere – auch für die kleinen Äffchen. Da die Flüsse regelmäßig ihren Lauf ändern und dabei das Verbreitungsgebiet dieser Arten durchschneiden, findet zwischen den so getrennten Tieren kein genetischer Austausch mehr statt. Sie können sich nicht mehr unbegrenzt untereinander paaren und entwickeln sich – langfristig gesehen – auseinander, bis sie schließlich so unterschiedlich geworden sind, dass sie keine fruchtbaren Nachkommen mehr zeugen können. Aus einer Art sind zwei geworden.

Der Holländer Marc van Roosmalen, ein Biologe, der seit 1986 für das National Institute for Amazonas Research (INPA) vor allem das Leben verschiedener Primaten erforscht, hat hier schon so manche neue Spezies entdeckt. Erst 1996 brachte ihm ein Fischer einen winzigen Affen nach Hause – etwa mausgroß, mit gräulich grünem Fell, einer schwarzen Haarkrone auf dem Kopf und einem schwarzen Schwanz. Das Gesicht war von einem weißen Fransenkranz umgeben. Nur das Zwergseidenäffchen, ebenfalls aus Südamerika, schien noch kleiner zu sein als dieser Winzling.

«Als ich das Kerlchen sah, wusste ich sofort, dass es eine neue Art war. Doch ich durfte meine Aufregung nicht zeigen, sonst hätte der Mann bemerkt, dass das Tier etwas Besonderes war, und hätte es behalten.» Irgendwo am Ufer des etwa 3000 Kilometer langen Rio Madeira im Westen des Amazonasbeckens war dieser kleine Kobold beheimatet. Genaueres konnte der Fischer dem holländischen Forscher aber nicht sagen. Wo van Roosmalen auch hinkam, überall zeigte er den Menschen vor Ort ein Bild des Äffchens. Und immer wieder meinten die Einheimischen zu wissen, wo dieses Tier lebt; sie machten van Roosmalen auf viele andere Affen aufmerksam – allein der Winzling war nicht dabei.

Ein Jahr lang suchte der Wissenschaftler nach dem Tier.

Angst vor Pfeilgift-Indianern – wie sie de Loys in den zwanziger Jahren noch hatte – musste der Holländer dabei kaum mehr haben: Der riesige Dschungel Amazoniens ist mehr und mehr erschlossen. 300 Kilometer südlich von Manaus, in einem kleinen Dreieck zwischen den beiden Amazonaszuflüssen Rio Madeira und Rio Aripuana, fand der Holländer endlich die Heimat des Äffchens. Wahrscheinlich handelt es sich bei der zweitkleinsten Affenart der Erde sogar um eine ganz neue Gattung, so vermutet van Roosmalen. Zunächst hat er die kleine Art jedenfalls als *Callithrix humilis* publiziert.

Doch damit nicht genug: Um den Rio Madeira herum, in einer Region von der Größe Frankreichs, hat er seit 1996 neben dem kleinen Äffchen 14 weitere Affenarten und ein Zwergstachelschwein mit rosafarbener Nase und langen Haaren entdeckt. All diese Tiere lebten als Haus- oder Schmusetiere in Dörfern entlang der Flüsse. Einheimische erzählten ihm von weiteren, bislang verborgenen Arten: einem Tapir, größer als der ebenfalls hier lebende Flachlandtapir und mit roten Haaren – und sogar einer neuen Form

Steckt hinter dem Rätselaffen *Ameranthropoides* der Goldstirnklammeraffe?

von Wildkatze, hinter der van Roosmalen eine neue, größere Jaguarspezies mit schwarzem Fell und weißer Kehle vermutet, die sich von den schon lange bekannten Jaguarschwärzlingen unterscheidet.

Warum aber wurden all diese Tiere, die vielen neuen Affen, die der Forscher in den vergangenen Jahren aufgespürt hatte, erst so spät entdeckt? «Das erstaunt mich selber immer wieder», erklärt van Roosmalen. Denn auf «Biodiversitätskarten» war das Gebiet wegen vermeintlich geringer Artenvielfalt immer nur als Region «niedriger Priorität» eingestuft worden. «Das kann doch eigentlich nur bedeuten, dass sich bislang niemand dazu bequemt hat, diese Gegend genauer zu erkunden. Anscheinend bin ich der erste Wissenschaftler, der regelmäßig hierher kommt, obwohl Manaus nur eine Flugstunde entfernt liegt.» Hier ist also noch Terra incognita, unerforschtes Land: Wenn es in dieser Region schon so viele neue Affenarten gibt, wie viele unbekannte Insekten, Vögel und Pflanzen mögen erst hier leben?

Warum aber die Mühe bei der Suche nach neuen Arten? Ist dann nicht nur einfach die Existenz eines weiteren kleinen Äffchens bekannt, das höchstwahrscheinlich von Naturschützern betreut werden muss, weil das Tier schon selten, sein Lebensraum gefährdet ist? Neben wissenschaftlichen Fragestellungen zeigt es sich auch immer wieder, dass die Entdeckung neuer Arten, die Erkundung der Vielfalt der Natur durchaus praktische Folgen haben kann. Van Roosmalen etwa hat das immer wieder erfahren, denn er betreibt neben seinen Primatenstudien zunehmend auch ethnobotanische Forschung und befragt örtliche Heilkundige nach den Arzneipflanzen des Gebietes. «Diese Schamanen nutzen noch heute das Wissen, das die Menschen seit Zehntausenden von Jahren im Dschungel erworben haben. Und vieles haben sie von Tieren abgeschaut.»

So verdankten etwa die Indios im alten Peru Pumas ein wirksames Fieber- und Schmerzmittel. Wenn die großen

Katzen offensichtlich krank waren, fraßen sie die Rinde eines bestimmten Baumes – ein für Raubkatzen äußerst ungewöhnliches Verhalten. Schon ein alter spanischer Text von 1639 beschreibt diese Beobachtung der Indios, doch wollten die damaligen Mediziner dem alten Wissen der Südamerikaner keinen Glauben schenken. Erst 1820 gewannen zwei Forscher aus der Rinde dieses «Chinarindenbaumes» den Stoff «Chinin», der bald darauf als Antimalariamittel seinen Siegeszug um die ganze Welt antrat.

Gerade Affen können – ihrer Nähe zum Menschen wegen – viele Hinweise auf Inhaltsstoffe geben, die auch beim *Homo sapiens* wirksam sein könnten. So beobachtet etwa die Forscherin Karen Strier Muriquis oder Spinnenaffen, Verwandte der Klammeraffen, in verschiedenen Gebieten Brasiliens. «In meinem Hauptstudiengebiet haben die Affen so gut wie keine Parasiten und Darmschmarotzer in ihrem Kot.» Die Biologin führt das auf bestimmte Heilpflanzen zurück, die nur dort wachsen, denn in anderen Wäldern, in denen diese Kräuter fehlen, sind 85 Prozent der Muriquis von solchen Parasiten befallen.

17 Pflanzenarten hat Karen Strier schon bestimmt, die ihrer Ansicht nach von den Muriquis aus medizinischen Gründen gefressen werden. Auch die Früchte eines bohnenartigen Gewächses gehören dazu, die hormonähnliche Substanzen enthalten und die normalerweise die Fortpflanzung fördern. Karen Strier glaubt, dass die Muriquis auf diese Weise gezielt ihre Fruchtbarkeit erhöhen. «Wenn dem so ist, dann gibt es hier Arzneistoffe im Wald, die wir ohne die Hilfe der Affen nicht entdecken würden.»

Doch noch weitaus Überraschenderes ist hier zu finden – Affen nämlich, die mit einer speziellen Diät wahrscheinlich das Geschlecht ihres Nachwuchses bestimmen. Das meint zumindest Kenneth Glander, der seit 1970 die schwarzen Brüllaffen im mittelamerikanischen Costa Rica untersucht. Er hat beobachtet, dass die Affen bestimmte Pflanzenarten nur kurz vor oder nach einer Paarung fressen. Glander, der das Geschlecht des Nachwuchses genau registrierte, stellte fest, dass ranghohe Weibchen fast nur Söhne haben, andere dagegen meist nur Töchter zur Welt bringen. «Ich glaube daher, dass es eine Verbindung zwischen dem gibt, was sie fressen, und dem Geschlecht ihrer Jungen», so Glander.

Doch welchen Vorteil hätten die Brüllaffen davon? Für den «Fortpflanzungserfolg» eines Weibchens kann es entscheidend sein, ob es männliche oder weibliche Nachkommen hat. Der männliche Nachwuchs einer rangniederen Mutter wird in seinem Leben kaum die Chance bekommen, selbst viele Nachkommen zu zeugen. Für Weibchen, die in der Hierarchie einer Affenhorde unten stehen, «lohnt» es sich daher mehr, Töchter auf die Welt zu bringen, die ihrerseits zumindest einige Kinder in ihrem Leben gebären können.

Anders bei ranghohen Brüllaffendamen: Ihre Söhne haben durch die Stellung der Mutter in der Rangordnung gute Chancen, selbst ein «hohes Tier» zu werden und viele Nachkommen zu zeugen. Glander glaubt, dass bestimmte Pflanzen, die von den Affen gezielt gefressen werden, die Bedingungen bei der Befruchtung ändern können. Zurzeit fehlt ihm dafür aber noch der Beweis.

Überall suchen Wissenschaftler in der Natur nach verborgenen «Schätzen», nach neuen Inhaltsstoffen, die pharmazeutische oder andere Wirkungen entfalten können. Costa Rica etwa arbeitet seit 1991 mit dem amerikanischen Pharmakonzern Merck zusammen, der die Erfassung der Biodiversität, also der Artenvielfalt des Landes, finanziell unterstützt und dafür Organismen sammeln und identifizieren sowie viel versprechende Proben auf mögliche Wirkstoffe untersuchen darf. Sollten die Forscher eine wirksame Substanz finden und erfolgreich vermarkten, dann käme ein Teil der Einnahmen Naturschutzprogrammen im Lande

Alljährlich werden in Südamerika neue Affenarten entdeckt – zumeist winzige Krallenäffchen.

zugute. Merck hat schon Medikamente auf den Markt gebracht, deren Wirkstoffe auf diese Weise entdeckt wurden: Eines der Präparate, ein Mittel zur Senkung des Cholesterinspiegels, wurde aus einem Pilz gewonnen und erbrachte allein 1990 Umsätze von 735 Millionen Dollar.

So ist es heute also nicht wissenschaftliche Neugier alleine, die Forscher in den Urwald treibt, nach neuen Arten zu suchen, sondern auch das Bewusstsein vom Wert dieser Vielfalt. Wer weiß schon, welche überraschenden «magischen», heilkundlichen Fähigkeiten der Tierwelt noch abgeschaut werden können? Die Erkundung der Geheimnisse der Regenwälder Südamerikas geschieht planmäßiger denn je zuvor – und sie ist nötig, weil mit dem Verlust jeder Art wertvolle Ressourcen verloren gehen können. Auch de Loys war im Urwald auf der Suche nach Reichtümern – nach Erdöl. So grandios scheiternde, tragische Expeditionen allerdings wie seine gibt es heute nicht mehr. Doch immerhin spricht man hin und wieder noch von seiner Unternehmung – hat die Expedition doch jenes Foto des geheimnisvollen Riesenaffen hinterlassen, der bis heute nicht wirklich identifiziert werden konnte.

Immer wieder kommen Gerüchte über große, unbekannte Affen in den venezolanischen Wäldern auf – und erinnern Kryptozoologen an das nicht gelöste Rätsel. So machte sich im Oktober 1990 eine Gruppe um Marc Miller aus Ohio auf, um nach *Ameranthropoides*, dem de Loys'schen Affen, zu fahnden. Natürlich mit dabei: das mysteriöse Foto, das den Einheimischen vorgelegt werden sollte, dazu zum Vergleich Bilder des afrikanischen Gorillas und ein Phantombild des nordamerikanischen Bigfoot, einer ebenfalls höchst umstrittenen Kreatur also – eine wirklich hübsche Idee, wie sie wohl nur überzeugten Kryptozoologen einfallen kann.

Das Ergebnis ihrer Fahndung: keine zusätzlichen Belege, aber Berichte über laute Schreie im Wald, riesige Fußspuren, die nur von gigantischen Affen stammen konnten, Beschreibungen eines etwa 1,50 Meter großen Wesens mit rotem Haar. Die Gruppe kam zurück, mit dem, was sie gesucht hatte: neuen Geschichten und dem irgendwie wahrscheinlichen, Hoffnung gebenden Gefühl, dass da draußen im Dschungel Venezuelas ein Affe lebt, von dem viel zu häufig gesprochen wurde, als dass er nur ein Mythos sein könnte.

17. Die Sache mit dem Blob

Als zwei Jungen am 30. November 1896 am Strand von St. Augustine in Florida entlangradelten, lag dort ein riesiges Etwas: eine gewaltige unförmige, undefinierbare, zum Teil mit Sand überhäufte Masse. Der Kadaver eines großen, unbekannten Tieres vielleicht? Aufgeregt fuhren die beiden sogleich zu Dr. DeWitt Webb, dem ortsansässigen Arzt, dessen Leidenschaft für die Naturgeschichte St. Augustines bekannt war, und erzählten ihm von dem phantastischen Fund. Nach ihrer Beschreibung vermutete der Arzt zunächst, der Leichnam eines toten Wales sei an den Strand geschwemmt worden. Am nächsten Tag aber, als er sich den gewaltigen Klumpen selber anschaute, änderte er seine Meinung.

Denn dort lag – wahrscheinlich schon seit mehreren Tagen – ein weißlicher, leicht rosafarbener Berg aus einer gummiartig zähen Substanz, fast sieben Meter lang, zwei Meter breit, 1,20 Meter hoch und schätzungsweise fünf bis sieben Tonnen schwer. Deutlich sah der Arzt Strukturen, die er für die Stümpfe von vier abgetrennten Fangarmen hielt; ein weiterer «Arm» lag verschüttet im Sand. DeWitt Webb war sich schnell sicher: Der Gewebehaufen konnte nie und nimmer ein Wal gewesen sein – es musste sich hier um etwas ganz Neues handeln, um die Überreste eines gigantischen Oktopoden vielleicht. Er rief zwei Fotografen herbei, die das «Monster» mehrfach ablichteten.

Die Bilder und ein Bericht des Doktors gelangten schließlich in die Hände des Weichtierexperten Addison Emery Verrill von der Yale University, der sich in den Jahren zuvor intensiv mit den vor Neufundland angeschwemmten Riesenkraken beschäftigt hatte. Nach allem, was Verrill erfuhr, ordnete er zunächst auch diesen Eiweißklumpen *Architeuthis* zu – es wäre der größte Riesenkrake gewesen, der ihm bislang untergekommen war.

Als er aber von DeWitt Webb weitere Daten und Fotos erhielt, ging er schnell von dieser Theorie ab. Denn was der Forscher auf den Fotos erkannte, glich wirklich mehr einem oktopodenartigen Wesen: Bei diesen Tintenfischen mit ihrem knolligen Körper sind die acht Greifer rund um den Kopf herum angeordnet; sie leben mehr auf dem Grund des Meeres und bewegen sich im Wasser gemächlicher fort. Kalmare aber – und zu denen gehört *Architeuthis* ja, auch wenn sich im Deutschen fälschlicherweise der Name Riesenkrake eingebürgert hat – besitzen einen lang gestreckten Körper, dessen zehn Fangarme in eine Richtung weisen und der zum schnellen Schwimmen im freien Wasser geeignet ist. Flugs machte Verrill den Riesenkalmar zum Riesenoktopoden und publizierte ihn im «American Journal of Science» als *Octopus giganteus*.

Erstaunlicherweise aber kam der Wissenschaftler überhaupt nicht auf den Gedanken, den spektakulären Kadaver, diesen einzigartigen Fund, einmal selber zu inspizieren und sich mit eigenen Augen ein Bild von diesem Wesen zu machen, das immerhin eine völlig neue Spezies sein konnte –

Dr. DeWitt Webb und das «Monster von St. Augustine» – ein Riesenklumpen Protein.

und eines der größten Tiere der Erde obendrein. Er gab sich mit Kenntnissen aus zweiter Hand zufrieden, sodass alles, was heute über das «Monster von St. Augustine» bekannt ist, einzig dem Arzt DeWitt Webb zu verdanken ist, der protokollierte und fotografieren ließ, was immer nur möglich war. Bei einer Sturmflut im Januar etwa, als der zähe Klumpen ins Meer gespült und ein paar Tage später zwei Meilen entfernt wieder angeschwemmt worden war, rettete der Arzt den Gewebeberg für weitere Untersuchungen und ließ ihn von Männern und mehreren Pferden den Strand heraufziehen. Er schnitt aus dem vermeintlichen *Octopus*-Körper mehrere Stücke heraus, konservierte sie und schickte sie an Verrill und an verschiedene Museen.

Währenddessen veröffentlichte der eifrige Weichtierexperte Verrill nach DeWitt Webbs Beschreibungen munter einen Artikel nach dem anderen über den Riesenoktopoden und spekulierte drauflos, wo das Tier wohl leben könnte und wie es sich wohl verhalte: Die Proportionen des gewaltigen Kadavers hatte er mit den Ausmaßen kleinerer *Octopus*-Arten verglichen und daraus berechnet, dass die Fangarme des riesigen Tieres 20 bis 30 Meter lang gewesen sein müssen – gewaltige Greifer also, die an ihrer Basis, dort, wo sie in den Rumpf übergehen, einen Durchmesser von 50 Zentimetern hatten. Das lebende Ungetüm maß also demnach von Tentakelspitze zu Tentakelspitze bis zu 60 Meter und wog etwa 20 Tonnen, so schätzte er. Auch das Volumen des Tintenbeutels vermochte Verrill zu erahnen: bestimmt 50 Liter.

Dann aber erhielt er weitere Fotos und die eingelegten Gewebeproben. Die angeschwemmte Masse glich auf einem der Fotos dem Kopf eines Pottwals – und nun meinte Verrill alsbald, der Eiweißberg hätte einem der gewaltigen Meeressäuger gehört, vielleicht einem Pottwal mit abnorm großer Nase, durch Krankheit hervorgerufen. Auch schien ihm das «eingelegte» Gewebe eher von einem Wal als von einem Tintenfisch zu stammen: Es erinnerte ihn, weil es ölig war, an Blubber, die dicke Speckschicht der Wale. Frederic Augustus Lucas vom National Museum of Natural History der Smithsonian Institution in Washington war ebenfalls dieser Ansicht und äußerte sich noch viel eindeutiger: «Diese Substanz sieht aus wie Blubber, riecht wie Blubber und ist Blubber – nicht mehr und nicht weniger.»

Verrill kam nun um einen öffentlichen Rückzieher nicht mehr herum und widerrief alles, was er bisher über die Existenz vermeintlicher Riesenoktopoden gesagt hatte. Die britische Zeitschrift «Natural Science» konnte sich einen bissigen Kommentar über Verrills Vorgehensweise nicht verkneifen: «Man sollte eben nicht versuchen, gestrandete Tiere an der Küste Floridas zu beschreiben, während man selber in seinem Studierzimmer in Connecticut sitzt.»

Damit schien das Rätsel um den mysteriösen Proteinklumpen gelöst, es wurde ad acta gelegt. Von dem riesigen Berg war nur mehr ein großes Glas mit Gewebe im National Museum of Natural History der Smithsonian Institution in Washington übrig geblieben. Lange Jahre war es still um das «Monster von St. Augustine» – bis Forrest Wood, Experte für marine Säuger von der U. S. Navy in San Diego, die Geschichte wieder ausgrub und dafür sorgte, dass der Zellbiologe Joseph Gennaro von der University of Florida über 70 Jahre später zwei Gewebestücke – «weiß wie Seife» – von dem «Monster» zur mikroskopischen Untersuchung bekam. 1971 veröffentlichten die beiden die Ergebnisse – und seither wird wieder über die gewaltige Masse diskutiert, hinter der eines der riesigsten und unbekanntesten Tiere im globalen Kryptozoo stecken könnte. Gennaro nämlich hatte die Präparate mit Gewebeschnitten verschiedener Oktopoden und Kalmare verglichen: Und – so seine Einschätzung – das Gewebe war ganz eindeutig kein Walblubber, sondern glich dem von Oktopoden. Gibt es den Riesenoktopoden also doch?

Dem Biochemiker Roy Mackal von der University of Chicago war diese Untersuchung noch nicht genug: Der bekennende Kryptozoologe und Mitbegründer der International Society of Cryptozoology untersuchte das «Monstergewebe» biochemisch und verglich es mit dem Gewebe zweier *Octopus*-Arten, dem von *Architeuthis*, von Delphinen und Beluga-Walen. Sein Ergebnis stützte, was Gennaro herausfand: Das Gewebe war kein Blubber, denn der besteht vor allem aus Fett. Die Proben jedoch enthielten fast pures Kollagen, das faserige Eiweiß des Bindegewebes, das bis zu einem Viertel des Proteingehalts tierischer Körper ausmachen kann. Nach Mackals Ansicht sprach die Zusammensetzung der Proteine dafür, dass das Gewebe von einem Kopffüßer stammte.

Nun gab es weitere Indizien, dass ein Riesenoktopode wirklich existieren könnte. Nur: Wo sollte dieser Gigant leben, für dessen Existenz es nur wenige Hinweise und Belege gibt? Wurde da nicht in einen einzigen Fund zu viel hineininterpretiert? Schon Verrill glaubte, dass *Octopus giganteus* von der Küste Floridas an nordwärts heimisch ist. Und das würde zu Berichten passen, die regelmäßig von den Bahamas kamen: Einheimische wollen hier große Oktopoden mit Armen von durchaus 20 Metern Länge gesichtet haben. Für Fischer seien diese Tiere nicht gefährlich – außer sie hielten sich mit ihren Tentakeln gleichzeitig am Boot und am Boden fest.

Etwas Ähnliches erlebte einmal ein Amtmann von Andros Island, einer der Inseln der Bahamas: Er fischte mit seinem Sohn und hatte den Haken der Angel in eine Tiefe von etwa 185 Metern hinabgelassen, als plötzlich etwas kräftig an der Leine zog. Zunächst glaubte er, der Haken habe sich am Boden verfangen, doch ließ sich die Schnur langsam wieder emporziehen, und dann sah der Mann den riesigen *Octopus*, der sich an der Leine festhielt. An der Oberfläche angekommen, ließ das gewaltige Tier die Schnur los und heftete sich – zum Entsetzen von Vater und Sohn – ans Boot. Lange dauerte es, bis sich der *Octopus* wieder löste und in der Tiefe verschwand, aus der er gekommen war.

Um Andros herum gibt es im Ozean «blaue Löcher», tiefe Abgründe im Meer, in denen sich – so sagt es die Bevölkerung – Rätselhaftes verbirgt. Auch große Kopffüßer sollen dort hausen, «Lusca» genannt, die lange Tentakeln mit Saugnäpfen besitzen, aber nur selten gesehen werden. Der Fischer Sean Ingram, der 1984 bei Andros in einer Tiefe von 1000 Metern Krabben fischte, erzählte von einem großen Tier, das seine Fallen festhielt und einige verwüstete, sodass sogar zwei von ihnen komplett verloren gingen. Das Sonargerät des Schiffes beobachtete währenddessen eine «pyramidenförmige», etwa 15 Meter große Masse, die in der Tiefe auf einer Falle saß und sich daran zu schaffen machte. Welchem Tier – wenn nicht einem großen *Octopus* – wäre so etwas wohl zuzutrauen?

Auch Jacques Cousteau berichtet in seinem Tintenfischbuch über gewaltige Oktopoden, die zwischen Florida und den Bahamas leben sollen. Während einer Expedition wurde eine Kamera an einem Seil in die Tiefe gelassen; ein gewaltiges Tier verhakte sich an der Leine und zerriss sie. Doch als die Kamera schließlich aus 100 bis 200 Meter Tiefe geborgen werden konnte, zeigten die Aufnahmen nichts als undefinierbare Massen bräunlichen Fleisches.

Alle Berichte über den überaus kryptischen Riesenoktopoden sind äußerst vage – anders als beim Riesenkalmar, von dem es jahrhundertelang immer wieder durchaus präzise Berichte gab. Beruhen diese Beobachtungen vielleicht auf Verwechslungen mit *Architeuthis* oder anderen *Octopus*-Arten? Der größte bislang bekannte achtbeinige Tintenfisch – *Octopus dofleini*, der «Große Pazifische Oktopode» – wird meist nur zehn bis 15 Kilogramm schwer. Das Rekordtier allerdings wog 272 Kilogramm und maß von Arm zu Arm 9,60 Meter. Doch was ist das schon im Vergleich mit den enormen Ausmaßen, die ein *Octopus giganteus* erreichen soll?

Der Ozean birgt nun mal immer wieder Überraschendes.

Gerade unter den Tintenfischen gibt es unheimlich anmutende Gestalten, die wie aus einer anderen Welt wirken – *Vampyroteuthis infernalis* etwa, den «höllischen Vampirtintenfisch», der erstmals 1903 entdeckt wurde. Wie Gespenster gleiten diese Weichtiere durch die düstere Welt in über 2500 Meter Tiefe, in die nie ein Sonnenstrahl dringt. Sie sind weder mit Kalmaren noch mit Oktopoden näher verwandt, sondern die einzig überlebende Art einer alten Molluskengruppe. Ihre Fangarme sind mit Spannhäuten verbunden. Wenn der Tiefseevampir wie Batman seine Arme «hochwirft» und sich in seine Haut einhüllt, sieht er aus wie eine stachelige Ananas. Und an der Spitze seiner Arme glüht jeweils ein Leuchtorgan auf – in den Tiefen der Ozeane finden nämlich wahre Lichtspiele statt, denn viele Meeresbewohner locken mit Biolicht, um im ewigen Dunkel Partner zu finden oder Beute. Doch dieser Mollusk, einer der

Der Chirurg Thomas Beale will 1835 am Strand einer Insel südlich von Japan von einem gewaltigen *Octopus* angegriffen worden sein.

abenteuerlichsten Gesellen der Tiefsee, ist kaum länger als 30 Zentimeter.

Das «Monster von St. Augustine» ist nicht die einzige undefinierbare Gewebemasse unbekannter Herkunft geblieben, die an Strände gespült wurde; im zwanzigsten Jahrhundert kamen weitere dazu: die «Blobs» und die «Globsters». Im August 1960 trieben der Viehzüchter Ben Fenton und zwei seiner Treiber gerade die Rinder zusammen, als sie an der abgelegenen Westküste Tasmaniens einen großen Gewebeberg am Strand fanden, der eine Fläche von etwa sechs Meter auf 5,40 Meter bedeckte. Der Klumpen wog schätzungsweise fünf bis zehn Tonnen. Vergeblich versuchte Fenton über Monate hinweg, bei Wissenschaftlern Interesse für diesen Fund zu wecken. In dieser Zeit driftete der Kadaver an der Küste immer weiter nördlich; Ebbe und Flut rissen ihn wiederholt ins Meer und spülten ihn von neuem an Land, wo er bald wieder zur Hälfte mit Sand bedeckt war. Endlich – anderthalb Jahre nach der Entdeckung des Klumpens – war es Fenton gelungen, die Neugier einiger Wissenschaftler für den ungewöhnlichen Fund zu wecken: Am 7. März 1962 schaute ein Team von Zoologen das mysteriöse Etwas genauer an. Erstaunlicherweise zeigte die undefinierbare Masse keinerlei Spuren von Verwesung, sie roch nicht, und die Haut des unbekannten Wesens war so hart wie zuvor.

Auch die Wissenschaftler waren ratlos, als sie den Klops am Strand sahen: «Es» hatte keine sichtbaren Augen, keinen offensichtlichen Kopf, keine Knochenstrukturen. Auf jeder Seite des «Vorderteils» waren fünf oder sechs kiemenschlitzartige Spalten zu erkennen. Die Oberfläche der Masse war mit feinen Haaren bedeckt gewesen, die schmieriger Schafwolle glichen, so meinten die Viehtreiber. Das «Tier» war den Forschern völlig unbekannt. Nun erst erfuhren die Medien von dem Fund und veranstalteten einen großen Wirbel. Das «Seemonster» aus Tasmanien hatte bald auch einen Namen: Globster. Gewebeproben wurden entnommen – doch konnten sich die Wissenschaftler nicht einigen, was denn hinter dem Globster stecken könnte. Professor A. M. Clark von der University of Tasmania vermutete einen großen Rochen, andere hielten den Berg für Relikte eines Meeressäugers. Besonders Phantasiebegabte wollten in dem gestaltlosen Klumpen sogar eine Kreatur aus dem All sehen, abgestürzt und verendet vor Tasmaniens Küste. Die australische Regierung handelte schließlich ganz pragmatisch und erklärte das mysteriöse Ding kurzerhand zum toten Wal.

Was immer es auch war – der tasmanische Globster geriet wieder in Vergessenheit. Sechs Jahre später, im März 1968, wurde ein ähnliches Ding in Neuseeland angespült, im Osten der Nordinsel am Muriwai Beach – knapp zehn Meter lang, zwei Meter hoch, faserig und ebenfalls «haarig». Auch dieses Mal blieb die Identität dieser Masse im Dunkeln.

Den dritten Globster fand 1970 wiederum Ben Fenton, ein paar Meilen südlich von Sandy Cape im Westen Tasmaniens: fast drei Meter lang, irgendwie bucklig und lederartig. Doch noch einmal wollte Fenton einen Trubel wie vor zehn Jahren nicht durchstehen. «Hier liegt also ein relativ frisches Exemplar von – was auch immer. Ich weiß nicht, was es ist – und ich mache auch gar nicht erst den Versuch, das herauszufinden. Das Einzige, was ich weiß: Vor sieben Wochen lag dieses Ding noch nicht hier am Strand.» Der Globster war teilweise wieder mit Sand bedeckt. «Wie der Rest von dem verbuddelten Ding aussieht, weiß ich auch nicht. Ich habe dieses Mal nicht vor, das herauszufinden. Das kann ein anderer tun», hatte Fenton einem Journalisten berichtet. Doch leider machte das niemand – und so gibt es auch über den dritten Globster keine weiteren Informationen.

Umso größere Aufmerksamkeit erzielte aber der «Blob», der im Mai 1988 vom Fischer und Schatzjäger Teddy Tucker am Strand der Mangrove Bay von Bermuda gefunden wurde. Die merkwürdige weiße Masse war etwa 2,5 Meter lang, 1,25 Meter breit und 30 Zentimeter hoch, zäh und faserig, mit fünf «Armen» oder «Beinen», völlig ohne Knochen oder Knorpel. Drei Personen konnten den «Bermuda-Blob», wie er alsbald genannt wurde, nicht umdrehen, das Ding wog schätzungsweise einige tausend Pfund.

Was für ein Wesen steckte wohl hinter diesem Blob? Hatte er etwas zu tun mit den Globsters oder dem «Monster von St. Augustine»? Handelte es sich bei allen um Überreste des gleichen Wesens? Einen Riesenoktopoden etwa? Oder ein anderes vielleicht unbekanntes Tier? Tucker schnitt einige Stücke aus dem Gewebe heraus – «gummiartig wie ein Autoreifen» waren sie – und schickte sie mehreren Wissenschaftlern. Doch selbst Experten wie der Riesenkalmarspezialist Clyde Roper oder Forrest Wood und Roy Mackal, die Erforscher des «St. Augustine-Monsters», hatten keine Idee, um welches Tier es sich beim Blob handeln könnte.

Auch die anerkannte Haispezialistin Eugenie Clark von der University of Maryland erhielt ein Stück des Gewebes. Zusammen mit ihrem Kollegen Sydney Pierce und anderen Wissenschaftlern untersuchte sie die Blobs aus St. Augustine und von den Bermudas und verglich sie mit Gewebe von Kopffüßern und Blubber vom Buckelwal. Nach elektronenmikroskopischer und biochemischer Untersuchung kam das Team 1995 zu dem Schluss, dass diese beiden Blobs keine Überreste von Weichtieren seien – weder von einem Riesenkalmar noch von einem *Octopus*. Aber die beiden Gewebeberge gehörten auch auf gar keinen Fall der gleichen Art an.

Wahrscheinlich, so die Schlussfolgerungen von Clark und Pierce, war der Bermuda-Blob einmal ein wechselwarmes Tier gewesen, vielleicht ein großer Hai; der Kadaver von St. Augustine dagegen stammte wohl von einem Säuger, einem Wal wahrscheinlich. «Wochenlang trieb der schon auf dem Meer, bevor er angespült wurde», vermutet Pierce. Die Verwesung war weit fortgeschritten, Knochen des Säugers längst auf den Ozeanboden gesunken, andere Tiere und Bakterien hatten sich über die Fleischmassen hergemacht und alles bis auf die feste, kaum verdauliche Kollagenschicht verzehrt, in der auch der Blubberspeck untergebracht war. Das «Monster von St. Augustine» war demnach nicht mehr als die feste Bindegewebsschicht eines Wales. Mit ungewöhnlich persönlichen Worten beendeten die Autoren ihre wissenschaftliche Publikation: «Mit großer Traurigkeit müssen wir feststellen, dass wir nun eine der schönsten Legenden zerstört haben – und die Existenz von *Octopus giganteus* nicht beweisen konnten.»

Und wieder wurde ein «Seemonster» angespült, Ende 1997, und wieder vor Tasmanien: ein Viertonnenklumpen, eine Masse mit haarigen Fasern, fuß- und schwanzartigen Vorwölbungen, aber ohne Knochen. Und wieder wurde wild spekuliert, was der Klops sein könne – Überreste eines Riesenkalmars, eines Riesenoktopoden oder eines Riesenhais? Doch bald ergaben Tests, dass hier Blubber am Strand lag; das «Seemonster» war einst ein Wal gewesen.

So leicht lässt sich aber ein Mythos wie *Octopus giganteus*

Der Gemeine Krake *Octopus vulgaris* erreicht drei Meter Gesamtlänge und lebt als Einzelgänger oft in küstennahen Höhlen.

nicht unterkriegen. Schließlich handelt es sich um eine der geheimnisvollsten Kreaturen überhaupt. In einer «konzertierten Aktion» bezweifelten führende Kryptozoologen – darunter Bernard Heuvelmans, Richard Greenwell und der Meereskenner und Sachbuchautor Richard Ellis – jene Ergebnisse, die das «Monster von St. Augustine» als Wirbeltier entlarvten. Sie verweisen auf Roy Mackal, der bei seinen biochemischen Untersuchungen zu anderen Schlussfolgerungen kam. Und sie fragen, weshalb eigentlich nicht schon zuvor tote Wale in solch ungewöhnlicher, oktopodenähnlicher Form wie vor St. Augustine angespült worden seien? Befriedigende Antworten darauf stehen ihrer Meinung nach noch aus.

Zumindest haben sie so eine Kontroverse, die im neunzehnten Jahrhundert begann, ins dritte Jahrtausend getragen: Das Rätsel um die unförmigen Massen ist erst einmal gerettet. Zu schade wäre es auch gewesen, wenn die Sache mit dem Blob schon ein Ende gefunden hätte.

18. Entdeckerfieber in Indochina

Als John MacKinnon im Mai 1992 erstmals die Vu-Quang-Region im Norden Vietnams besuchte, da ahnte er noch nicht, dass er in den nächsten drei Wochen die größte zoologische Sensation der vergangenen Jahrzehnte aufspüren und damit eine Kettenreaktion von Entdeckungen auslösen würde, in deren Verlauf eine ganze Reihe unbekannter oder verloren geglaubter Arten aufgestöbert wurde. Die Ära großer, überraschender Funde war zurückgekehrt – und wie einst die Naturforscher des neunzehnten Jahrhunderts genossen nun viele Wissenschaftler am Ende des zwanzigsten Jahrhunderts das Glück, als Entdecker neuer großer Säugetierarten in die Geschichte einzugehen.

MacKinnon war im Auftrag des World Wildlife Fund (WWF) unterwegs, um besonders schutzwürdige Gebiete Vietnams ausfindig zu machen. Auf Satellitenbildern hatte die abgelegene Vu-Quang-Region viel versprechend ausgesehen: ursprünglicher Regenwald, bergiges, feuchtes Gelände und nur wenige menschliche Siedlungen ließen auf eine reiche Tierwelt schließen. Schon bald hörte MacKinnon in mehreren Dörfern von zwei «Ziegenarten», die hier lebten. Eigentlich hatte er nur ein «Ziegentier» erwartet – den Serau nämlich, eine Art gämsenähnlicher Waldantilope mit kurzen Hörnern. Doch die Jäger sprachen überzeugend von einer «Bergziege» mit langem, spitzem Gehörn, von der sie zwei bis drei Exemplare im Jahr erlegten. Was konnte das für ein Tier sein? Im Dorf Kim Quang bekam MacKinnon drei solcher Hornpaare zu Gesicht: halbmeterlange Spieße, die ihn an den Kopfschmuck afrikanischer Oryxantilopen erinnerten. Auf einem Hornpaar krabbelten noch Maden herum, so frisch war es.

Sofort war sich MacKinnon sicher, einer völlig neuen, unbekannten Art auf der Spur zu sein, einer Spezies – so hatte es den Anschein – die wohl zu den Rinderartigen gehörte. Das wäre eine Sensation, denn die letzte wirklich große landlebende Säugerart war vor über 50 Jahren entdeckt worden: der Kouprey, ein stattliches indochinesisches Wildrind.

Nach den ersten Funden unternahmen vietnamesische Wissenschaftler bis zum Sommer 1993 vier Expeditionen in die Region – und fanden Überreste von über 20 weiteren Tieren, darunter drei komplette braunschwarze Felle, aber kein lebendes Exemplar der neuen Art. Zumindest hatten die Hörner nun Kopf und Fuß erhalten, sodass man sich ein Bild des Tieres machen und ein erstes Modell zusammensetzen konnte: Das neue Wesen war durchaus antilopenähnlich, mit einer Schulterhöhe von 80 bis 90 Zentimetern, vielleicht 100 Kilogramm schwer, mit kurzem Schwanz, kleinen Füßen, einer hübschen weißen Zeichnung und großen Drüsen im Gesicht.

Genetische Analysen zeigten, dass MacKinnons Vermutung richtig war: Das Wesen zählte zu den Rinderartigen, den Antilopen und Ziegen; doch stand es innerhalb dieser Gruppe recht isoliert; allenfalls mit Büffeln und Wildrindern schien es näher verwandt zu sein. War es ein urtümliches Relikt, das hier in der Abgeschiedenheit des vietnamesischen Bergdschungels überlebt hatte? Die neue Art erhielt den wissenschaftlichen Namen *Pseudoryx nghethinensis* – «falsche Oryx aus der Provinz Nghe-Tinh», dem Verbreitungsgebiet der Spezies. Einheimische nennen das Vu-Quang-Rind auch Saola – «Spindelbock». Erstaunlicherweise war die Saola bislang selbst aus Fossilfunden nicht bekannt; erst später wurde bemerkt, dass Schmuck aus Gräbern einer 2000 Jahre alten vietnamesischen Hochkultur ganz ähnliche Tiere mit langen Hörnern zeigte. Wie konnte ein so großes Tier nur so lange verborgen bleiben?

Die unwirtliche Region im Norden Vietnams wurde erst spät besiedelt und kultiviert und entging daher bislang ausgedehnten wissenschaftlichen Erkundungen – und auch dem Bombardement und Gifteinsatz der Amerikaner im Vietnamkrieg. Jahrtausendelang lebten die Saolas hier, nur den Einheimischen bekannt, die sie hin und wieder jagten. So konnten hier und im angrenzenden Laos wohl einige hundert Spindelböcke überdauern. Nach der Entdeckung wurden die Region und die seltenen Tiere alsbald unter besonderen Schutz gestellt. Doch nun gab es plötzlich ein weltweites Interesse an dem sensationellen Tier: Wissenschaftler, Fotografen, Naturschützer – sie alle wollten die Ersten sein, die eine *Pseudoryx* sehen, erforschen und fotografieren, natürlich nur zum Besten der Art, nur um ihren Schutz zu gewährleisten. Die Erforschung der Art ist nötig, doch auf diese Weise merkten die Einheimischen rasch, dass ihre «Bergziege» etwas Besonderes und Wertvolles war. Die Jagd auf die Tiere nahm zu, die Zahl der gefangenen und getöteten Saolas stieg ständig. 1994 gelangten einige gewilderte und beschlagnahmte Jungtiere nach Hanoi, wo sie aber nach mehreren Monaten starben, weil es extrem schwierig war, sie richtig zu ernähren.

«Dieser Fund gibt all jenen Hoffnung, die nach unbekannten Kreaturen auf dieser Erde suchen, die wir schon so gut zu kennen glaubten», sagte John MacKinnon kurz nach der

Das vietnamesische Dschungelrind Saola eröffnete 1992 den Reigen spektakulärer, bislang unbekannter Arten aus Indochina.

unerwarteten Entdeckung der Saola. «Und irgendwie bin ich mir sicher, dass an der Grenze von Vietnam und Laos noch mehr Überraschungen darauf warten, gefunden zu werden.» Er hatte sich nicht getäuscht. Im April 1994 entdeckte er – wieder im Dörfchen Kim Quang – die Überreste einer weiteren neuen Art: mehrere Geweihe, die denen des in Südostasien weit verbreiteten Indischen Muntjaks glichen. Diese urtümlichen, kleinen Hirsche besitzen etwa fünf bis zehn Zentimeter große Geweihstangen und hauerartig verlängerte obere Eckzähne, die sie bei Rivalenkämpfen eher einsetzen als ihren Kopfschmuck. Die Stangen, die hier gefunden wurden, waren mehr als doppelt so groß wie die herkömmlichen – bis 20 Zentimeter. Genetische Analysen bestätigten, dass eine neue, ungewöhnliche Hirschart gefunden worden war: *Megamuntiacus vuquangensis*, der «Riesenmuntjak aus dem Vu-Quang-Gebiet».

Etwa zur gleichen Zeit erkundeten auf der laotischen Seite der Grenze mehrere Naturschützer, darunter die Vogelkundler Tom Evans und Rob Timmins, schon seit Monaten die Artenvielfalt des Nakai-Nam-Theun-Schutzgebietes. Auch sie hatten in den Dörfern ähnliche Geweihe gefunden. Und in einer kleinen Menagerie des Städtchens Lak Xao fanden sie den Hirsch, dem diese Hornwaffen gehörten. Nun waren die Besonderheiten dieses Tieres deutlich – der Riesenmuntjak war mit einer Schulterhöhe bis zu 75 Zentimeter und einem Gewicht bis 55 Kilogramm viel größer als der Indische Muntjak, der etwa 30 Kilogramm wiegt. Später stellte sich heraus, dass 1899 schon einmal das Foto eines Riesenmuntjakgeweihes in einer wissenschaftlichen Zeitschrift veröffentlicht, aber nicht als einer neuen Art zugehörig erkannt worden war.

Im Januar 1995 wartete der Tierpark von Lak Xao mit der nächsten Neuentdeckung auf – wieder war es ein Hirsch, wieder ein Muntjak. Nur dieses Mal ein besonders kleiner – halb so groß wie der «normale» Indische Muntjak, etwa 15

Kilogramm schwer, mit schwarzem Fell und einem leuchtend orangefarbenen Käppchen zwischen den Geweihstümpfen, die kaum daumennagelgroß sind. Die Einheimischen nannten das Tier «Fan Dong» – den «Muntjak der reifen Wälder». 1997 wurden auch auf vietnamesischer Seite 18 Schädel von Zwerghirschen gefunden, doch noch kein lebendes Tier. Genetische Analysen bestätigten die Funde als neue Art – als «Truong-Son-Muntjak». Die Vietnamesen nennen das Tier, das bellende Laute ausstößt, «Sam Soi Cacoong» – der «Hirsch, der im tiefen, dichten Wald lebt».

Doch damit nahmen die Entdeckungen noch kein Ende: Im Vu-Quang-Gebiet waren unterdessen vier neue Fischarten und eine unbekannte Schildkröte entdeckt worden; der Markt des laotischen Städtchens Lak Xao erwies sich als Fundgrube für weitere Spezies: Rob Timmins erwarb hier zwei seltsam aussehende Felle braun gestreifter Kaninchen, die aus den Bergen hierher gebracht worden waren. Solche «Zebrakaninchen» waren nie zuvor gesehen worden; sie

Zwei Arten von Muntjaks, urtümliche Hirsche mit kleinem Geweih, wurden seit 1994 in Vietnam entdeckt.

ähnelten einer Art, die mehrere tausend Kilometer entfernt lebt – dem seltenen, kurzohrigen Sumatrakaninchen.

George Schaller, einer der bekanntesten Naturschützer der Welt, der lange Berggorillas in Ruanda und Große Pandas in China erforschte, erfuhr hier im Dorf, dass in den Bergwäldern neben dem auch in Europa bekannten Wildschwein noch eine weitere Schweineart mit langer Schnauze und gelblicher Färbung hauste. Könnte es sich dabei um die verschollene Schweineart *Sus bucculentus* aus dem Süden Vietnams handeln? Der Jesuitenpater Pierre Marie Heude hatte dort 1892 zwei Schweineschädel entdeckt und als neue Art beschrieben. Noch nie war ein lebendes Exemplar dieser Spezies von Wissenschaftlern gesichtet worden: Sollte *Sus bucculentus* hier in Laos überlebt haben?

Während einer Expedition in die Berge fragte Schaller überall nach dem gelben Schwein: In einer Hütte fand er schließlich einen halben Kopf und ein geräuchertes Bein über dem Herd, Körperteile, die einem solchen Tier gehört haben sollten. Er kaufte beides, aß das Fleisch und rettete die Knochen. Die Vermessung der Gebeine und genetische Analysen ergaben, dass es sich bei dem Tier tatsächlich um das verschollene Schwein handelte, das der Jesuitenpater 1892 beschrieben hatte. Nach über einem Jahrhundert ist es wieder aufgetaucht – aber noch immer hat kein Wissenschaftler es lebend zu Gesicht bekommen.

Weshalb gibt es gerade hier in dieser Grenzregion, in der Bergkette der Annamiten, so viele unbekannte Arten? Die Abgeschiedenheit der Region erklärt, weshalb Wissenschaftler bislang nur selten hierher vordrangen. Auch die Kriege der vergangenen Jahrzehnte verhinderten die Erforschung. Doch zugleich scheint dieser Platz eine verlorene Welt zu beherbergen, in der neben weit verbreiteten Arten wie Tigern, Leoparden, Elefanten, Malaien- und Kragenbären auch eine Reihe urtümlicher Spezies leben, die sonst nirgends zu finden sind: die Saolas, die Muntjaks und auch eine besondere Schleichkatze – «Owstons Palmenroller», ein vielleicht 60 Zentimeter langes Raubtier mit abwechselnd dunklen und hellen Bändern überm Rücken und einem ursprünglichen, irgendwie beuteltierähnlichen Gebiss.

Wie überall auf der Erde wechselte auch hier während der Eiszeiten das Klima. War es kälter und feuchter, dann konnten sich die immergrünen Wälder ausdehnen, wurde es trockener und wärmer, dann schrumpften die Wälder wieder, verschwanden oder zogen sich auf Berghänge zurück – etwa die oberen Regionen der Annamiten –, die so zum letzten Zufluchtsort vieler waldlebender Arten wurden, die es nirgends sonst gab. Auch Vu Quang mit seinen sehr feuchten, unglaublich steilen Wäldern unterscheidet sich deutlich von den umgebenden Dschungeln. «Es gibt mehrere solcher kleinen ‹Taschen› auf der Erde, Refugien, in denen noch Tiere leben, deren Zeit andernorts längst abgelaufen ist», so erklärt John MacKinnon die enorme Wichtigkeit dieser vietnamesischen und laotischen Regionen, in denen archaische Arten in Isolation überlebten und sich weiter entwickeln konnten – eine Arche Noah, in der die Zeit stehen geblieben ist.

Aus dem Süden der Annamitenberge gibt es zudem Anzeichen für eine weitere Überraschung: Der deutsche Biologe Wolfgang Peters entdeckte 1993 auf vietnamesischen Märkten, vor allem dem Tiermarkt in Saigon, mehrere ungewöhnliche Hörner: auf seltsame Weise gedreht, fast leierförmig, so wie der Kopfschmuck mancher afrikanischen Antilopen, und bis zu 45 Zentimeter lang. Gleichzeitig besitzt dieses Gehörn eine ganz außergewöhnliche Riffelung, die afrikanischen Hörnern fehlt. Die Einheimischen, so erfuhr er, nennen das Tier «Linh Duong» – die «Bergziege». Auch im benachbarten Kambodscha solle es vorkommen – als «Dschungelschaf».

In Deutschland zeigte Peters seine Funde Experten, doch niemand konnte die Hörner einem bekannten Tier zuordnen. Könnten sie vielleicht einem Kouprey gehört haben, jenem mysteriösen indochinesischen Dschungelrind, das schon die Khmer in ihren mehrere hundert Jahre alten Tempeln abgebildet hatten? 1936 hatte Achille Urbaine, der Direktor des Zoos in Paris-Vincennes, erstmals in Nordkambodscha Hörner dieses stattlichen, dunklen Wildrindes mit weißen Gliedern in der Hand gehabt. Er bat den Tierarzt R. Sauvel, ihm ein solches Tier mit weit ausladendem Gehörn für seinen Park zu beschaffen. Schon ein Jahr später erhielt Urbaine einen jungen Bullen, das einzige Exemplar dieser Art, das jemals in einem Zoo zu sehen war. Er beschrieb das neue Rind als *Bos sauveli*. Bis heute ist nicht klar, ob der Kouprey eine eigene Art ist, ein echtes Wildrind. Mit seiner großen Kehlwamme erinnert er an die asiatischen Haus- oder Buckelrinder, die Zebus. Ist er vielleicht ihre Stammform? Ein Mischling? Oder ein verwildertes Zebu?

Der Kouprey ist verschollen, obwohl er einst in Kambodscha, Laos, Vietnam und Thailand lebte. Prinz Sihanouk machte das mächtige Tier 1964 sogar zum Nationaltier Kambodschas. Noch 1988 schätzte man seinen Bestand auf vielleicht 300 Exemplare, die meisten in Kambodscha, ein paar in Vietnam. Ob und wo er bis heute in Indochina überlebt hat, ist ungewiss.

Wolfgang Peters verglich die Hörner vom Markt in Saigon auch mit denen eines Koupreys – sie waren nicht identisch. Demnach könnte im Dreiländereck von Laos, Kambodscha und Vietnam nicht nur das verschollene Wildrind, sondern eine weitere große Säugetierart leben – oder gelebt haben. Denn alle Hörner, die Peters entdeckt hatte, waren wahrscheinlich schon Jahrzehnte alt. Zusammen mit dem Säugetierexperten Alfred Feiler vom Staatlichen Museum für Tierkunde in Dresden beschrieb er diese rinderartige Spezies als *Pseudonovibos spiralis*. Später konnte in einem Saigoner Laden ein holzgeschnitzter Kopf erworben werden, auf den die typischen *Pseudonovibos*-Hörner montiert waren: ein Ziegenkopf. Noch ist nicht klar, ob dieses Tier überlebt hat oder vielleicht ausgestorben ist, und um welches Tier es sich überhaupt handelt.

Doch damit nicht genug der Sensationen: Waldarbeiter, die im Auftrag des WWF unterwegs waren, verhinderten 1996, dass in der Nähe des Bach-Ma-Nationalparks zwei Exemplare eines Vogels, der seit über 70 Jahren verschollen war, im Suppentopf einheimischer Dorfbewohner landeten – der Edwardsfasan. Von dem äußerst seltenen Vogel waren 1895 nur vier Bälge – Häute mit Gefieder – bekannt geworden. 1923 hatte der französische Ornithologe Jean Delacour erstmals 15 lebende Exemplare nach Paris gebracht. In Volieren hatten sich die gefangenen, wunderschön schwarz-blauen Fasane auf mehrere hundert vermehrt, in der freien Natur aber waren sie 1928 zum letzten Mal gesehen worden. Auch mehrere Expeditionen hatten den Vogel

Sieht so das Wildrind *Pseudonovibos* aus? Das Gehörn eines unbekannten, springenden Tieres auf einer chinesischen Zeichnung von 1607 gleicht jenen Hörnern, die auf vietnamesischen Märkten gefunden wurden.

in seiner Heimat nicht mehr auffinden können. Umso erstaunlicher, dass der Hühnervogel gerade in einem Gebiet wieder entdeckt wurde, das die Amerikaner mit ihren Gifteinsätzen während des Vietnamkrieges fast völlig entlaubt hatten.

Doch während es durchaus noch vorstellbar ist, dass ein Fasan solchen Suchexpeditionen entschlüpfen kann, so ist es äußerst verwunderlich, dass in einem Land wie Vietnam – annähernd so groß wie Deutschland und von kaum weniger Menschen bevölkert – ein so gewaltiges Tier wie ein Nashorn viele Jahre lang übersehen wurde: Einst war das einhörnige Java-Nashorn, das eng mit dem Indischen Panzernashorn verwandt ist, in Südostasien weit verbeitet. Wie alle Rhinozerosse wurde es seines Hornes wegen erbarmungslos bejagt. Denn das pulverisierte Nasenhorn gilt in der traditionellen chinesischen Medizin als Heilmittel, allerdings nicht als potenzsteigerndes Aphrodisiakum – das ist ein westliches Märchen –, sondern als Medikament mit angeblich großer fiebersenkender Wirkung. In ganz Südostasien galt *Rhinoceros sondaicus* als ausgerottet, nur an der Westspitze Javas

Selbst große Tiere verbergen sich in den Wäldern Vietnams: Mehrere Jahrzehnte lang überlebten ausgerottet geglaubte Java-Nashörner unentdeckt.

hatte sich eine kleine Population eines der seltensten Säugetiere der Erde halten können – etwa 50 bis 60 Tiere. So dachte man lange. Doch dann schoss ein Wilderer 1988 in den Dschungeln Vietnams ein überlebendes Festland-Nashorn – nur 80 Meilen nordöstlich der Millionenstadt Saigon. Bald darauf entdeckte man hier im Cat-Tien-Nationalpark entlang des Dong-Nai-Flusses Spuren der ausgerottet geglaubten Tiere – fünf bis acht Nashörner, eine andere Unterart als die auf Java übrigens, sollen hier überlebt haben. Erstmals wurde 1999 ein Tier mit Fotofallen fotografiert, die vom WWF hier aufgestellt worden waren, um möglichst viel über die seltenen Dickhäuter zu erfahren. Dank strengen Schutzes war es vor Jahrzehnten gelungen, die bis auf 20 Tiere zusammengeschmolzene Population von Panzernashörnern in Nepal zu retten; vielleicht gelingt dasselbe mit den überraschend wieder aufgetauchten vietnamesischen Java-Nashörnern.

Wie hatte John MacKinnon nach der Entdeckung der Saola gesagt: «Dieser Fund gibt all jenen Hoffnung, die nach unbekannten Kreaturen auf dieser Erde suchen, die wir schon so gut zu kennen glaubten.» Wer weiß, welche Geheimnisse gerade dieser Teil der Welt noch birgt? So dringen aus dem Dreiländereck von Kambodscha, Laos und Vietnam immer wieder Berichte von «wilden Menschen»; amerikanische Soldaten wollen dort während des Krieges großen, haarigen Wesen begegnet sein.

Indochina hat vielleicht auch in Zukunft noch manche Überraschung parat.

19. Wir sind nicht allein

Sie haben überlebt.

Matt Mattison und Susan Arnot stockte der Atem. Die zwei amerikanischen Paläoanthropologen waren im Dreiländereck von Afghanistan, Tadschikistan und China unterwegs, um einen Kollegen aufzuspüren: Harvard-Professor Jerome Kellicut, der im Pamir-Hochland verschollen war. Die letzte Mitteilung des Urmenschenforschers war ausgesprochen kryptisch gewesen, Kellicut hatte eine ungeheuerliche Entdeckung angedeutet. Doch das war Monate her, seither gab es kein Lebenszeichen von ihm. Was war mit ihm geschehen? Seit Tagen schon war der Suchtrupp in Tadschikistan unterwegs – dann plötzlich standen Mattison und Arnot in einem abgeschiedenen Tal *ihnen* gegenüber: einem Dutzend kräftiger Gestalten mit gewaltigen Brustkörben und muskelbepackten Armen, menschenhaft und etwas kleiner als der «normale» *Homo sapiens*, die Körper in Felle gehüllt, die Beine in Lederröhren, an den Füßen primitive Schneeschuhe. Das fliehende Kinn, die breiten Nasen und die Augen, die unter gewaltigen Knochenwülsten zu liegen schienen, ließen Mattison und Arnot sofort erkennen, wem sie da begegnet waren – und doch schien es ihnen zugleich so unglaublich, so unmöglich. Denn die Kreaturen sahen genauso aus wie Rekonstruktionen, die nach fossilen Schädeln angefertigt wurden. Und sie lebten in einem Tal des Pamir-Gebirges, ganz ähnlich dem biblischen Garten Eden. Es gab keinen Zweifel: Das mussten Neandertaler sein.

Hierher hatten sich die urmenschlichen Wesen also zurückgezogen, die nach herrschender Lehrmeinung seit 27000 Jahren ausgestorben sein sollten, verdrängt vom modernen Menschen, der mit Intelligenz den «Kampf ums Dasein» gewonnen hatte. Und hier rüsteten sich die Neandertaler zu einem Gegenschlag, zur Revanche.

Die Geschichte klingt wie aus einem Film von Steven Spielberg – ein «Jurassic Parc» der Menschheitsevolution. Und wirklich hat der amerikanische Erfolgsregisseur die Drehbuchrechte am Science-Fiction-Bestseller «Neanderthal» von John Darnton gekauft, dessen Grundidee so einfach wie faszinierend ist: Unsere «Brüder» aus vergangenen Tagen – die Neandertaler – haben überlebt. Die Geschichte ist frei erfunden; das Buch aber stützt sich auf wissenschaftliche Fakten und Forschungsergebnisse der Paläoanthropologen aus den vergangenen Jahrzehnten, die aus den «hirnlosen Kraftprotzen der Eiszeit» mitfühlende und intelligente Wesen gemacht haben – und auf unzählige Berichte von Augenzeugen, die menschenähnlichen Kreaturen begegnet sein wollen.

Hinweise, dass frühe Verwandte des *Homo sapiens* überlebt haben könnten, kommen aus vielen Regionen. «Wilde Männer», Ur-, Affen- oder Schneemenschen scheinen fast weltweit verbreitet zu sein: Almas im Kaukasus und der Mongolei, Yetis im Himalaya, Bigfoots in Nordamerika, Tschutschunaas in Jakutien, der Yeren in China und der Yowie in Australien – und doch werden sie nirgends entdeckt.

So ist auch das Pamir-Hochland, in dem Darntons Neandertalergeschichte spielt, mit seinen unwirtlichen Gebirgszügen und verborgenen Tälern, die zwischen 6000 Meter hohen Gipfeln liegen, Rückzugsgebiet für bislang unentdeckte menschenartige Wesen aus der Prähistorie: Der sowjetische Generalmajor Michail Stefanowitsch Topilski hatte hier 1925 eine Begegnung mit einem solchen Geschöpf. Sein Regiment hatte weißrussische Truppen verfolgt, die sich schließlich in einer Eishöhle in Sicherheit gebracht hatten. Im Zuge der Kämpfe begann das Eis zu brechen, der Eingang der Höhle wurde verschüttet. Ein gefangen genommener überlebender Weißrusse erzählte später, was sich in der Höhle zugetragen hatte: Durch einen

Spalt seien plötzlich behaarte, menschenähnliche Kreaturen eingedrungen und hätten sie mit Stöcken bedroht. Der Mann konnte aus der Höhle gerade noch entkommen, hatte aber zuvor eines der Wesen erschossen, das dann von den Schneemassen begraben wurde.

Topilski ließ an der beschriebenen Stelle den Schnee wegräumen – und wirklich lag dort «etwas», das er noch nie zuvor gesehen hatte. «Auf den ersten Blick dachte ich, wir hätten den Körper eines Affen vor uns. Er war ganz und gar mit Haaren bedeckt. Ich wusste jedoch, dass es im Pamir keine Affen gibt. Außerdem sah der Körper eher wie der eines Menschen aus.» Der männliche Leichnam war vielleicht 1,65 bis 1,70 Meter groß. Wahrscheinlich war das Individuum schon älter, denn das dichte braune Haarkleid war an vielen Stellen ergraut. Die Augenbrauenwülste waren kräftig, die Nase flach, der Unterkiefer massig. Die Füße waren viel breiter als die eines Menschen, aber kürzer. Die Soldaten waren sich sicher, kein menschliches Wesen vor sich zu haben, und doch irritierte sie die Menschenähnlichkeit des Geschöpfes so sehr, dass sie es unter einem Steinhaufen begruben.

Der Leningrader Hydrologe A. G. Pronin erblickte 1957 an einem Gletscher in einer menschenleeren Region des Pamir eine untersetzte Gestalt im Schnee mit rötlich grauen Haaren. Was für ein Wesen war das? Einige Tage danach verschwand das Schlauchboot der Expedition – und wurde nur wenig später fünf Kilometer stromaufwärts gefunden. Wie sollte es dahin gelangt sein? Irgendwer musste es getragen haben.

Weil ähnliche Berichte aus vielen Teilen der Sowjetunion kamen, hatte die Akademie der Wissenschaften schon 1954 eine «Schneemenschen-Kommission» gegründet, die alle Reporte über menschenähnliche Wesen zusammentragen und analysieren sollte. Noch im gleichen Jahr wurde eine Expedition von Wissenschaftlern ins Pamir-Hochland entsandt, darunter der Anthropologe Boris Porschnev, der überzeugt war, dass hinter solchen «Schneemenschen» überlebende Neandertaler steckten, deren Verbreitung sich einst bis in diese ferne Region erstreckt haben könnte. Die Truppe war ausgerüstet mit Tarnzelten und Teleobjektiven, Schafen und Ziegen als Köder für die Mensch-Wesen; im Moskauer Zoo waren eigens Schäferhunde zum Aufspüren von Menschenaffenfährten ausgebildet worden. Und dennoch kehrten die Männer nach neun Monaten mit leeren Händen zurück. Die offiziellen sowjetischen Bemühungen um die «Relikthominoiden», wie man die «Schneemenschen» bald vorsichtiger nannte, wurden daraufhin wenig später eingestellt, doch die beteiligten Forscher setzten ihre Untersuchungen mit großer Ernsthaftigkeit und so gut sie es konnten bis heute fort; sie trugen mehr und mehr Material von Sichtungen wilder Menschen aus abgelegenen Gebieten der

Als wilde und primitive Tiermenschen stellte man sich den Neandertaler vor, nachdem die ersten Überreste dieses Urmenschen gefunden worden waren.

ehemaligen Sowjetunion zusammen – doch mit echten Belegen können sie bis heute nicht aufwarten.

Was wird da in den Weiten der Wildnis gesehen? Wird überhaupt etwas gesehen? Vielleicht sind die «Relikthominoiden» nur Einbildung – entstanden aus unerklärlichen Beobachtungen, der Phantasie und dem Wissen um Legenden, die solche Wesen allerorts beschreiben. Denn in vielen Kulturkreisen gibt es ähnliche Geschichten und Mythen: Schon das älteste erhaltene Werk der erzählenden Literatur, das Gilgamesch-Epos, das vor ungefähr 4000 Jahren in mesopotamischer Keilschrift niedergeschrieben wurde, beschreibt einen Wildmenschen: Enkidu, ein zottiges Wesen, «mit Haaren bepelzt am ganzen Leib ... frisst er auch mit den Gazellen das Gras, drängt hin mit dem Wilde zur Tränke». Die Römer und Griechen kannten Waldmenschen, Satyre und Faune – und auch in der Bibel gibt es Stellen, die klingen, als würde ein Augenzeuge gerade einen «Relikthominoiden» beschreiben.

Rebekka, die Frau des Isaak – und eine der «Stamm-Mütter» in der Genesis –, erwartete Zwillinge, und ihr wurde vorausgesagt: «Zwei Völker sind in deinem Leib, zwei Stämme trennen sich schon in deinem Schoß.» Bei der Geburt war der «Erste, der kam ... rötlich und über und über mit Haaren bedeckt wie mit einem Fell». Es war Esau, dem bald darauf sein Bruder Jakob «mit glatter Haut» folgte. Esau war der Naturmensch, ging in die Wälder, «ein Mann, der sich auf die Jagd verstand». Jakob dagegen war häuslicher «und blieb bei den Zelten». Und der Jüngere handelte vorausschauender und listiger: Als Esau großen Hunger hatte, luchste Jakob ihm gegen ein Linsengericht und Brot das Erstgeburtsrecht ab. Und als der Vater Isaak im Sterben lag, erschlich sich der jüngere Jakob den väterlichen Segen: Er gab sich als Esau aus und hatte das Fell eines Zickleins über den Arm gestreift, damit der sterbende Vater, der kaum noch sehen konnte, ihn für den älteren Bruder hielt. Jakob bekam so – durch List und Lüge am Sterbebett –, was er wollte: Besitztümer und Macht. Als Esau von der Jagd zurückkam, war er erbost, doch was geschehen war, konnte nicht mehr rückgängig gemacht werden. Später versöhnten sich die Brüder – doch als das Land beide nicht mehr ernähren konnte, musste Esau mit den Seinen in die Berge ziehen.

Erstaunlich ist es, wie sehr sich viele Mythen, Symbole und Märchen bei den Völkern der Erde gleichen – so auch die Berichte über haarige «Wildmenschen». Der Psychoanalytiker Carl Gustav Jung erklärt das Phänomen solcher gemeinsamen Legenden mit dem «kollektiven Unbewussten», das Urbilder aus der Frühgeschichte der Menschheit speichert; der französische Ethnologe Claude Lévi-Strauss hingegen meint, dass solche Geschichten von Person zu Person über Generationen und Kulturen hinweg weitergegeben wurden. Die ur-menschlichen Fragen «Wer bin ich? Woher stamme ich?» machen die Faszination solcher Geschichten aus, seien es nun Legenden aus der Bibel, antike Sagen, Wildmenschenreporte – oder die Erkenntnisse der modernen Paläoanthropologie. Der Drang des Menschen nach Selbsterkenntnis treibt die Forschung voran – und verlangt gleichzeitig nach geschichtenhafter Erzählung, um der eigenen Herkunft nachzuspüren und mehr über sich selbst zu erfahren. Vielleicht, so eine mögliche Deutung, drückt sich in einem Mythos wie dem von Esau und Jakob auch eine Art «schlechten Gewissens» aus, eine Urschuld der Menschheit gegenüber den älteren, verdrängten «Brüdern».

Zumindest könnte man das denken, wenn man die Geschichte aus dem Alten Testament als Parallele zu Ereignissen der menschlichen Evolution liest: Dann wäre der haarige ältere Bruder Esau Sinnbild einer früheren, ursprünglicheren Menschenform. Der Konflikt der beiden, bei dem der geistig überlegene, jüngere und nackte Jakob über den stärkeren Erstgeborenen triumphiert, könnte als Symbol für das Aufeinandertreffen von Menschenformen verschiedener Entwicklungsstufen verstanden werden, bei dem der intellektuell höher Entwickelte ohne Gewalt siegt und der Verlierer weichen muss.

Überaus erstaunlich ist die Erzählung von den beiden Brüdern auch deshalb, weil gerade im biblischen Land, dem heutigen Israel, zwei Menschenformen erstmals aufeinander trafen und über 50 000 Jahre lang nebeneinander existierten: Neandertaler und moderner *Homo sapiens*. Der moderne Mensch kam vor etwa 100 000 Jahren aus Afrika, wo er entstanden war, der Neandertaler lebte im Nahen Osten an der südöstlichen Grenze seines Verbreitungsgebietes. Fossilfunde im Karmelgebirge belegen, dass damals beide «Brüder» in derselben Region lebten, bis die Neandertaler vor ungefähr 45 000 Jahren verschwanden.

Entgegen den frühen Darstellungen dieses Urmenschen und der landläufigen Meinung waren die Neandertaler keine primitiven «Eiszeittrottel», keine groben und ungehobelten Gesellen; sie waren nicht nur erfolgreiche Jäger, die mit Holzspießen Tiere bis zur Größe eines Wisents erbeuten konnten, sondern intelligente, gefühlvolle Wesen. So kümmerten sie sich um ihre Kranken und besaßen wohl religiöse Vorstellungen, denn sie bestatteten ihre Toten. In der Shanidar-Höhle im heutigen Irak waren vier Neandertaler – ein Mann, zwei Frauen und ein Kind – offensichtlich gemeinsam beerdigt worden. Um sie herum wurden Pollenkörner aus Blüten gefunden – zu viele, als dass der Wind sie zufällig herbeigeweht haben könnte: Die Überlebenden der Gruppe hatten ihre Toten wohl mit Blumen geschmückt. Wahrscheinlich konnten die Neandertaler schon sprechen, wenn ihre Sprache aus heutiger Sicht auch äußerst holprig geklungen haben mag, und – sie kannten Musik. Darauf lassen zumindest Bohrlöcher im Oberschenkelknochen eines Höhlenbären schließen, die in einer slowenischen Höhle gefunden wurden; einige Paläoanthropologen sehen darin eine primitive Flöte.

Die anatomischen Unterschiede zum modernen Menschen würden kaum auffallen, wenn ein Neandertaler rasiert und gut gekleidet im Anzug in die U-Bahn steigen würde. Die Urmenschen waren im Durchschnitt zehn Zentimeter kleiner als der heutige *Homo sapiens* – bis zu 1,60 Meter groß – und wogen bis zu 90 Kilogramm. Muskulöser Körperbau, massive Knochen, Überaugenwülste und ein fliehendes Kinn unterscheiden ihn vom modernen Menschen. Sein Hirnvolumen konnte das heutiger Menschen sogar übertreffen. Mit seiner weiten Nase, in der eisige Luft vor dem Einatmen angewärmt wurde, und dem kräftigen, robusten Körperbau war er für das harte Leben in kalten Regionen ausgestattet: Der Neandertaler war ein Kind der Eiszeiten und vor allem in Europa und Vorderasien heimisch.

Was geschah wohl, als sich die beiden Formen in Israel

Waldschrate, Satyre, Kobolde und Faune bevölkerten einst die Wildnis. Der gebildete *Homo sapiens* von heute sieht dort eher – ganz zeitgemäß – Urmenschen.

erstmals begegneten? Wie gingen sie miteinander um? Kam es zu bewaffneten Kämpfen, zu Gräueltaten und Kriegen? Die Fossilfunde lassen nicht darauf schließen: Es scheint, als hätten die beiden ungleichen «Brüder» lange friedlich nebeneinander gelebt. Vor etwa 100 000 Jahren war das Klima im Nahen Osten recht milde, Auerochsen, Hirsche, Gazellen und Wildschweine konnten in den mediterranen Wäldern gejagt werden. Die Lebensumstände waren für beide Menschentypen günstig, allmählich könnten sich jedoch die Nachteile des Neandertalerkörpers angehäuft haben. Ihre überlegene Kraft bedeutete hier auch Schwäche, denn große Muskeln benötigen mehr Energie; bei knapp werdender Nahrung wurde es schwieriger, satt zu werden. Die modernen Menschen waren geschickter bei der Herstellung von Werkzeug. Auch die Neandertaler konnten das, doch ihr vorderes Daumenglied war deutlich länger und behinderte sie dabei. Wahrscheinlich zogen sie meist in Gruppen umher und mussten einen Großteil ihrer Zeit bei der Jagd verbringen. Die modernen Menschen hatten wohl dank ihrer intellektuellen Fähigkeiten nicht nur mehr zu essen, sondern sogar Muße für Schmuck und Kunst. Ihre Überlegenheit zeigte sich auch in der höheren Lebenserwartung: Während Neandertaler meist in den zwanziger oder dreißiger Jahren starben, wurden unsere direkten Ahnen häufig älter als 40 Jahre, sodass ihre Gruppen von den Lebenserfahrungen der älteren Mitglieder profitieren konnten. Berechnungen haben ergeben, dass allein aufgrund dieser Tatsachen die urtümlichere Menschenform ausgestorben sein mag, ohne dass auch nur eine Keule gegeneinander geschwungen werden musste.

Wie das Nebeneinander der beiden Menschenformen im Karmelgebirge aussah, muss bislang der Spekulation überlassen bleiben; es gibt fossile Hinweise aus der Region, dass sich beide Formen durchaus vermischt haben könnten. Bislang ist umstritten, ob der Neandertaler als eigene Art

Homo neanderthalensis gilt oder eine Unterart des «verständigen Menschen» – *Homo sapiens neanderthalensis* – ist. Kein Forscher aber kann aus zwei alten Knochenstücken herauslesen, ob deren einstige Besitzer sich erfolgreich miteinander paaren konnten, wie es nach der biologischen Definition einer Art nur Angehörige derselben Spezies tun. Eines jedoch ist sicher: Der Neandertaler ist nicht unser direkter Vorfahr, allenfalls ein paar seiner Gene mögen noch in unserem Erbgut umherschwirren. Dieser Urmensch gehört einem Ast des menschlichen Stammbaums an, der nicht zu uns, zum modernen Menschen, führte, sondern vor 27 000 Jahren endete. Aus dieser Zeit stammen zumindest die jüngsten Fossilfunde von Neandertalern aus ihrem letzten Rückzugsgebiet im heutigen Spanien.

Berichte über «Wildmenschen» jedoch lassen manche immer wieder am endgültigen Aussterben der Neandertaler oder anderer Urmenschen zweifeln. Und auf dem Boden solch unglaublicher Geschichten ereignet sich immer wieder Skurriles und Obskures, ernsthafte Forschung und abenteuerliches «Gagatum» liegen nahe beieinander, die Grenzen können fließend sein – wie bei den Ereignissen um den geheimnisvollen «Minnesota-Eismenschen», einem der umstrittensten Fälle der Kryptozoologie.

Im amerikanischen Bundesstaat Minnesota stellte 1968 Frank Hansen die Leiche eines etwa 1,80 Meter großen haarigen Mann-Monsters auf Jahrmärkten gegen 35 Cent Eintritt zur Schau. Das Wesen lag eingefroren in einem Eissarg. Hansen erzählte bei solchen Gelegenheiten, Fischer – mal waren es russische, dann japanische – hätten die Kreatur in einem Eisblock aus dem Ostsibirischen Meer gefischt, ein anderes Mal wollte er den «Eismenschen» direkt von einem Händler aus Hongkong erhalten haben. Hansen beteuerte jedoch, das Geschöpf sei nicht sein Eigentum, sondern gehöre einem amerikanischen Ölmillionär, der ungenannt bleiben wolle. Warum auch immer, jedenfalls habe der reiche Mann Hansen den «Eismann» zur Verfügung gestellt. Eine äußerst seltsame Geschichte.

Dann hörten der Schriftsteller Ivan Sanderson und der belgische Zoologe Bernard Heuvelmans, der «Vater der Kryptozoologie», von dem Wesen aus dem Eis. Drei Tage lang durften sie bei Hansen das Geschöpf untersuchen, fotografieren und zeichnen – allerdings nur durchs Eis hindurch. Röntgenaufnahmen erlaubte Hansen nicht. Das Gesicht und die Lenden des Eismannes waren unbehaart, ansonsten aber war der Körper von einem dichten Haarkleid überzogen. Sanderson und Heuvelmans waren sich sicher, einen unbekannten Primaten vor sich zu haben. Und sie glaubten zu wissen, dass der nur aus dem Fernen Osten stammen könne.

Heuvelmans beschrieb 1969 das Wesen in einer belgischen Wissenschaftszeitschrift als *Homo pongoides* – «menschenaffenähnlicher Mensch». An der Washingtoner Smithsonian Institution interessierten sich nun Wissenschaftler für das Geschöpf und meldeten sich bei Hansen. Weil Heuvelmans aber in seinem Artikel die Geschosswunde an einem Auge erwähnt hatte, fürchtete Hansen polizeiliche Untersuchungen, bekam Panik und verschwand zunächst mit der Leiche. Später sagte er, der Kadaver sei nun wieder bei dem unbekannten Millionär. An der Smithsonian Institution wurde man schnell skeptisch und ließ den Eismenschen Eismenschen sein. Neue, abstruse Theorien über die Herkunft des Wesens kamen auf. Nun wollte Hansen es plötzlich in den Wäldern Minnesotas selber erlegt haben. Später erzählte ein Mädchen, sie habe das Wesen erschossen, weil es sie vergewaltigen wollte. Und dann gab Hansen zu, sein Eismensch sei nur ein Modell gewesen, das er habe anfertigen lassen. Der *Homo pongoides* war von einer Jahrmarktattraktion endgültig zur Lachnummer verkommen.

Heuvelmans aber blieb weiterhin überzeugt von der Echtheit «seines» Urmenschen, auch als Boulevardblätter sich zunehmend lustig machten über diesen Fall. Er sah in ihm «die Krönung seiner Karriere» und stellte anhand von Fotos fest, dass der Eismensch, mit dem Hansen später noch jahrelang durch die Vereinigten Staaten zog, anders aussah als das Wesen, das Heuvelmans damals fotografiert hatte. Hansen musste es ausgetauscht haben, vermutete er.

Mittlerweile glaubte Heuvelmans sogar, einen überlebenden Neandertaler in dem Eismenschen zu erkennen – und er wusste Genaueres über dessen Herkunft: Hansen hatte nämlich mal erzählt, dass er die Leiche erstmals in einer Plastikhülle eingewickelt sah. In ähnlichen Hüllen wurden damals die Überreste der in Vietnam gefallenen Soldaten nach Amerika zurückgebracht. Auch Hansen hatte in Vietnam gedient, sodass Heuvelmans glaubte, aufgrund alter Beziehungen sei er in den Besitz der Leiche gekommen, die aus Vietnam nach Amerika geschmuggelt worden sei. Seine Geschichten habe Hansen erfunden, um die Herkunft des Eismenschen zu vertuschen, denn aus derselben Region wurden auch immer wieder Drogen in die USA geschmuggelt. Eine gewagte Erklärung – das i-Tüpfelchen der ganzen unglaublichen, schillernd abstrusen Geschichte. Aber was ist schon unglaublich? Selbst mitten in Manhattan werden mehrere hunderttausend Jahre alte Urmenschen entdeckt: Erst im September 1999 wurde in einem Geschäft, das biologische Skurrilitäten verkauft, der Schädel eines *Homo erectus* gefun-

War der «Minnesota-Eismensch», der in einem Eisblock eingefroren über die Jahrmärkte Nordamerikas tingelte, ein überlebender Neandertaler aus Vietnam?

den – Marktwert über 500 000 Dollar. Ein mysteriöser Sammler hatte das uralte Gebein dort abgeliefert, und Wissenschaftler haben mittlerweile erkannt, dass der Schädel aus Indonesien stammen muss.

Mit seinem Erklärungsversuch schlägt Heuvelmans einen geschickten Bogen: Denn aus Vietnam kommen immer wieder Berichte über hominide Wesen, die in abgelegenen Regionen hausen und «Nguoi Rung» – Waldmenschen – genannt werden. Auch amerikanische Soldaten berichteten während des Vietnamkrieges, haarigen menschenähnlichen Wesen begegnet zu sein; manche wollten im Dschungel bei der Tigerjagd sogar große Affen erlegt haben. Die aber gibt es in Vietnam gar nicht.

Gerade das Länderdreieck Vietnam, Laos und Kambodscha ist das Zentrum solcher Berichte. 1974 waren Sichtungen so häufig, dass der nordvietnamesische General Hoang Munh Thao eine wissenschaftliche Untersuchung dieser Region anforderte. Mehrere Archäologen aus Hanoi drangen bei einer Expedition in das damals gefährliche Gebiet vor – und kamen doch nur mit ein paar Elefanten für den Zirkus zurück.

Helmut Loofs-Wissowa, Asienforscher von der Australian National University, hat sich eingehend mit den «Waldmenschen» Vietnams beschäftigt. Er befragte viele Bewohner der Regionen, in denen solche Sichtungen gemacht und die wegen ihrer Nähe zur nord-südvietnamesischen Grenze während des Krieges von den Amerikanern durch Gifte fast vollständig entlaubt worden waren. Die Einheimischen erzählten, dass diese Wesen seit den frühen siebziger Jahren verschwunden seien. Nach Ansicht von Loofs-Wissowa sind sie entweder in den Kriegswirren umgekommen oder haben sich in entlegene Bergregionen zurückgezogen. Die Krea-

Das Bild vom Neandertaler hat sich gewandelt. Der einstige «Eiszeittrottel» wurde zum Kraftprotz mit Herz und Hirn. Was, wenn er bis heute überlebt hätte?

turen sollen etwa 1,80 Meter groß gewesen sein, gräulich rotes Fell gehabt haben und eine platte Nase. Gerade ältere Dorfbewohner erinnerten sich noch gut an diese Wesen und erzählten wahre Horrorgeschichten: Wenn die Wildmänner in der Überzahl waren, dann überfielen sie einzelne Menschen im Wald, brachten sie in ihre Höhlen und verspeisten sie. 1982 wurden in der Nähe der kambodschanischen Grenze menschenartige Fußabdrücke gefunden, etwa 28 Zentimeter lang, 16 Zentimeter breit – breiter also als ein menschlicher Fuß. Auffällig ist, dass unterschiedliche Wesen beschrieben werden – kleinere und bis zu drei Meter große, grau rötliche, braune und schwarzhaarige. Sollten hier etwa nicht nur eine, sondern gleich mehrere unbekannte Primatenformen leben? Festland-Orang-Utans vielleicht, die vor vielen tausend Jahren wirklich in Vietnam lebten, oder der größte Affe aller Zeiten – *Gigantopithecus*? Oder aber doch Urmenschen? Nach der Fülle der überraschenden Entdeckungen in Vietnam in den vergangenen Jahren scheint hier plötzlich so vieles möglich zu sein.

Eine faszinierende Vorstellung. Wenn aber die Entdeckung eines noch verborgen lebenden menschenartigen Wesens wirklich einmal einträfe, so wäre das für manchen wohl auch eine höchst verwirrende und ungeheuerliche Erfahrung. Denn dann wäre deutlich sichtbar, wie es um die Einzigartigkeit des *Homo sapiens* wirklich bestellt ist. Nach heutigem Wissensstand könnte es im Laufe der menschlichen Stammesgeschichte bis zu 20 Hominidenarten gegeben haben. Tatsächlich bevölkerten vor etwa zwei Millionen Jahren mindestens drei, vielleicht sogar sechs vor- und frühmenschliche Spezies den afrikanischen Kontinent. Noch in jüngster erdgeschichtlicher Zeit, aus evolutionärer Perspektive gesehen bis vor einem kurzen Augenblick, existierten drei Menschenformen nebeneinander: der *Homo sapiens*, der Neandertaler und bis vor etwa 40 000 Jahren wohl auch der *Homo erectus*. Die heutige Situation, die uns so selbstverständlich erscheint – der moderne *Homo sapiens* als einzige Menschenform auf der Erde –, ist in der fünf Millionen Jahre dauernden Menschheitsgeschichte die große Ausnahme.

Was also, wenn wir doch nicht allein wären – und *sie* wirklich überlebt hätten? Wie würden wir *ihnen* begegnen, was würden wir mit *ihnen* tun? Ab in den Zoo – oder in die Schule?

The mystery continues.

20. Die Jahrhundertliste

Die «großen» Entdeckungen und Wiederfunde besonders spektakulärer Tierarten im zwanzigsten Jahrhundert:

1900 wurde das *Nördliche Breitmaulnashorn* entdeckt, eine Unterart des drittgrößten Landtieres der Erde – *Ceratotherium simum cottoni*: Bislang kannte man das Breitmaulnashorn nur aus Südafrika, wo es damals fast ausgerottet war. Nun wurden auch im Sudan, in Uganda und der heutigen Volksrepublik Kongo, vormals Zaire, große Herden dieses Dickhäuters gefunden. Heute ist die Situation genau umgekehrt: Von den Südlichen Breitmäulern gibt es dank guten Schutzes wieder etwa 6000 Exemplare; die nördlichen sind durch Wilderer fast ausgerottet – keine 30 Tiere mehr leben im Garamba-Nationalpark des Kongo.

1901 erhielt Sir Harry Johnston, der Gouverneur Ugandas, ein Fell und zwei Schädel eines Tieres, dem er schon lange auf der Spur war. Seit 1890 kamen Berichte über einen «Urwaldesel» aus dem Kongo. Johnston vermutete dort ein Dschungelzebra. Doch nun erkannte er in dem *Okapi* eine Waldgiraffe mit braunem, plüschigem Fell, eselartigen Ohren und Zebrastreifen an den Beinen und am Hinterteil.

1902 schoss Oscar von Beringe eines der «affenartigen Monster», von denen erste Berichte schon um 1860 aus den Virungabergen Ruandas drangen. Der Berliner Museumsdirektor Paul Matschie beschrieb das Wesen als neue Unterart des Gorillas – *Gorilla gorilla beringei* – bzw. *Berggorilla.*

1904 sah Leutnant Richard Meinertzhagen am Mount Kenya erstmals ein von Einheimischen erlegtes *Riesenwaldschwein* – das größte Schwein der Welt. Allein der Schädel kann fast einen Meter lang werden. Aus seinem Maul wachsen starke Hauer, unter den Augen hat es dicke Gesichtsschwellungen.

1904 wurde nach dem schwarzen Fell eines kleinen brasilianischen Äffchens eine neue Art beschrieben – der *Springtamarin*.

1905 wurde die *Hawaii-Mönchsrobbe* als letzte Robbenart wissenschaftlich beschrieben. Einst war sie sehr häufig, heute gehört sie zu den bedrohtesten Robben der Erde.

1906 wurde der größte Schmetterling der Welt auf Neuguinea entdeckt: Der *Königin-Alexandra-Vogelflügler Ornithoptera alexandrae* hat eine Flügelspannweite von bald 30 Zentimetern. Weil er meist in 20 bis 30 Meter Höhe lebt, wurde das erste Exemplar dieser Art nicht – wie bei Schmetterlingen üblich – mit einem Netz gefangen, sondern mit einem gezielten Schuss erlegt.

1906 beschrieb George Boulender den größten Frosch der Welt, den *Goliathfrosch* aus Westafrika, der über 30 Zentimeter groß und fast vier Kilogramm schwer werden kann – wie ein fetter Kater.

1906 wurde anhand von zwei langen, ausgesprochen attraktiven Federn, die man auf Formosa, dem heutigen Taiwan, gefunden hatte, einer der schönsten Fasane beschrieben – der dunkelstahlblaue *Mikadofasan*.

1907 wurde ein weiteres Krallenäffchen im nordwestlichen Brasilien entdeckt – der *Kaiser-Schnurrbart-Tamarin*, so benannt wegen der langen weißen Schnurrbarthaare, die an den Bartschmuck des deutschen Kaisers Wilhelm II. erinnerten. Die ersten Präparatoren orientierten sich beim Ausstopfen zunächst zu sehr am deutschen Regenten und zwirbelten den Schnurrbart der Äffchen nach oben. In Wirklichkeit wachsen seine Schnurrhaare allerdings nach unten.

1908 *Andrews Schnabelwal Mesoplodon bowdoini* (Kap. 9)

1910 erhielt der Zoologe Richard Lydekker den Schädel einer Antilope mit spiralartig geformten Hörnern aus dem Hochland von Äthiopien – die seltene *Bergnyala* hat ihre nächsten Verwandten in Südafrika.

1910 wurde auf Sulawesi die kleinste Rinderart der Erde entdeckt – der *Berganoa*, ein kleiner Büffel mit dichtem Fell und einer Schulterhöhe von kaum 80 Zentimetern.

1911 wurde auf Bali ein hübscher schneeweißer Vogel mit gelbem Schwanz und einem leuchtend blauen Ring um die Augen entdeckt – der *Balistar*. Weil er schnell zum beliebten Käfigvogel wurde, wäre er beinahe ausgerottet worden. Heute vermehrt sich der Balistar in Gefangenschaft recht gut – vor allem dem Jersey Wildlife Preservation Trust ist der Erhalt der Art zu verdanken.

1911 stand der Naturforscher Hans Schomburgk erstmals in Liberia einem lebenden *Zwergflusspferd* gegenüber, konnte es aber nicht fangen – und wollte es auch nicht töten. Vom «Mini-Hippo» waren schon länger Schädel bekannt, 1849 war es erstmals wissenschaftlich beschrieben worden. 1870 war sogar ein solches Zwergflusspferd in Dublin zu sehen. Doch war lange umstritten, ob es sich bei diesen Tieren wirklich um eine eigene Art handelt – oder ob sie nicht nur zwergwüchsige «normale» Hippos sind. 1913 fing Schomburgk im Auftrag des Hamburger Tierhändlers Hagenbeck fünf Zwergflusspferde, brachte sie an die Elbe – und von nun an gab es über das Zwergflusspferd als eigenständige Art keinen Zweifel mehr.

1912 wurde erstmals ein *Komodowaran* geschossen und der Wissenschaft zugänglich gemacht. Damit war die Existenz jener legendären «Landkrokodile» und Drachen, von denen Einheimische schon länger berichteten, endlich bewiesen. Die größten Komodowarane, die jemals gefangen wurden, maßen über dreieinhalb Meter – länger wird nur noch der schlankere Papuawaran Neuguineas, der über vier Meter lang werden kann.

1913 *Trues Schnabelwal Mesoplodon truei* (Kap. 9)

1916 wurde der *Chinesische Flussdelphin* oder *Baiji* erstmals der westlichen Wissenschaft bekannt. In der Poesie und den Legenden der Chinesen stellt der fast blinde Süßwasserwal schon seit 200 v. Chr. die Reinkarnation einer ertrunkenen Prinzessin dar. Wahrscheinlich leben nur noch weniger als 300 Baijis in den trüben Fluten des Yangtse und seiner Seitenarme.

1923 *Edwardsfasan* erstmals wieder entdeckt (Kap. 18)

1926 *Pazifischer Schnabelwal Mesoplodon pacificus* (Kap. 9)

1929 wurde ein neuer Menschenaffe in einem belgischen Museum entdeckt – der *Bonobo*, der früher oft auch *Zwergschimpanse* genannt wurde. Skelette und Häute waren deutlich anders als die herkömmlicher Schimpansen – etwas kleiner und schlanker. 1933 erhielt der Bonobo endgültig den Status als eigene Art. Heute ist der Bonobo vor allem wegen seines «ausschweifenden» Sexualverhaltens, bei dem so gut wie alles möglich ist, beliebtes Studienobjekt der Verhaltensforscher.

1930 wurde der größte Süßwasserfisch der Welt, der *Chinesische Riesenwels*, der Wissenschaft bekannt. Der 2,50 Meter lange Vegetarier ist heute sehr selten, da er stark befischt wurde.

1930 wurde der *Goldhamster* wieder entdeckt. Erstmals wurde dieser Nager 1839 anhand eines Felles beschrieben, das aus der Nähe der syrischen Stadt Aleppo stammte. 1879 kamen dann lebende Exemplare dieser Art nach Europa. In England wurden damit über 30 Jahre Goldhamster gezüchtet, bis sie in Gefangenschaft ausstarben. 1930 gelang es – wiederum bei

Aleppo –, einen Hamster mit elf Jungen zu fangen. Von dieser Familie stammen fast alle in Gefangenschaft lebenden Haustiere ab.

1936 fand James Chapin in einem belgischen Museum die wohl bedeutendste ornithologische Entdeckung des Jahrhunderts: zwei ausgestopfte Exemplare des *Kongopfaus*, die bislang nicht weiter beachtet worden waren. Dieser Fund war besonders erstaunlich, weil aus Afrika keine Pfaue bekannt waren – die anderen Arten stammen aus Südostasien.

1936 *Kouprey* (Kap. 18)

1938 *Quastenflosser Latimeria chalumnae* (Kap. 14)

1948 *Takahe-Ralle* wieder entdeckt (Kap. 11)

1951 wurde in Kolumbien die *Blombergkröte*, die größte Kröte der Welt, entdeckt, die 25 cm lang und über ein Kilogramm schwer werden kann.

1952 wurde von einer dänischen Expedition ein Tier aus einer Meerestiefe von fast 4000 Metern hervorgeholt, das Nichtzoologen kaum beachten würden, für Experten aber eine große Sensation darstellte: *Neopilina* ist ein besonderes Weichtier – ein lebendes Fossil aus der Gruppe der *Monoplacophora* oder Napfschnecken, die seit über 350 Millionen Jahren ausgestorben sein sollte, ein besonders urtümlicher Verwandter von Muscheln, Schnecken und Tintenfischen.

1956 *Frasers Delphin Lagenodelphis hosei* (Kap. 9)

1958 *Vaquita* oder *Cochito* – einer der kleinsten und seltensten Wale der Welt (Kap. 9)

1958 *Japanischer Schnabelwal Mesoplodon ginkodens* (Kap. 9)

1963 *Hubbs Schnabelwal Mesoplodon carlhubbsi* (Kap. 9)

1965 wurde auf der japanischen Insel Iriomote eine neue kleine, gefleckte Katze entdeckt – die *Iriomote-Katze.* Manche sehen sie auch als Unterart der Bengalkatze an.

1966 *Melonenkopfwal Peponocephala electra* (Kap. 9)

1966 wurde das kleine *Parma-Känguru* auf der Insel Kawau

vor Neuseeland wieder entdeckt, wo es um 1870 von Siedlern ausgesetzt worden war. Bis dahin schien die hübsche Art auf dem australischen Festland ausgestorben zu sein, doch 1972 wurde sie auch auf dem australischen Festland wieder gefunden.

1971 wurde in Assam das *Zwergwildschwein* wieder entdeckt. Diese kleinste Wildschweinart war seit den späten fünfziger Jahren verschollen. Mittlerweile gibt es Zuchtprogramme vor Ort, sodass es für die Zukunft der Spezies besser aussieht.

1973 *Magenbrütende Frösche* (Kap. 13)

1974 entdeckte man, dass das *Chaco-Pekari* noch lebt. Zuvor war die größte Art der südamerikanischen Nabelschweine nur fossil bekannt; man hatte geglaubt, sie sei zu Eiszeiten ausgestorben.

1976 *Riesenmaulhai* (Kap. 9)

1978 wurde das *Langfüßige Potoroo* entdeckt – eine kleine Känguruart und gleichzeitig das größte der Rattenkängurus.

1980 *Mallorca-Geburtshelferkröte* (Kap. 13)

1985 erkannte der Zoologe Colin Groves, dass ungewöhnliche Gazellenfelle, die schon 1950 im Nordjemen gesammelt worden waren, einer neuen Art zugerechnet werden müssen, der *Bulkis-Gazelle*. Wenig später wurden lebende Tiere in privaten Tiersammlungen in Qatar entdeckt.

1985 wäre Wolfgang Böhme vom Bonner Museum Alexander Koenig «fast rückwärts aus dem Sessel gekippt», als er eine neue Waranart entdeckte – und das ist durchaus wörtlich zu nehmen. Denn der Kriechtierexperte hatte die neue Spezies in einer Fernsehdokumentation über den Jemen gesehen. «Und von dort waren überhaupt keine Warane bekannt.» Ein Jahr später wurden die ersten Tiere dort gefangen, 1987 dann beschrieben als *Varanus jemenensis – Jemenwaran.*

1986 entdeckte Bernhard Meier von der Ruhr-Universität in Bochum den *Goldenen Bambuslemuren*, eine neue Art madagassischer Halbaffen.

1987 *Schwarzes Baumkänguru* oder *Tenkile* (Kap. 4)

1988 *Kleiner Schnabelwal Mesoplodon peruvianus* (Kap. 9)

1988 *Java-Nashorn Rhinoceros sondaicus annamiticus* in Vietnam wieder entdeckt (Kap. 18)

1988 wurde der *Madagaskar-Schlangenadler* wieder entdeckt, der 1930 zum letzten Mal gesichtet worden war und seither als verschollen galt.

1989 wurde der *Goldkronen-* oder *Tattersalls Sifaka* von Madagaskar erstmals beschrieben. Der hübsche Halbaffe mit kurzem, weißem Fell und einer goldenen «Krone» auf dem Kopf war schon 1974 erstmals gesehen, aber noch nicht als eigene Art erkannt worden.

1989 wurde eine Art der *Brückenechse* wieder entdeckt – *Tuatara guntheri* (Kap. 7).

1990 *Schwarzköpfiges Löwenäffchen* (Kap. 16)

1990 *Australischer Nachtpapagei* wieder entdeckt (Kap. 6)

1991 wurde anhand von Schädeln entdeckt, dass in Afrika eine zweite Art von Warzenschweinen existiert – das *Wüsten-Warzenschwein* aus Äthiopien, das einst auch in Südafrika beheimatet war.

1992 *Saola* oder *Vu-Quang-Rind* (Kap. 18)

1992 Krallenäffchen *Callithrix nigriceps* und Kapuzineraffe *Callicebus kaapori* (Kap. 16)

1993 zeigten genetische Analysen am kleinen, zotteligen neuseeländischen Nationalvogel mit dem langen Schnabel, was Naturschützer schon lange vermuteten: die dem «Braunen Kiwi» zugeordneten Vögel gehören eigentlich zu zwei verschiedenen Arten, die sich sehr ähneln. Drei Populationen, zwei auf der Südinsel und eine auf dem kleinen, noch südlicher gelegenen Stewart Island, zählen nun zur neuen Art *Apteryx australis*, dem *Tokoeka*.

1993 wurde ein weiteres rinderartiges Tier aus Vietnam beschrieben – *Pseudonovibos spiralis* (Kap. 18).
1994 ein weiteres Baumkänguru – das *Dingiso* (Kap. 4)
1994 *Riesenmuntjak* (Kap. 18)
1995 verschollenes Schwein aus Vietnam in Laos wieder gefunden – *Sus bucculentus* (Kap. 18)
1996 Krallenäffchen *Callithrix humilis* (Kap. 16)
1996 wurde der *Edwardsfasan* zum zweiten Mal im zwanzigsten Jahrhundert in Vietnam wieder entdeckt (Kap. 18).
1997 *So-Truong-Muntjak* (Kap. 18)
1997 wurden zwei Arten ausgerottet geglaubter Seychellen-Riesenschildkröten wieder entdeckt (Kap. 7).
1997 *Indischer Bändersteinkauz* wieder entdeckt (Kap. 6)
1997 wurde vom deutschen Biologen Friedrich Wilhelmi die *Lama-Gazelle* oder *Dibatag* in Äthiopien wieder entdeckt, von der man seit über 20 Jahren kein Lebenszeichen mehr gefunden hatte. Diese ungewöhnlich grazile Antilope gleicht den ebenfalls eleganten Giraffengazellen.
1997 *Schnabelwal Mesoplodon bahamondi* (Kap. 9)
1997 wurde der *Borneo-Süßwasserhai* wieder entdeckt, denn nicht nur in den Meeren gibt es Haie. Vor mehr als hundert Jahren wurde auf Borneo in einem Fluss im Norden ein kleiner Hai gefangen, der als *Glyphis Spezies B* nur Experten bekannt wurde. Zwei Biologen der IUCN fingen nun mehrere Exemplare, fotografierten sie und setzten die seltenen Tiere wieder in den Fluss zurück.
1998 *Sulawesi-Quastenflosser Latimeria menadoensis* (Kap. 14)
1999 entdeckte der Meeresbiologe Joseph Eastman gleich *vier neue Fischarten* in den eiskalten Wassern vor der Küste des unbekannten Kontinents – der Antarktis. Alle vier Spezies gehören den *Notothenoiden*, den

«Antarktisfischen», an. Diese Fischgruppe stammt von am Boden lebenden Fischen ohne Schwimmblase ab – und hat hier viele Nischen besetzt, die in anderen Meeren von anderen Arten eingenommen werden.

1999 wurde der Wissenschaft eine wahrhaft große Entdeckung aus der Welt der winzigen Mikroben bekannt: *Thiomargarita namibiensis, «namibische Schwefelperle»*, heißt das größte lebende Bakterium der Erde, das von der deutschen Meeresbiologin Heide Schulz zwei Jahre zuvor erstmals beobachtet worden war. Die «Schwefelperle» ist fast hundertmal größer als das bis dahin größte bekannte Bakterium und mit bloßem Auge gut zu sehen – etwa so groß wie der Punkt am Ende dieses Satzes.

Bildnachweis:

S. 13, 43, 82, 103, 150, 224: Gustav von Hayek. Handbuch der Zoologie, Band IV. Wien 1893.

S. 17: Aurora / Bilderberg.

S. 19, 55, 139, 178: Alfred Brehm. Brehms Thierleben: Allgemeine Kunde des Thierreichs, Band 2. Zweite Ausgabe, Leipzig 1883.

S. 22: Jules Verne. 20 000 Meilen unter den Meeren. Frankfurt am Main 1966 (mit Originalillustrationen aus der ersten Pariser Gesamtausgabe bei Hetzel).

S. 25, 28, 37, 209, 213: Richard Ellis. Seeungeheuer: Mythen, Fabeln und Fakten. Basel u. a.: Birkhäuser, 1994.

S. 33: Brehms Thierleben (o.g.), Band 10.

S. 40: Peter Connolly. The Legend of Odysseus. Oxford 1986.

S. 46: Andrei Sher.

S. 51: Mansel Collection.

S. 57, 123: Konrad Gesner. Historia animalium. Zürich 1551/88.

S. 60: Carolus Clusius. Exoticorum libri decem. Antwerpen 1605.

S. 65: Tim Flannery.

S. 69: Nach John Green. On the Track of the Sasquatch, Surrey/British Columbia und Blaine/Washington 1980, 3. Auflage 1994.

S. 74 li., 110, 239: Ronald Bowen in Richard E. Leakey und Roger Lewin. Wie der Mensch zum Menschen wurde. Hamburg 1978, 2. Auflage 1980.

S. 74 re., 201: Erich Tylinek / Gotthart Berger. Das große Affenbuch. Leipzig: Edition Leipzig, 1983.

S. 80, 192, 204, 237: Fortean Picture Library.

S. 86, 89, 146: Jean-Christophe Balouet und Eric Alibert. Extinct Species of the World. London und Auckland 1990.

S. 91: Brehms Thierleben (o. g.), Band 7.

S. 95: Katharina Schmidt-Loske in Wolfgang Bischoff (Hrsg.). Handbuch der Reptilien und Amphibien Europas, Band 6. Wiesbaden: Aula, 1998.

S. 96: Otto zur Strassen (Hrsg.). Brehms Tierleben. Allgemeine Kunde des Tierreichs, Band 1. Vierte Ausgabe, Leipzig und Wien 1912.

S. 99: Nach Buffon 1839.

S. 108: WWF Kerinci.

S. 117: Rudolf Altevogt u. a. (Hrsg.). Grzimeks Tierleben: Enzyklopädie des Tierreichs, Band 12. Zürich 1972.

S. 120: Helmut Hemmer.

S. 125: Nach Nicolo Steno 1667.

S. 127: S. Münster. Cosmographia oder Beschreibung der ganzen Welt. Basel 1628.

S. 129: Gustav von Hayek (o. g.), Band III.

S. 132: Natural History Museum, London.

S. 143: W. L. Buller. A History of Birds of New Zealand. 2. Ausgabe 1888.

S. 152: Nach Bruce Horsfall in Herbert Wendt. Die Entdeckung der Tiere. München: Christian, 1980.

S. 157: Brehms Thierleben (o. g.), Band 7.

S. 161: Michael Tyler.

S. 165, 174: Mark Erdman.

S. 168: Günther / Deckert. Wunderwelt der Tiefsee. Berlin 1950.

S. 171: Nach A. S. Romer in Wendt (o. g.).

S. 181: Nach Ferdinand von Hochstetters in Carus Sterne. Werden und Vergehen. Berlin 1905.

S. 185, 189: Cäsar Claude. Der Beutelwolf: Leben und Sterben einer Tierart. Zürich 1996.

S. 197: Brehms Thierleben (o. g.), Band 1.

S. 217: WWF International.

S. 219: Brehms Thierleben (o. g.), Band 3.

S. 223: Wang Chi und Wang Si Yi. San Cai Tu Hui. China 1607.

S. 229: František Kupka 1909.

S. 233: Muston 1887.

S. 253: Heidi Stifel.

Trotz großer Bemühungen ist es uns leider nicht in allen Fällen gelungen, die Bildrechte zu klären. Hiervon betroffene Rechteinhaber bitten wir deshalb freundlich, sich direkt mit dem Verlag in Verbindung zu setzen.

Lothar Frenz, geboren 1964, studierte Biologie an der Johannes-Gutenberg-Universität in Mainz und absolvierte dort anschließend ein Aufbaustudium Journalistik. Seit 1991 arbeitet er als freier Journalist. Er war Stipendiat der Robert-Bosch-Stiftung für Wissenschaftsjournalismus und Redakteur bei der Zeitschrift GEO sowie beim ZDF, hier in der Jugendredaktion «Doppelpunkt», in der Innenpolitik für die Sendung «tacheles» mit Johannes Gross und in der Umweltredaktion. Lothar Frenz schreibt regelmäßig für GEO und ist Autor zweier Bücher – eines über Störche, ein anderes zum Thema Sterbehilfe – sowie zahlreicher Drehbücher für die ZDF-Kinder-Wissens-Reihe «Löwenzahn».

Als Jugendlicher verschlang Lothar Frenz das Buch von Herbert Wendt über «Die Entdeckung der Tiere» und bedauerte damals sehr, dass es keine Fortsetzung gab. Mit seinem Buch über die Suche der Kryptozoologen nach mysteriösen Arten hat er sie nun selber geschrieben.

Ganz herzlichen persönlichen Dank an Gabriele Ammermann, Volker Arzt, Michael Bohl, Ernst-Felix Gersmeyer, Jane Goodall, Julia Kühn, Martin Meister, Winand von Petersdorff-Campen, Jörn Röver, Marcus Schade und Heidi Stifel.

Oktober 1999 Lothar Frenz